psicología
y
etología

Presidentes de las sesiones

G. E. BLACKMAN / JOHN BOWLBY / SIR JULIAN HUXLEY
SIR SOLLY ZUCKERMAN

Autores de los trabajos

STANISLAV ANDRESKI / JOHN BURTON / J. D. CARTHY
F. J. EBLING / JAMES FISHER / DEREK FREEMAN
K. R. L. HALL / L. HARRISON MATTHEWS / DENIS HILL
ARNOLD KLOPPER / JAMES LAVER / KONRAD LORENZ
C. DE MONCHAUX / ANTHONY STORR / THELMA VENESS
D. I. WALLIS

Participantes en las discusiones

I. BERG / A. G. BOURNE / P. L. BROADHURST / N. COHN
E. H. CROFT / J. M. CULLEN / M. R. A. CHANCE
C. J. O. HARRISON / SIR JULIAN HUXLEY / H. KALMUS
W. LANE-PETTER / D. MORRIS / K. P. OAKLEY
E. M. S. RUSSELL / M. E. SOLOMON / D. W. TARRY
MARION A. WATSON / ANABEL WILLIAMS-ELLIS

Historia natural
de la
agresión

compilado por J. D. CARTHY *y* E. J. EBLING

traducción de JUAN ALMELA

siglo
veintiuno
editores

MÉXICO
ESPAÑA
ARGENTINA
COLOMBIA

siglo veintiuno editores, sa
CERRO DEL AGUA 248, MEXICO 20, D.F.

siglo veintiuno de españa editores, sa
C/PLAZA 5, MADRID 33, ESPAÑA

siglo veintiuno argentina editores, sa

siglo veintiuno de colombia, ltda
AV. 3a. 17-73 PRIMER PISO. BOGOTA, D.E. COLOMBIA

portada de anhelo hernández

primera edición en español, 1966
quinta edición en español, 1979
© siglo xxi editores, s. a.
ISBN 968-23-0576-4

primera edición en inglés, 1964
academic press, inc., londres y nueva york
© institute of biology, londres
título original: the natural history of aggression

Indice

Prólogo y Epílogo

"El problema de los problemas para el género humano —escribió Thomas Henry Huxley hace cien años—, el problema subyacente a todos los demás y que es más interesante que cualquier otro, es averiguar el lugar que el hombre ocupa en la naturaleza y su relación con el universo de las cosas." Los zoólogos no se avergüenzan de que su disciplina comprenda aún semejante tradición humanista. Un valor de los estudios biológicos es que proporcionan escala y perspectiva para contemplar el origen, la historia y el futuro del hombre; otro reside en el hecho de que la anatomía y fisiología humana, así como los aspectos neurológicos del comportamiento, se hayan esclarecido merced a estudios comparativos en animales.

En un campo, sin embargo —el del comportamiento social—, el enfoque comparativo se ha desarrollado más despacio. Si bien, por una parte, teólogos e historiadores han juzgado cualquier admisión de la identidad de los comportamientos humano y animal como el asalto final a la dignidad del hombre, los biólogos —por una razón diferente— se han mostrado igualmente reacios a realizar la comparación. Pensar acerca del comportamiento animal en términos de impulsos, deseos y metas humanos se consideró un ejercicio peligroso e impertinente de pensamiento antropomórfico. Así, en tanto que los conductistas se entretenían describiendo los tropismos y taxias de los animales mediante una terminología científica semánticamente exacta y en ocasiones del todo estéril, los psicólogos profundizaban aún más en los espléndidos abismos de la mente humana, por manipulación de los símbolos —en apariencia imponderables— creados por el mito

y el sueño. Esto pertenece ya a la historia. Si bien
los psicólogos de animales parecen entregarse de continuo a revisiones de terminología, la aplicación de
técnicas psicológicas al estudio del comportamiento
animal no expone ya al zoólogo a una acusación de
impropiedad profesional. Por cierto que el Institute
of Biology no padeció inhibiciones para invitar a un
grupo de biólogos, psicólogos e historiadores a discutir las fuentes y significación del comportamiento
agresivo en los animales y en el hombre.

No pretendimos definir la "agresión", ni tampoco
lo hicieron nuestros colaboradores, con excepción de
Veness. No obstante, al menos en relación con la agresión de individuos, resultó claro que todos hablaban
de la misma cosa. Un animal actúa agresivamente
cuando inflige, trata de infligir o amenaza con infligir daño a otro animal. El acto va acompañado de
síntomas de conducta reconocibles y cambios fisiológicos definibles. Aceptamos el punto de vista del
psiquiatra, según el cual el daño que el hombre se
hace a sí mismo —quizá el comerse las uñas, pero
con seguridad el suicidio— constituye formas análogas
de comportamiento: agresión dirigida hacia adentro.
De manera parecida, la agresión puede trasladarse hacia objetos no humanos o inanimados, como cuando
un niño tira un juguete en una rabieta o un hombre
da un puntapié al perro. Hay que reconocer que no
es al perro al que el amo pretende dañar; su agresión se dirige hacia lo que reconoce como humano
en un animal al que llama por su nombre y al que
insulta. No hay sentimiento de agresión que se des-
pierte o satisfaga por el acto de matar un pollito.

Excepto en lo que respecta a la relación que hay
entre animal de presa y su víctima, los animales rara
vez destruyen miembros de otras especies. Los participantes están todos de acuerdo en que la predación
no debe caer dentro del campo de la actividad agresiva.

Las pautas y procesos de comportamiento no son
análogos; un halcón que se lanza sobre un pajarillo
no es más agresivo que el carnicero del barrio ga-
nándose la vida. Con tales definiciones la agresión

parecería ser casi por entero intraespecífica. Pero hay
excepciones, como muestra James Fisher. Si las aves
de presa no están orientadas agresivamente hacia sus
presas, la actitud de éstas puede no ser recíproca; los
cuervos se lanzan en multitud sobre el buho, y hay
pájaros pequeños que hacen ruidosas demostraciones
contra los cuclillos. Pero los más interesantes ejemplos de agresión interespecífica entre los pájaros parecen provenir de una superabundancia de impulso
agresivo intraespecífico. Semejante agresión intraespecífica desempeña un papel importante en la conservación de territorio y es desencadenada por rasgos
particulares, tales como marcas de reconocimiento en
el cuerpo del enemigo. Así, los petirrojos no sólo ata-
carán a otros petirrojos sino a especies de apariencia
similar, como el picocruzado; lo que parece ser agresión interespecífica se debe a errores de identificación. Por otro lado, mínimas diferencias taxonómicas
entre especies relacionadas pueden servir para desencadenar la agresión. Entre los pájaros hay muchos grupos de subespecies estrechamente emparentadas, sus-
ceptibles de cruzarse pero que no lo hacen, surgidas
a consecuencia del aislamiento geográfico. Los pájaros de diferentes subespecies son mutuamente intolerantes cuando se traslapan sus territorios. ¿Puede
darse una situación análoga —se pregunta Fisher—
entre las razas humanas? Ciertamente las conclusiones
de Fisher sugieren una interesante paradoja que es
sustanciada por contribuciones posteriores. La orientación agresiva envuelve un reconocimiento de similaridad en el enemigo, pero al mismo tiempo la agresión
puede ser desencadenada por diferencias ligeras. La
situación es bien ilustrada por recientes escaramuzas
entre grupos de adolescentes, que reciben nombres
como *mods* y *rockers,* en playas concurridas en Inglaterra.

Los encuentros agresivos entre miembros de la misma especie ocurren en la mayoría de los vertebrados
y en muchos invertebrados. De acuerdo con Lorenz:
si reunimos dos gasterosteidos, lagartos, petirrojos,
ratas, monos o muchachos que no se conozcan pelea-
rán; si hacemos lo mismo con dos animales de especies

diferentes, habrá paz, a menos, claro está, que entre ellos exista la relación predador-presa. Pero resulta claro de las contribuciones de Harrison Matthews, Lorenz y Hall que la lucha abierta hasta la muerte ocurre muy rara vez entre los vertebrados, y es dudoso que la haya entre mamíferos en condiciones naturales. Armas como dientes, garras, cuernos nasales y astas serían muy peligrosas si se volvieran hacia miembros de la misma especie; así, el combate se ritualiza como exhibición, amenaza, sumisión y aplacamiento, y tales luchas no pasan de ser pruebas de fuerza seguidas de separación y pronta retirada de los animales más débiles. Aun entre los primates no humanos, de acuerdo con Hall, ningún grupo se pone a luchar con otros grupos, y la verdadera lucha dentro de un grupo es cosa rara, hasta en las especies más abiertamente agresivas. La auténtica lucha abierta entre los mamíferos parece darse sólo cuando la densidad de población es excesiva para los recursos del medio, de manera que hay grave apiñamiento.

El hombre parece ser una excepción. Los "no imaginados estratos de malignidad del corazón humano" han causado, según Freeman, la muerte de 59 000 000 de seres humanos en guerras y otras reyertas homicidas, entre los años de 1820 y 1945. ¿Es innata la agresión humana? Los testimonios psiquiátricos contemporáneos parecen casi inequívocos; la agresión no es meramente una respuesta a la frustración, es un impulso universal de hondas raíces. Pero ¿es esto parte de la etiología de la guerra y puede igualarse en algún sentido la agresión de los Estados con la agresión de los individuos? No se llega a un acuerdo sobre la respuesta a este problema; de hecho la pregunta misma pare un desafío a las fronteras entre las disciplinas del sociólogo y el historiador. Andreski, por ejemplo, dice que no hay testimonios directos que puedan iluminarnos acerca del origen de la guerra, pero arguye que los seres humanos no poseen una proclividad innata a la guerra; de otra manera no sería necesario adoctrinarlos para que peleasen, y no habría ejemplos de naciones que se mantuvieran en paz durante más de una generación. Norman Gibbs, que contribuyó al coloquio pero no pudo ofrecer un trabajo escrito, fue igualmente incapaz de colmar el vacío entre biólogos e historiadores. Los historiadores aceptan la guerra como un componente del comportamiento humano y analizan las causas de la guerra entre Estados en términos políticos y económicos racionales. Burton también rechaza toda la noción de agresividad de los Estados soberanos, o al menos adopta la posición de que hoy por hoy no hay pruebas de semejante agresión. Aunque acepta que la noción de agresividad en animales puede ser válida, y también la agresión tal como la entiende el psicólogo —en términos de frustración, miedo, desplazamiento, chivos expiatorios y así por el estilo—, no cree que con ello la agresividad humana quede establecida como cosa normal.

De hecho, recurre a biólogos y psicólogos tanto para afirmar que existen tendencias agresivas entre individuos como para implicar que los Estados nacionales tienden a actuar agresivamente. Esto empuja a todo Estado a estar esperando una agresión, aun cuando no haya enemigo discernible, y la política de defensa del Estado producirá precisamente el resultado que intenta evitar.

Evidentemente los biólogos no concurren en este veredicto, y su punto de vista es expresado sucintamente por las palabras de Lorenz: "No cabe ninguna duda, en opinión de cualquier hombre de ciencia con mente científica, de que la agresión intraespecífica es, en el Hombre, un impulso instintivo espontáneo en el mismo grado que en la mayoría de los demás vertebrados superiores. El principio de síntesis entre los hallazgos de la etología y el psicoanálisis no deja tampoco ninguna duda de que lo que Sigmund Freud ha denominado 'instinto de la muerte' no es más que la desviación de este instinto que, en sí mismo, es tan indispensable para la supervivencia como cualquier otro."

Aunque no se alcance acuerdo total sobre la existencia o la naturaleza de la agresión innata, parece igualmente difícil negar que haya alguna conexión entre las causas y prosecución de las guerras y las

fuentes subconscientes de la agresión humana. Más
aún, la historia terrorífica de la agresión abierta, de
la inhumanidad del hombre hacia el hombre, que
Freeman catalogó, no puede refutarse. Parece que la
destructividad del hombre es esencialmente humana.
Los animales despliegan actitudes agresivas que pueden tener valor para la supervivencia, pero en condiciones naturales no luchan hasta la muerte con
miembros de su propia especie; el conflicto es ritualizado, de modo que poco daño resulta de él. Nos ve-
mos impulsados, pues, a hacer ciertas preguntas: ¿Hasta dónde la agresividad humana, como se despliega en
la guerra, está sujeta a una ritualización similar a la
que ha aparecido en los animales? Si la destructividad del hombre es única, ¿por qué difiere así de otros
mamíferos? Y finalmente, ¿ofrece el estudio del comportamiento animal alguna esperanza de que los "no
imaginados estratos de malignidad del corazón humano" puedan comprenderse y vencerse, de modo que
los hombres consigan vivir y desenvolverse sin miedo
de sí mismos?
   Si la guerra ha envuelto un comportamiento agresivo que casi llega al genocidio, los aspectos ritualísticos
deben admitirse también. La exhibición y la amenaza, la pompa y circunstancia de la guerra gloriosa
deben haber ocupado, a lo largo de la historia, al
menos tanta actividad militar como los auténticos
conflictos. Por añadidura, las actitudes de los políticos, los intercambios de notas, el envío y el rechazo de
ultimátum, las declaraciones de guerra, la dirección
de las campañas, las maniobras de tropas y las técnicas de combate son cosas que caen todas en pautas
rituales evidentes, si bien continuamente cambiantes.
Como afirma Gibbs, la guerra puede haberse vuelto
más sangrienta con la difusión de la democracia política, pero aun la guerra total tiene algunos —pocos— rasgos redentores. No es, como en el siglo XVIII,
posible para turistas civiles transitar sin impedimento
por país enemigo. Pero, paradójicamente, los prisio-
neros de guerra merecen, por acuerdo internacional,
ciertas cortesías de acuerdo con su rango, pese a que
sus mujeres e hijos sean simultáneamente víctimas de

aniquilación calculada por bombardeos aéreos. Los
generales alemanes que se rindieron después de la batalla de Stalingrado esperaban ser tratados como oficiales y caballeros; sus amos civiles fueron posteriormente juzgados y colgados.

Los aspectos destructivos de la agresión abierta,
sin embargo, son de mucho más peso que los rituales, en la especie humana, lo cual da al hombre un
carácter único nada envidiable entre los animales.
Acaso en el rápido desarrollo de las armas, merced
a la capacidad del cerebro y la mano, la potenciali-
dad destructora del hombre ha superado con mucho
cualquier inhibición contra el fratricidio o incluso
genocidio que pudiera, como en los mamíferos carnívoros, desenvolverse bajo la influencia de la selección
natural. Tal vez el uso de armas a distancia pudiera,
en cualquier caso, viciar semejantes inhibiciones; puede ser psicológicamente más fácil matar a un hombre
con una pistola que con un cuchillo, o exterminar
una multitud mediante una bomba de hidrógeno y
no en una cámara de gas. O acaso el hombre es un
prisionero en el medio no natural que se ha creado;
tiene a toda la naturaleza a sus órdenes, y su posición es análoga a la de los animales que viven en
condiciones de sobrepoblación o en cautividad.

¿Puede el hombre aprender a comprender, rituali-
zar o dominar de algún otro modo su agresión, cuando ésta desgarra su sociedad o lleva a la guerra? Aun
que los Estados no sean agresivos de manera innata y
la guerra no sea una consecuencia directa de impulsos
agresivos subconscientes, la prosecución de la guerra
desencadena la agresión en una escala horrible. ¿Pueden hallarse otros escapes, si nos disuadimos mutuamente para mantener la paz? Acaso, como sugiere
Storr, podamos hallar sustitutos en juegos, debates o
la carrera del espacio. Necesitamos más pruebas. Las
técnicas de la investigación sociológica y psiquiátrica
pudieran aplicarse ahora a la observación directa de
la etiología de las guerras o de las tensiones que conducen a ellas. Las relaciones internacionales pudieran
aliviarse de emociones políticas y analizarse objetivamente a la luz del psicoanálisis, teniendo presentes

las lecciones del comportamiento animal. La humanidad debe, como dice Lorenz, abandonar su autoengaño y aceptar esa humildad que es requisito previo para reconocer las leyes naturales que gobiernan la conducta social de los hombres.

J. D. CARTHY
F. J. EBLING

Agresión interespecífica

por JAMES FISHER

Cayo Plinio Segundo —Plinio el Viejo—, publicó su
Historia Natural alrededor del año 77 d. c., dos años
antes de morir en Pompeya siendo prefecto de la flota
de Vespasiano en Misenum. Su conocimiento zoológico ha sido subestimado por muchos eruditos: se
tienen testimonios, provenientes de recientes excava-
ciones, que hablan de un elevado saber ornitológico
entre los pompeyanos instruidos de aquella época, y
no me cabe duda de que aquel buen sabio pertenecía
a la Unión de Ornitólogos de la Campania: era sin
duda el presidente. En todo caso, nos ofrece una información temprana —si no es que la primera— acerca
de la agresión interespecífica, independiente de la predación. Los cuclillos —escribió— "saben cómo los
odian todos los pájaros, pues hasta los pájaros más
menudos están prestos a hacerles la guerra".

Smith y Hosking (1955) han demostrado elegan-
temente, mediante una serie de observaciones y experimentos, hasta qué punto aves pequeñas, de las
numerosas especies que el cuclillo aprovecha para in-
cubar sus huevos, han adquirido el hábito de atacarlo
en multitud. Tales pájaros reaccionarán ante los cuclillos en toda ocasión, atacándolos, a ellos o a mode-
los o ejemplares disecados, luego de poner su primer
huevo, o sea cuando es más probable que padezcan
el parasitismo del cuclillo. Repartidos al azar en un
bosque, cuclillos disecados atrajeron una multitud in-
dignada de currucas, ruiseñores, un ejemplar de *Syl-
via*, varios *Phylloscopus* y *Fringilla*, un *Sitta*, un *Parus caeruleus*, un *P. ater* y un *Chloris*. A pesar de lo
parecidos que son los cuclillos a *Accipiter nisus*, estos

[9]

últimos despertaron una alarma muy distinta y una respuesta de miedo entre *Phylloscopus*, sin posturas agresivas. Hacia los cuclillos, particularmente hacia sus cabezas, los pájaros exhibieron un comportamiento agresivo frenético, que extendieron —cosa interesante— a ejemplares disecados de un halcón de patas rojas que, a diferencia del halcón *Accipiter nisus*, tiene una cabeza parecida en forma y color a la del cuclillo; y también a un ejemplar disecado del cuclillo pálido de Australia, pájaro que no conocían, menor, sin franjas en el pecho pero con cabeza de forma análoga.

Aparte de los pájaros ya mencionados, atacan fieramente en multitud a los cuclillos otros muchos pájaros huéspedes de Europa occidental y de todo el Viejo Mundo, cuando los huevos están en el nido. Entre estos pájaros se cuentan particularmente *Anthus pratensis*, y también *Saxicola torquata*, *Acrocephalus schoenobaenus*, petirrojos, *Saxicola rubetra*, *Anthus trivialis*, *Phylloscopus collybita*, *Acrocephalus arundinaceus*, *Lanius collurio*, *Emberiza citrinella*, *Lullula arborea*, pero no *Turdus merula* (que no es víctima del cuclillo) ni *Prunella modularis* (que sí lo es, y para el cual ningún cuclillo ha producido un huevo azul que haga juego: es una interesante excepción a la regla). Las oropéndolas, que son muy agresivas hacia *Molothrus*, de su misma familia, que es parásito, también reaccionan agresivamente hacia los grandes *Tyranni* que, aunque no son parásitos de las nidadas, compiten con aquéllas por sus nidos suspendidos, hermosamente construidos. En el mundo entero la competencia por ocupar agujeros donde anidar provoca muchas agresiones interespecíficas, y cada comunidad forestal tiene su propia jerarquía de éxito agresivo entre los competidores, que incluyen palomas, carpinteros, tordos, papamoscas, paros y gorriones, en Europa.

En América sólo uno de los muchos cuclillos es parásito, y no hay ninguno en los Estados Unidos. Al colocarse en sus territorios cuclillos europeos disecados, ningún pajarillo de jardín de los Estados Unidos reaccionó. Por otra parte, pájaros americanos reaccionan violentamente ante las varias especies parásitas de *Molothrus*, que los emplean como huéspedes, si bien en el invierno las especies que padecen el parasitismo pueden compartir perchas con sus huéspedes.

Pasaré de prisa por las reacciones de los pájaros hacia los predadores, ya que el elemento agresivo debe ser familiar a todo el que haya visto, de día, paseriformes diversas atacar en multitud a un buho. Hartley (1950a) ha realizado una buena serie de experiencias, empleando ejemplares disecados, a propósito de los buhos. Es tan persistente el impulso a atacar en multitud a los pájaros de presa, que Thienemann vio cuervos silvestres que visitaban y realizaban demostraciones agresivas a una rama en la que un buho cautivo había sido colocado y atacado por una multitud de pájaros, pero que se había retirado hacía ya seis meses. El hábito de atacar a animales de presa, particularmente serpientes, miembros de la familia de las comadrejas y aves diurnas y nocturnas, como algunos córvidos predadores, parece ser casi universal en la clase de las aves. Algunas especies de buhos tienen ojos falsos detrás de la cabeza; probablemente se trata de una adaptación contra tales agresiones, mientras que los ojos falsos, muy reales, que llevan detrás de la cabeza algunos alciones (incluyendo el común) no deben de ser una adaptación contra esto, sino contra el ataque de aves de presa diurnas, cuando están posadas en ramas, a la orilla de los ríos, acechando a los peces.

Se observan distintos grados de agresión interespecífica en prácticamente todas las actividades de manutención y reproducción de pájaros, particularmente los que comen, descansan o anidan en grupos sociales mixtos. Es común, en toda clase de bosques, de los trópicos a la taiga, la presencia de aves oportunistas, saqueadoras, de variadas especies, que recorren el follaje en pos de insectos o frutos —alimentos que a menudo están concentrados en focos de abundancia local (grupos de frutos, en la estación apropiada, nidos de insectos y así por el estilo), de modo que el descubrimiento de uno puede ser disfrutado por todas las aves. Colquhoun (1942) descubrió una jerar-

quía de agresividad, no diferente del orden de picoteo intraespecífico en un gallinero, en los cazadores
de insectos de los bosques ingleses; *Sitta* ocupaba el
primer lugar, seguido por los paros: el paro grande
y luego *Parus caeruleus* y *P. palustris.* Son pájaros
que comparten la misma ecología, al menos durante
parte del año, por lo cual ha aparecido una estructura de privilegios. Tales estructuras no son desconocidas en colonias mixtas de zancudas de los pantanos
—*Ibis,* grullas y espátulas—, si bien son bastante raras
entre la mayoría de las aves marinas, exceptuando
acaso los pingüinos en las grandes colonias mixtas
antárticas y subantárticas. La mayoría de los pájaros
marinos hacen una compleja selección de sitios para
los nidos, que en conjunto evita la competencia, aun
en colonias mixtas tan nutridas como las de las islas
Pribilof y Funk, la isla Bear y St. Kilda. En el Atlántico, por ejemplo, el mergo, el pufino de la isla de
Man y el petrel de Leach anidan en túneles; *Hydro-
bates pelagicus* y *Rhynchops* anidan en grietas; *Moris*
anida en bordes anchos; *Uria* en las puntas de las
rocas, puede ser expulsado de los bordes anchos por
Moris, en tanto que la especie ártica anida en cimas
anchas cuando está solo, pero en bordes angostos cuando coincide con *Uria* común. *Rissa* anida en bordes
estrechos; *Larus argentatus* hace su nido en pendientes altas, mientras que otra gaviota, *L. fuscus graellsi,*
anida en pendientes moderadas o aun en terrenos
encharcados y planos próximos al borde de los acantilados. *Larus marinus* se establece en las alturas, cerca
de los puntos más elevados; *Cepphus* anida en grietas
al pie de los acantilados. *Fulmarus* prefiere bordes
bien protegidos, pero exhibe mayor plasticidad que
los demás. La pauta es diferente en el Pacífico, pero
con insistencia en posiciones peculiares y algunas diferencias interesantes; por ejemplo el ave que equivale
al mergo en el Pacífico no anida en madrigueras sino
en grietas, y en aquéllas anida un mergo mayor, que
carece de equivalente en el Atlántico. En conjunto,
los nexos entre aves marinas están bastante libres de
lucha interespecífica; en algunas partes tropicales
de los océanos hay hasta algunas indicaciones de que

las especies que prefieren los mismos sitios para anidar lo hacen en diferentes estaciones y evitan así la competencia. A pesar de la escasez de tierra adecuada en algunas áreas productoras de alimento de los océanos, los pájaros marinos tienen poca competencia significativa por sitios donde anidar. Todo lo cual apunta a la noción generalmente aceptada de que, dejando aparte la predación y el parasitismo (y quizá el caso especial de las hormigas), los pájaros y otros animales suelen ser muy tolerantes para otras especies, inclusive aquellas que consumen en parte los mismos alimentos. Tal es el caso, al menos, en libertad: en cautividad se han observado toda suerte de jerarquías extraordinarias de picoteo entre especies; se trata de lecciones que falta mucho para entender —sencillamente los encargados de parques zoológicos han aprendido a pensarlo bien antes de hacer cosas como poner juntos drongos y melifágidos (en cautividad son formidablemente agresivos, como lo son incluso algunos colibríes), o reunir grullas, flamencos y pelícanos en un recinto demasiado reducido.

Debo detenerme, si mis palabras han de relacionarse con el tema principal del coloquio. Hablo simplemente como ornitólogo que hace unos años recuperó su condición de aficionado pero que sigue en contacto con algo de bibliografía, que conoce desde sus principios la teoría territorial y que, literal o metafóricamente, ha estado a los pies de Huxley, Howard, Lorenz, Tinbergen, Armstrong y Hinde, viendo a algunos de sus discípulos más vigorosos alcanzar alturas comparables como profetas. Ya no se discute la universalidad de la territorialidad entre los pájaros, la mayor parte de los otros vertebrados y una multitud estupenda de invertebrados. La agresión interespecífica ha sido reconocida desde tiempos aristotélicos: se acepta hoy que tiene una importancia biológica tan fundamental, que de un centenar de monografías sobre especies de vertebrados a las que he echado una ojeada casual no menos de veintidós se dedicaban del todo o en gran parte a ella.

Se está de acuerdo en que hay agresión interespecífica. Lo que me importa aquí es lo que sobra de

ella. Acaso sea ésta una manera demasiado trivial
de designar la agresión interespecífica que parece provenir, en sentido evolucionista, del comportamiento
territorial intraespecífico. Me parece que hay dos clases principales, que denominaré hipersténica —basada
en exceso de impulso, y que en su forma más usual
consiste en errores de identificación, tomando una
cosa por otra parecida— y taxógena —la que tiene potencial como mecanismo evolutivo.

Numerosos ejemplos del primer tipo de agresión
han sido reunidos por Armstrong (1947), y ejemplos
de lo que creo que es el segundo tipo por Wynne-
Edwards en su importante *Animal dispersion in relation to social behaviour* (1962). Cuando tenemos
en cuenta que lo que desencadena el comportamiento
belicoso intraespecífico puede ser una parte o partes
particulares —cabeza, pechuga, o alguna región del
cuerpo que exhiba una marca llamativa—, compren-
demos fácilmente cómo un petirrojo puede atacar a
un *Loxia* rojo o a un *Carduelis,* con su cara roja; o un
Pyrrhula atacar a *Emberiza,* cuando el macho de esta
especie tiene la cabeza negra de su plumaje maduro;
o cómo un *Passerina* de color añil puede desollar la
cabeza de un *P. ciris,* que la tiene del mismo color
que él. En ocasiones los pájaros alcanzan tal frenesí que sus errores pueden ser curiosos, por decir lo menos: Selous, según lo cita Armstrong, vio un macho
de *Vanellus* arañando el suelo ante tres palomas y,
al descubrir súbitamente su error, detenerse "con li-
gero sobresalto". Hace treinta años, después de su
bien conocido trabajo de campo sobre la reproducción
de las aves en Groenlandia, Tinbergen (1935, 1936)
se convenció de que muchas demostraciones interespecíficas eran consecuencia de intenso deseo sexual
que influía sobre la capacidad discriminadora del
propietario del territorio.

Tetrao urogallus es famoso por su territorialidad
nupcial y concentración completa en su despliegue al
iniciarse la estación de la reproducción: esta característica permite cazarlo fácilmente en algunos países
cuyas leyes de caza son un tanto medievales, y permitió a Ferguson-Lees (1963) describir recientemente

cinco machos, en Escocia, residentes en bosquecillos
cerca de caminos y al parecer sin rivales apropiados
de su misma especie; no se atrevían con los perros,
pero atacaban a los carneros, a un caballo, a las personas y a los automóviles; sin duda era un caso de
impulso excesivo o hiperstenia, harto difícil de cata-
logar como simple error de identificación.

La clásica definición de especie debida a Mayr,
ampliamente aceptada hoy día por los zoólogos —al
menos por los especialistas en vertebrados—, puede
resumirse así. En 1940 escribió que "las especies son
grupos de poblaciones naturales, que se cruzan o pueden hacerlo, y que están reproductivamente aisladas
de otros grupos así". En 1951 agregó como refinamiento que las especies están asimismo lo bastante
especializadas ecológicamente como para no competir
con otras, emparentadas de cerca, en la misma área.
Mayr ha establecido, más allá de toda duda razonable, que el principal modo de formación de especies
es el aislamiento geográfico, y no ecológico. Surgen
especies cuando subespecies o razas geográficas, después de un período de reproducción en aislamiento,
tropiezan con el territorio de una raza vecina. Cuando
esto ocurre, las dos cepas, aunque genéticamente distintas e identificables estadísticamente,[1] pueden volverse a integrar, frecuentemente con un período de
gran variación en la zona de traslapamiento; pero
también pueden no hacerlo. En este último caso, hay
especiación, lo cual significa que cada una debe tener
algún mecanismo para el aislamiento reproductivo,
preferencia por algún conjunto diferente de alimentos y probablemente algunas diferencias concomitantes
en requisitos o preferencias ecológicos.

Situaciones de esta clase son tan comunes que, entre las 8 500 u 8 600 especies de pájaros que viven en
la actualidad,[2] hay varias docenas que están hoy por

[1] Hasta el punto de que, en relación con uno o más caracteres que,
con fines prácticos, deberán ser identificables en un museo, el 75 por
ciento de una población difiera significativamente del 98 por ciento de
la otra: patrón práctico para distinguir razas válidas que se usa desde
Amadon (1949).

[2] 8 580, según un reciente recuento hecho por quien esto escribe.

hoy en especiación, para instrucción y confusión de los taxónomos actuales que se dedican a las aves; si bien éstos comparten en la actualidad una opinión notablemente unánime acerca de las especies, nunca estarán de acuerdo en lo que toca al 1 por ciento último, aproximadamente: es, simplemente, que la evolución es un proceso, y no una cosa que ocurrió en otro tiempo.

El excelente, estimulante y sabio libro reciente de Wynne-Edwards describe muchas especies íntimamente emparentadas que exhiben agresión interespecífica. Un caso clásico se refiere a dos *Sturnella* de los Estados Unidos, que investigó Lanyon (1957). Estas ictéridas son casi idénticas exteriormente, tienen alguna diferenciación ecológica —no completa— en lo referente a hábitat, y ocupan una extensa área simpátrica en el Oeste medio, sin cruzarse. En áreas ecológicamente convenientes para ambas, se comportan territorialmente una hacia la otra como hacia sus congéneres, con despliegues similares o idénticos; su diferencia más ostensible reside en el canto, que es considerable y permite al observador suspirar con alivio, ya que las diferencias de plumaje son difíciles de apreciar sin buena luz. La diferencia en el canto es sin duda un mecanismo aislador importante, si no es que el principal. La agresión territorial parece ser esencial también, en esta etapa de la especiación, que debe de ser muy temprana.

Wynne-Edwards menciona este caso y otros, particularmente un grupo de *Oenanthe* próximos (Hartley, 1949, 1950 a, b; Simmons, 1957), para apoyar su refutación del principio de Gause (1934), según el cual no pueden vivir en la misma área dos especies con ecologías similares o idénticas. No creo que esto pueda aceptarse aún, pues toda especiación tiene su etapa de transición. Los pájaros que se están especiando son hoy día sorprendidos frecuentemente haciéndolo. Además, una similaridad ecológica puede ser grande en ciertos lugares o en ciertas épocas del año, pero menor tomando en cuenta todo el panorama. La mayoría de los *Oenanthe* que cita con aparentemente la misma ecología y agresión interespecífica tenían sus sistemas territoriales sólo en la zona habitada en invierno.

Hay que hacer hincapié en que para que los taxones (y digo taxones deliberadamente, y no razas de especies) consigan especiarse, no es necesaria una preadaptación *completa* con mecanismos aislantes y hábitos ecológicos compatibles. A la preadaptación le toca insertar el pico de la cuña, que se va ensanchando por más mecanismos aisladores y factores ecológicos de compatibilidad (como los llama Mayr) por selección natural después del traslapamiento. Sólo cuando se ha alcanzado *completa* diferenciación ecológica y han aparecido recursos de plumaje, canto o ambas cosas, para reconocimiento cabal, puede haber coexistencia en la mayor parte de los casos, con territorios que se traslapan, y al fin prescindir del territorialismo interespecífico. Nuestros *Phylloscopus* parientes parecen estar en una etapa intermedia; sus territorios pueden traslaparse físicamente cuando colindan sus bien diferentes hábitat, pero siguen mostrando cierto grado de intolerancia mutua. La agresión territorial, en tanto que dirigida a un pariente en la especiación, debe de ser favorecida por selección natural en la "vida geológica" temprana de una especie, especialmente cuando ambas formas compartan aún porciones importantes de su alimentación. Es el tiempo de significación taxógena.

En este punto —me veo obligado a decirlo— el ornitólogo aficionado y en otro tiempo estudiante de medicina marcha con prudencia. Sospecho que este simposio (y noto con cierta satisfacción que nuestra agenda permite una interpretación literal de la palabra) se ha reunido con un ojo un tanto marciano puesto en una especie determinada de mamíferos. Considerando el destino de los mamíferos en el Pleistoceno, he de decir que *Homo sapiens* lo ha hecho bastante bien. Si aceptamos la opinión general de los mejores paleontólogos y admitimos el Villefranquense y el Blanquense en el Pleistoceno, entonces el Pleistoceno ha durado unos 2 millones de años. En este tiempo ha habido cosa de una docena de glaciaciones y subglaciaciones, con etapas interglaciales e interesta-

diales entremedias, lo cual no parece haberle ocurrido
a nuestro planeta —me refiero a la serie de edades glaciales— desde que nuestra galaxia, la Vía Lác-
tea, completó por última vez una revolución hace
bastante más de 200 millones de años. Puede seguir
adelante otros 10 millones de años, o más. Esto es interesante desde el punto de vista de la evolución. Las
dos clases dominantes de vertebrados —mamíferos y
aves— han sido bien castigadas, como las plantas con
flores. Durante el Pleistoceno, de hace 2 millones a
hace unos 10 mil años, la vida geológica esperada
para una especie de aves ha descendido de aproximadamente millón y medio a unos 40 mil años; la de
una especie de mamíferos de alrededor de medio millón a unos 20 mil años. *Homo sapiens,* según los testimonios geológicos y la datación por correlatos astro-
nómicos (pues en eso estamos; el método del potasio/
argón no puede medir tiempos tan cortos, ni el
carbono 14 tan largos), pudiera tener unos 400 mil
años, si es que el hombre de Swanscombe era uno
de nosotros.

Desde el punto de vista marciano, que para los
propósitos de mi argumento se parece a la visión de
un pájaro por un ornitólogo sistemático, y funciona
de acuerdo con las reglas de la sistemática ordinaria,
el hombre es una especie vieja con una historia de
clásica diferenciación subespecífica. Numerosas subespecies o razas (y digo aquí razas para indicar subespecies bajo las reglas ordinarias) han sido descritas y
nombradas. Las que parecen válidas, con criterios
ornitológicos o marcianos, suelen los modernos antro-
pólogos llamarlas subgrupos; probablemente porque
la palabra "raza", aplicada al hombre, tiene ahora
un sentido semántico dudoso. Pero si los hombres fuesen pájaros, la más reciente lista incluiría por separado y trinomialmente lo que ahora algunos designan
como Caucasoides, Negroides, probablemente también
Capoides y Mongoloides, y ciertamente Australoides
también.[3] Son éstos (o al menos lo eran algunos hasta

---

[3] Un juicio reciente de una entendida (Cole, 1963) dice así: "Si hubiéramos de clasificar al hombre de acuerdo con esta regla (la regla
del 75 por ciento de la nota 1) —*lo cual de hecho no se hace* (yo sub-

hace muy poco) taxones válidos, y han ido especián-
dose despacio sólo desde fines del Paleolítico; y como
todos saben, el Paleolítico terminó en diferentes épocas en diferentes sitios, y en unos pocos continúa aún.

Hasta los años muy recientes de la civilización colonial, dispersiva, la especie humana parece haber
disfrutado de la clásica pauta de distribución de un
mamífero de éxito, con hasta media docena de razas
geográficas válidas, dentro de las cuales los paleontólogos han descubierto testimonios de tendencias cli-
nales —todo esto es cosa que traen todos los textos.
Son también clásicos los rompecabezas que siguen
presentándose: ¿Fue —por ejemplo— una especie satisfactoria *Homo neanderthalensis*? ¿Pudiera el hombre tener un origen polifilético? ¿Hubo ocasiones y
lugares de contacto en la paleohistoria de sus razas?
¿Qué ocurrió entonces? Los fósiles de Skhul, en Asia
Menor, bastan para demostrar lo necesario que es para
los paleontólogos seguir excavando.

Releyendo uno de los más estimulantes ensayos
de Julian Huxley, publicado en 1941, hallo un opti-
mismo típico de su tiempo, pero acaso injustificado
en vista de acontecimientos habidos en el último par
de decenios. "La evolución humana —escribe— es reticular" —en contraste con la general divergencia de
la evolución de otros animales. "En el hombre —pro-
sigue—, luego de divergencia incipiente, las ramas han
vuelto a unirse y han generado nueva diversidad por
sus recombinaciones mendelianas, proceso repetido
hasta que el curso de la descendencia humana es como
una red." Dentro de los límites de Rusia, Europa y
América del Norte, esto fue cierto, claro está, mucho
antes de que Hitler intentase escribir el mito ario
con sangre en su constitución maniática de Europa.
Pero ¿retículo global? En América Central y del Sur,
en gran medida. En Africa hasta cierto punto, aunque
en la mayoría de las zonas no. En Australia, de modo
insignificante; en Europa y Nueva Zelanda apenas,

rayo)—, nos quedarían tres subespecies: los Caucasoides (blancos o europeos), los Mongoloides (asiáticos) y los Negroides (negros o africanos)."
Cole consideraría los Australoides como "blancos arcaicos", y reuniría
en general Capoides y Negroides.

en Norteamérica y Asia en pequeña escala (si bien
Asia exhibe una pauta bastante clinal de occidente a
oriente). Las razas del género humano no se han
vuelto a unir, genéticamente, en grado muy superior
al preciso para demostrar al menos que pueden hacerlo. Por el contrario, miembros de cada raza principal, ante nuevas libertades y nuevas restricciones,
nuevos retos y nuevos problemas, han producido in-
diferentemente, en cada confrontación, un síndrome
taxógeno. Sea la que sea su raza, estado cultural, educación, democracia o sistema político, los seres humanos se están conduciendo como pájaros, de Bulgaria
a Alabama, de Tangañica a Indonesia, de Notting
Hill a la República de Sudáfrica (donde se está ima-
ginando una caricatura de especiación que casi ser-
viría de modelo para un libro de texto). Paradójicamente, creo que la agresión racial sólo puede
destruirse mediante orgullos de raza. El desarrollo separado, o como lo llamen ahora los sudafricanos, no
servirá, no puede servir. Nace del odio racial y el miedo racial, impulsos que, sugiero yo, son sin duda innatos, pero que también sin duda pueden conquistarse
mediante la investigación, el saber, la enseñanza y el
desdén hacia los eufemismos, así como otros legados
—legados literales— de nuestro pasado se-van conquistando lentamente.

BIBLIOGRAFÍA

Amadon, Dean. 1949. "The Seventy-five Per Cent Rule for Sub-
species." *Condor*, *51*, 250-258.
Armstrong, E. A. 1947. *Bird Display and Behaviour*. Londres:
Lindsay Drummond, 431 pp.
Cole, Sonia. 1963. *Races of Man*. Londres: British Museum (Nat.
Hist.), 131 pp.
Colquhoum, M. K. 1952. "Notes on the Social Behaviour of
Blue Tits." *Brit. Birds*, *35*, 234-240.
F[erguson]-L[ees], I. J. 1963. "Sstudies of an Aggresive Capercai-
llie." *Brit. Birds*, *56*, 19-22.
Gause, G. F. 1934. *The Struggle for Existence*. Baltimore, Md.:
Williams and Wilkins Co., 163 pp.
Hartley, P. H. T. 1949. 'The Biology of the Mourning Chat
in Winter Quarters." *Ibis*, *91*, 393-412.
Hartley, P. H. T. 1950a. "An Experimental Analysis of Inter-

specific Recognition." *Symposia Soc. exper. Biol. Cambridge*, nº 4, 313-336.
Hartley, P. H. T. 1950b. "Interspecific Competition in Chats." *Ibis, 92,* 482.
Lanyon, Wesley E. 1957. "The Comparative Biology of the Meadowlarks *(Sturnella)* in Wisconsin." *Publ. Nuttall orn. Cl.,* nº 1, 67 pp.
Mayr, Ernst. 1940. "Speciation Phenomena in Birds." *Amer. Nat., 74,* 249-278.
Mayr, Ernst, 1951. "Speciation in Birds." *Int. Orn. Congr., 10,* 91-131.
Simmons, K. E. L. 1951. "Interspecific Territorialism." *Ibis, 93,* 407-413.
Smith, Stuart, y Hosking, Eric. 1955. *Birds Fighting.* Londres: Faber and Faber Ltd., 128 pp.
Tinbergen, Niko. 1935. "Field Observations of East Greenland Birds. I: The Behaviour of the Red-necked Phalarope *(Phalaropus lobatus* L.) in Spring." *Ardea, 24,* 1-42.
Tinbergen, Niko. 1936. "The Function of Sexual Fighting in Birds; and the Problems of the Origin of 'Territory'." *Bird Banding, 7,* 1-8.
Wynne-Edwards, V. C. 1962. *Animal Dispersion in Relation to Social Behaviour.* Edimburgo y Londres: Oliver and Boyd, 653 pp.

La agresión en los insectos sociales

por D. I. WALLIS

INTRODUCCIÓN

Por definición, los insectos sociales son aquellos que viven juntos en colonias. El comportamiento agresivo es parte del mecanismo fundamental que mantiene una colonia como entidad separada. La colonia se mantiene distinta de otras, de la misma especie y de especies diferentes. Así, la agresión se dirige ante todo hacia afuera, es decir, es extracolonial. Sin embargo, el grado de inhibición de la agresión entre los miembros de una colonia es variable, y el examen de este aspecto puede ayudar a elucidar los factores que normalmente evocan comportamiento agresivo.

Las funciones del comportamiento agresivo pueden resumirse así:

a) es un agente que mantiene la cohesión de la colonia;

b) es un agente de competencia intraespecífica. A menudo un territorio es marcado por una colonia particular, asegurando así la cohesión de la colonia, abastecimiento de alimentos y lugar para anidar;

c) en la competencia interespecífica, que puede referirse asimismo a fuentes de alimento o lugares para anidar;

d) en el comportamiento de caza. Algunos de los componentes del comportamiento agresivo se manifiestan al matar otros insectos, incluyendo hormigas, como presas.

El fundamento de la distinción de las colonias y las razones de que la agresión sea primariamente extracolonial son cosas que desde hace mucho han desconcertado a los investigadores de este campo y se les ha prestado mucha atención en la bibliografía. Al considerar hormigas, abejas y avispas, revisaré, si bien brevemente, tres aspectos del tema: los componentes del comportamiento agresivo, las opiniones actuales acerca del fundamento de la distinción de las colonias, y los factores que influyen sobre la agresión.

COMPONENTES DEL COMPORTAMIENTO AGRESIVO

Pueden ofrecerse ejemplos de varias especies. Mi propio estudio de *Formica fusca* (Wallis, 1962a) ilustra los componentes del comportamiento agresivo. Parece que los muestran la mayoría de los insectos sociales.

En *fusca*, la agresión puede consistir en la adopción de una postura de "amenaza", o en ataque, "agarrando" o "arrastrando". El agarrar y el arrastrar actúan destruyendo o expulsando un extraño del nido. El agarro consiste en coger parte de la hormiga atacada con las mandíbulas. Se observan breves embestidas, rotundas, seguidas de agarro, lo cual puede conducir a perforación de la cabeza o el epinoto, o a pérdida de un miembro o antena. El arrastre consiste en agarro, más un elemento de locomoción. La hormiga atacada suele ser arrastrada fuera del nido. En la postura de amenaza, levanta la cabeza y se dirige hacia la otra hormiga. Las mandíbulas se mantienen muy abiertas, y las partes labiales muy retiradas. La amenaza se clasifica como tal porque es exhibida en asociación con el agarrar y el arrastrar, y sus componentes sugieren que es una intención de movimiento de agarrar, o un movimiento incompleto. Así, cuando se estudia la reacción de una colonia hacia un extraño (Wallis, 1962b), resulta que el número de agarros aumenta al mismo tiempo que el de amenazas. No obstante, al alcanzarse el máximo de agarros, han empezado a disminuir las amenazas. Este testimonio, y otros, sugiere que lo más frecuente es que se exhiba la amenaza con intensidad moderada de motivación agresiva.

Cuando se analizan las series de respuestas de individuos, la frecuencia de transición de una respuesta a otra es una manera más de demostrar que las respuestas están motivadas de modo similar (Fig. 1). Suponiendo que en períodos breves la motivación no se altera grandemente, las respuestas vinculadas por las mayores frecuencias de transición son expresión de una motivación similar. La figura 1 está de acuerdo con el punto de vista de que la amenaza se asocia al agarro. Sugiere que el lamer (respuesta que se considerará más adelante), el amenazar, el agarrar y el arrastrar, respectivamente, representan un incremento gradual en una motivación común. Las transiciones de lamer a arrastrar, y viceversa, no se observan, pero el arrastre está asociado del modo más claro con el agarro, y el lamer con el amenazar. Es significativo que el arrastre tienda a mostrar una correlación negativa, y no positiva, con la amenaza, cuando se representan gráficamente las frecuencias de las dos respuestas. Probablemente cuando es evocado el arrastre, la motivación es tan elevada que inhibe una respuesta de "baja motivación", como lo es la amenaza.

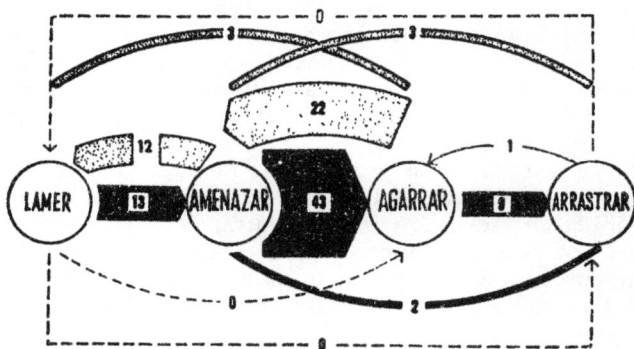

Fig. 1. *Frecuencia de transiciones de una respuesta a otra, en hormigas que encuentran un extraño. El grosor de la línea, y los números, indican la frecuencia de la transición. El negro indica transiciones en la dirección de motivación agresiva creciente. Las líneas de trazos muestran transiciones posibles que no fueron observadas.*

Sólo otras dos respuestas se muestran con alguna frecuencia hacia hormigas extrañas: el examinar y el lamer. Al "examinar", la cabeza y las antenas se orientan hacia la otra hormiga, y pueden llegar a tocarla. Probablemente se obtiene información mediante los quimiorreceptores de las antenas. El "lamer" consiste en limpiar a otra hormiga con las partes labiales. Por un lado esto sirve sencillamente para limpiar regiones del cuerpo de una hormiga que ella no se puede limpiar sola, pero una función más significativa consiste posiblemente en eliminar de la superficie del cuerpo exudados que son la base del olor específico de la hormiga y la colonia. Se lamen mucho áreas que la hormiga puede limpiarse sola.

Una respuesta agresiva que no se ve en *fusca* la exhibe *Formica rufa*. Se adelanta el gáster entre las patas, y se rocía de ácido fórmico el oponente. Muchas hormigas muestran una respuesta de picar. En la evolución de los Himenópteros salen a la luz dos tendencias. Algunas especies poseen un aguijón doloroso —por ejemplo la abeja, la avispa y algunas hormigas—; la segunda tendencia ha sido hacia la reducción funcional y el remplazamiento del aguijón por otros mecanismos defensivos: tal es el caso de muchas hormigas, incluyendo el género *Formica*. La respuesta de picar parece tener un umbral elevado y ser sólo evocada por niveles altos de motivación agresiva.

Butler y Free (1952) han descrito el comportamiento agresivo de la abeja. Las abejas responden examinando, lamiendo, agarrando, arrastrando y probablemente amenazando. Hay respuesta de picar. A menudo hay abejas —llamadas "guardianes"— en la entrada del nido. Adoptan una postura típica, frecuentemente de pie, con las patas delanteras separadas del suelo y las antenas tendidas hacia adelante. Cuando se excitan más, abren las mandíbulas —es de presumirse que esto equivale a una amenaza— y abren las alas. Las abejas que vuelan cerca de la colmena son observadas con atención, y se miran cuando tocan tierra. Si son de otra colonia, de ordinario se las ataca. Cuando hay lucha, a menudo las abejas yacen de costado, agarrando con las mandíbulas las patas de la otra y procurando picarla. Muchas veces giran muy de prisa, zumbando, como una rueda.

Los abejorros se conducen de manera similar. Free (1958) describe la presencia de insectos guardianes al menos en colonias grandes. Si la colonia es perturbada, un guardián puede adoptar una postura defensiva típica, echándose a un lado y levantando las patas media y trasera unilateralmente.

Sakagami (1960) describe la abeja social primitiva *Allodape,* que defiende la entrada de su nido, primero angostándola con médula vegetal masticada y luego cerrándola completamente con la superficie dorsal del abdomen. Es fácil hacer que pique. Similarmente, entre las abejas halíctidas, *Chloralictus* cierra la entrada del nido con la cabeza. Michener y Lange (1958) indican que las abejas guardianas retroceden hacia dentro del nido, donde el diámetro del túnel es mayor, para dejar entrar a sus compañeras. Cuando aparece un intruso, pueden volver y cerrar el paso con el abdomen, o enfrentarse al intruso y agarrarlo. Si se perturba el nido, las abejas pueden tapar con basura la entrada.

Entre las avispas, Rau (1930) ha descrito el comportamiento agresivo de *Polistes.* Es sorprendente que algunas especies de este género muestren gran tolerancia hacia las obreras de otras colonias de la misma especie, pero ataquen a las de otras especies. Agarran, arrastran, pican y lamen. Lin (1963), al describir el comportamiento territorial de la avispa *Sphecius speciosus,* hace una interesante descripción de su comportamiento agresivo. La respuesta inicial es volar en línea recta hacia el intruso. Puede mostrarse "amenaza" cuando la avispa se lanza sobre el intruso pero luego se calma y retorna a su territorio. La motivación agresiva incrementada se refleja en la avispa que da una "topetada" al intruso y finalmente lo agarra. En este último caso, la avispa atrapa al oponente pero lo suelta casi de inmediato, o caen al suelo y entonces se separan. Mientras tanto se escucha un fuerte zumbido. Es interesante que sólo los machos luzcan esta agresividad territorial.

FUNDAMENTO DE LA COHESIÓN DE LA COLONIA

Se mantiene una colonia como unidad distinta porque los individuos consiguen reconocer a los miembros de la colonia y distinguirlos de quienes no lo son. Estos últimos provocan comportamiento agresivo. Poca duda cabe de que el fundamento de esta distinción de la colonia es un olor particular de ella, conclusión apoyada por la obra de McCook, Bethe y Fielde en las hormigas, y de Kalmus y Ribbands (1952) en las abejas. Hay pocas pruebas de que el olor provenga de secreciones definidas. Pudiera no tratarse más que de olores adsorbidos selectivamente en la epicutícula. El origen del olor ha sido objeto de controversia. Fielde (1904) concluyó que el olor de la colonia está controlado genéticamente y es, así, función de la reina fundadora. Postuló también cambios de olor como consecuencia de la adquisición de olores nuevos, probablemente por adsorción superficial. Las teorías de esta investigadora son complejas y otros autores las han puesto en tela de juicio. Por otra parte, Kalmus y Ribbands han mostrado que el olor de la colonia no está controlado genéticamente en las abejas. No tardan en presentarse diferencias de olor si mitades de una colonia reciben diferentes dietas. Normalmente, la distinción de la colonia resultaría de diferencias en la dieta causadas por la ingestión de proporciones distintas de alimentos. Podría esperarse un mecanismo parecido, no hereditario, en todos los insectos sociales, y algunos estudios recientes del presente autor, realizados con hormigas, han sido intentos de investigar el olor de las colonias en este grupo (Wallis, 1962b). Se cultivaron separadamente tres grupos, cada uno de unas 50 obreras *fusca* provenientes de la misma colonia. Los grupos A y B recibieron la dieta de cultivo habitual; C recibió melaza negra. Los olores de estos alimentos son bien distintos (para el hombre), mucho más que los de las mezclas de alimentos que sería de esperarse que las colonias consumieran si buscasen alimento, en condiciones naturales, en áreas diferentes. Los grupos se tuvieron en nidos idénticos, en idénticas condicio-

nes de iluminación, temperatura y humedad, durante
siete meses. Se registraron las agresiones de A a individuos del grupo C, a individuos del grupo de control
B y, como testigos adicionales, a individuos de una
colonia diferente (X). La colonia X fue alimentada
como los grupos A y B. Los resultados se dan en la
Tabla 1.

TABLA 1. EFECTO DE DIFERENCIAS DE ALIMENTACIÓN SOBRE LA
PRODUCCIÓN DE DISTINTOS OLORES DE LAS COLONIAS

	n	Número me-dio de respuestas agresivas	Signifi-cación	La-mer	Ame-nazar	Aga-rrar	Arras-trar
A contra B	16	1,2		5,6	1,1	0,1	0
			P < 0,05				
A contra C	16	3,5		9,9	3,2	0,3	0
			P < 0,001				
A contra X	16	19,7		1,1	13,6	4,4	1,7
A contra B				82%	16%	2%	0%
A contra C		Porcentajes del total		74%	24%	2%	0%
A contra X				5%	66%	21%	8%

A contra B exhibe la agresión resultante simplemente de la separación. De hecho, una hormiga que
retorna a su propia colonia provoca muchas veces leve
agresión en las hormigas que guardan la entrada del
nido. Las causas de esta agresión, que es siempre muy
inferior a la opuesta a los extraños, se discuten en la
última sección. El resultado de la diferente alimentación (A contra C) es aumentar la agresión exhibida,
pues el número medio de respuestas agresivas aumenta de 1,2 a 3,5. Pero agresión mucho mayor se manifiesta hacia hormigas extrañas de la colonia X.
Además hay proporcionalmente más agarre y arrastre
de X. En realidad la pauta de respuestas hacia hormigas de B y C se parece más a la exhibida hacia
compañeras de nido que regresan, para las cuales la
más común respuesta consiste en lamer.

De este modo, diferencias metabólicas inducidas

por diferentes dietas pudieran desempeñar sólo un papel reducido en la producción de distintos olores de las colonias en las hormigas, si bien hay que efectuar más experimentos sobre esta cuestión. Es claro que diferencias en la dieta pueden afectar el olor de la colonia, pero estos resultados sugieren la importancia de influencias genéticas. Posiblemente el mecanismo en las hormigas difiere algo del que opera en las abejas.

FACTORES QUE AFECTAN LA AGRESIÓN: APARENTE
    PERJUICIO DE LA COHESIÓN DE LA COLONIA

Si bien el olor de una colonia extraña es el principal estímulo que provoca la agresión en los insectos sociales, no es ciertamente el único. Indicios visuales pueden provocar agresión en abejas, hormigas y probablemente avispas. Por ejemplo, el revoloteo de las abejas que van a robar a otra colonia actúa como desencadenador visual, reforzado, cuando la abeja se aproxima más, por el desencadenador del olor ajeno, según ha mostrado Free (1955). El color oscuro o el movimiento de cualquier clase evoca más agresión en las abejas que los colores claros y las formas quietas, de acuerdo con Lecomte (1952). Pueden tener alguna importancia —pero generalmente ligera— indicios táctiles. Free (1961) señala que es más fácil evocar la picadura de las abejas mediante texturas ásperas que con lisas. Otros indicios químicos incluyen el ácido fórmico, que provoca el ataque en la hormiga *Camponotus,* como descubrió Vowles (1952), y el olor de los mamíferos, que según Free (1961) estimula la picadura de la abeja.

Otros factores que influyen sobre el grado o tipo de agresión son el territorio, la temperatura, el hambre y probablemente la presencia de crías. Además, mis resultados muestran que distintas colonias, aunque cultivadas en las mismas condiciones, pueden variar considerablemente en el grado de agresión mostrado contra los intrusos (Wallis, 1962b). En toda colonia los individuos varían en agresividad, y las hormigas más activas pueden ser también las más beligerantes.

Algunas observaciones sobre *Formica fusca* sugieren que la situación tiene importancia para la agresión (Wallis, 1962b). Varios resultados pusieron en claro que una hormiga que aparecía en la entrada del nido constituía una situación que ponía alertas a las hormigas guardianas y podía evocar en ellas agresión. Que la hormiga sea extraña o compañera de nido es evidentemente un factor separado y determina la respuesta subsiguiente de la hormiga que entra. La Tabla 2 muestra la respuesta de una colonia a hormigas entrantes. Fueron éstas extrañas o de la misma colonia, tenidas aparte de ella *a)* durante 24 horas, o *b)* durante menos de un minuto. Las hormigas de la colonia sirvieron de testigos para ver si normalmente se muestra alguna agresión hacia las hormigas dentro del nido.

TABLA 2. RESPUESTA DE UNA COLONIA A EXTRAÑAS Y COMPAÑERAS DE NIDO

Hormiga hacia la que se dirigió la respuesta	n	Media de respuestas agresivas	Significación	Respuestas medias lamer	amen.	agarr.	arr.
A. Extraña	15	15,5	A y B: P < 0,001	8,3	13	2,4	0,1
B. Compañera de nido apartada 24 h	15	5,4	B y C: no sign.	9,8	5,2	0,2	0
C. Compañera de nido apartada 1 min	20	4,1	C y D: P < 0,001	6.2	4,0	0,1	0
D. Compañera de nido, dentro	10	0.1		0,1	0,1	0	0

Lo que sorprende en estos resultados es la cantidad de agresión evocada por hormigas que retornan a sus propios nidos —aparente pérdida de cohesión de la colonia. Desde luego, la pauta de respuesta a las extrañas difiere de la presentada a las compañeras que regresan. Hacia estas últimas se exhibe menor propensión a agarrar y menos respuestas de amenaza, si bien evocan considerable acción de lamer. No obstante, algunas respuestas agresivas son evocadas con bastante regularidad por hormigas de regreso a sus propios nidos. Adviértase que casi no hay agresión hacia las compañeras de nido dentro de él.

El tiempo que pase fuera una compañera de nido no altera la agresión exhibida hacia ella. Considerando el olor nada más, parece dudoso que pueda haber alguna diferencia entre una hormiga que esté dentro del nido y otra que esté fuera menos de un minuto. El factor que desencadena la agresión en estas circunstancias parece ser la situación "hormiga-que-entra-en-el-nido". Las hormigas que traen provisiones también evocan agresión al volver a entrar en los nidos. La agresión se manifiesta al entrar, pero no después. En este caso el factor es de orientación hacia una parte determinada del nido. La entrada probablemente se puede apreciar visualmente, como un área de mayor intensidad luminosa.

La asociación del lamer con el comportamiento agresivo es interesante. El acto de lamer, como lo indica la Tabla 2, se manifiesta rara vez hacia hormigas de dentro del nido, pero las compañeras que retornan son lamidas prolongadamente muchas veces. El tiempo que son lamidas las compañeras de nido aisladas durante 24 horas es de 30 segundos ($n = 147$), pero las extrañas sólo 6 segundos y medio ($n = 125$). Las series de respuestas revelan que el lamer tiende a vincularse con el amenazar, antes que con el agarrar o el arrastrar. Pero lamer y amenazar son cosas que probablemente no comparten en gran medida factores causales, ya que las puntuaciones de amenazar muestran una correlación negativa con las de lamer. El acto de lamer parece desencadenado por algunos de los factores que evocan agresión —"hormiga-que-entra-en-el-nido"—, pero también por otros factores del todo diferentes. Las hormigas fuera del nido probablemente adsorberían olores extraños en las superficies de sus cuerpos, y esta diferencia de

olor pudiera evocar tanto la acción de lamer como
la agresión en otras hormigas. La función del lamer
en este contexto pudiera ser reincorporar una hormiga a la colonia eliminando todo olor adventicio.
La agresión mostrada hacia una hormiga que vuelve,
por otra parte, tiende a desintegrar la colonia. El
hecho de que las compañeras de nido que regresan
sean muy lamidas y poco agredidas, pero que ocurra
lo contrario con las extrañas, indica que la pauta
total de respuesta tiende a reincorporar a las compañeras pero a excluir de la colonia a las extrañas.

El olor de la colonia parece ser aprendido por los
miembros del nido. El individuo parece aprender el
olor colectivo de la colonia merced a un rápido proceso similar al productor de "improntas", poco después de salir del capullo. Así, pueden trasladarse
ninfas a otro nido, y los adultos que se produzcan
serán fieles al nido en que se encuentren. De esta
manera, de las hormigas esclavas *fusca* serán fieles a la
colonia de *Formica sanguinea* en que nazcan. Sin
embargo, algunas experiencias que realicé con la hormiga *Lasius flavus* sugieren que es posible algún
aprendizaje adicional del olor de la colonia, ya que
puede acostumbrarse una colonia, hasta cierto punto,
al olor de otra, si se la expone a una corriente de
aire que haya pasado por esta última. Probablemente
las hormigas se están continuamente acostumbrando
a las leves variaciones en el olor de sus compañeras
de nido. Si se separa a una hormiga de sus compañeras, la habituación desciende y puede ella misma
exhibir unas cuantas respuestas agresivas al retornar
al nido. En hormigas ponerinas muy primitivas, Haskins y Haskins (1950) hallaron pruebas de que a
menos de que todos los miembros de una comunidad
dada estén en contacto relativamente continuo, apa-
recerán cismas, de modo que porciones aisladas de
la colonia se vuelvan permanentemente hostiles hacia el resto. Esto puede deberse simplemente a una
disminución de la habituación, o a cambios metabó-
licos que alteren los olores individuales a los que
normalmente se acostumbrarían todas las hormigas.

CONCLUSIÓN

En resumen, es claro que la agresión está orientada ante todo hacia encuentros extracoloniales, merced a la existencia de olores coloniales distintos, pero
que la complejidad de los factores que gobiernan
la agresividad conduce a aparentes excepciones a esta
regla. Tal complejidad es resultado de la naturaleza
del propio olor de la colonia, con su probable tendencia a variar con el tiempo y la probabilidad de
que haya pequeñas diferencias entre individuos.

BIBLIOGRAFÍA

Butler, C. G. y Free, J. B. 1952. *Behaviour*, *4*, 262-292.
Fielde, A. 1904. *Biol. Bull.*, *7*, 227-250.
Free, J. B. 1955. *Behaviour*, 7, 233-240.
Free, J. B. 1958. *Behaviour*, *12*, 233-242.
Free, J. B. 1961. *Anim. Behav.*, *9*, 193-196.
Haskins, C. P. y Haskins, E. F. 1950. *Ann. ent. Soc. Amer.*,
      43, 461-491.
Kalmus, H. y Ribbands, C. R. 1952. *Proc. Roy. Soc. London*,
      B, *140*, 50-59.
Lecomte, J. 1952. *Behaviour*, *4*, 60--67.
Lin, N. 1963. *Behaviour*, *20*, 115-133.
Michener, C. D. y Lange, R. B. 1958. *Insectes sociaux*, *5*, 379-
      401.
Rau, P. 1930. *J. compar. Psychol.* *10*, 267-286.
Sakagami, S. F. 1960. *Insectes sociaux*, 7, 231-249.
Vowles, D. M. 1952. *Adv. Sci.*, *10*, 18-21.
Wallis, D. I. 1962a. *Anim. Behav.*, *10*, 105-111.
Wallis, D. I. 1962b. *Anim. Behav.*, *10*, 267-274.

Lucha abierta en los mamíferos

por L. HARRISON MATTHEWS

La lucha intraespecífica se ha dividido en dos clases, ritual y abierta, la primera de las cuales es un encuentro con reglas estrictas y la segunda una lucha a muerte, sin guantes y sin nada prohibido. Para preparar este artículo, cuanto más he buscado ejemplos de semejante lucha abierta intraespecífica, tanto menos los he encontrado, y dudo que se dé normalmente en la naturaleza.

La lucha requiere armas, y la mayoría de los animales utilizan dientes y garras, estructuras que tuvieron originariamente otras funciones. Tanto los dientes, usados ante todo para coger la comida y reducirla a fragmentos, como las garras, que son primariamente una protección de las puntas de los dedos, se adaptan fácilmente a ser armas agresivas con sólo un leve incremento en sus dimensiones, su forma y su agudeza. En muchos órdenes de mamíferos se han adaptado de distinto modo, como armas, herramientas de usos muy diversos y —al menos los dientes— inclusive como símbolos sexuales y de *status*.

Armas agresivas distintas de dientes y garras han aparecido sólo en unos pocos órdenes de mamíferos. Como uno de ellos, los artiodáctilos, está muy difundido y sus especies son numerosas, nos inclinamos a pensar que entre los mamíferos son muy comunes las armas agresivas especiales. Pero ¿es así de veras? Sólo están presentes en tres órdenes: los monotremas, los perisodáctilos y los artiodáctilos. (Las glándulas fétidas no actúan más que de modo interespecífico, pues intraespecíficamente son glándulas aromáticas. Las espinas y corazas son adaptaciones defensivas, no agre-

[34]

sivas.) Los ornitorrincos y equidnas machos tienen en la cara interna del tobillo un espolón asociado a una glándula de "veneno". Entre los perisodáctilos, los rinocerontes tienen cuernos nasales, y entre los artiodáctilos los ciervos tienen astas, y toros, carneros, cabras y antílopes tienen cuernos. Estos tres órdenes poseen dos caracteres en común: tienen dentadura reducida y, salvo el equidna, carecen de garras eficaces.

La función del espolón de los monotremas, ya sea arma o estimulante sexual, se desconoce, de modo que no lo podemos discutir aquí. Las patas del rinoceronte, adaptadas para soportar un gran peso y protegidas por uñas que parecen cascos, no son armas. Los rinocerontes africanos, que son los que tienen cuernos mayores, carecen de incisivos, en tanto que las especies asiáticas, que tienen cuernos nasales comparativamente pequeños, tienen incisivos modificados como colmillos. En todas las especies, sin embargo, el cuerno o cuernos parecen usarse menos como armas intraespecíficas que como estimulante sexual, en el rudo cortejo. En todos los artiodáctilos, salvo los cerdos y los hipopótamos, los incisivos superiores están reducidos o ausentes; en muchos los caninos superiores son pequeños, y los inferiores incisiformes. Las extremidades, con dedos reducidos en número y muy especializados para correr, están provistas de cascos. Son los artiodáctilos, con dentadura anterior deficiente, los que poseen astas o cuernos; en los que no tienen armas especiales, como el ciervo almizclero, los *Hydropotinae* y *Hyemoschus* y algunos más, los caninos superiores son colmillos lo bastante grandes para asomar entre los labios cuando está cerrada la boca. Las armas de los camélidos son los caninos, reforzados por los incisivos externos caniniformes de la mandíbula superior.

Armas distintas de los dientes y las garras son, pues, insólitas entre los mamíferos, si bien el accidente de la gran diversidad de las especies de artiodáctilos da a primera vista la impresión contraria. Pudiera sugerirse que tal diversidad es resultado de la presencia de armas especiales eficientes, pero el argumento parece ser inválido en vista del número mucho mayor de especies en órdenes como los murciélagos o los roedores, sin más armas que dientes y uñas.

El uso de armas en la lucha interespecífica es ante todo como protección contra los animales de presa o para capturar piezas, funciones que son fáciles de comprender como biológicamente ventajosas para la especie. Pero no es fácil ver cómo la lucha intraespecífica puede tener algún valor; pudiera eliminar los individuos más débiles, pero los azares del medio tendrán el mismo resultado sin necesidad de acción dentro de la especie.

De hecho, al examinar la lucha intraespecífica de modo que no sea superficial resulta evidente en seguida que una parte importante del comportamiento animal, al menos en los mamíferos, se dirige a evitar la lucha intraespecífica. Las armas son potencialmente tan peligrosas que el combate se ritualiza convirtiéndolo en despliegue, amenaza y sumisión o aplacamiento, de modo que los combates no suelen ser más que pruebas de fuerza seguidas de separación y rápida retirada del más débil. Esto no quiere decir que las luchas nunca terminen fatalmente, pues una amenaza que nunca lleva a nada pierde su significado, pero la lucha a muerte rara vez ocurre en las condiciones normales.

Es, por cierto, muy difícil hallar algún ejemplo de lucha abierta auténtica, entre los mamíferos, que cause la muerte del que pierda, en condiciones normales de libertad. Sólo ocurre cuando a causa de la densidad de la población se agotan los recursos del medio, lo cual representa grave apiñamiento. Esto produce una situación similar a la de los animales cautivos, cuando el medio es restringido artificialmente, con lo cual aumenta la agresión y se pierde toda posibilidad de escapar del agresor. En ambas situaciones los animales viven en medios biológicamente impropios que inevitablemente deforman las pautas normales de comportamiento social. Aun en condiciones de apiñamiento, como por ejemplo en el caso de las invasiones de roedores, cuando llega el encuentro los animales no mueren necesariamente como consecuencia de lucha interespecífica, sino más bien a causa de una condición general de tensión.

El hipopótamo proporciona un ejemplo de apiñamiento conducente a combates fatales. Verheyen halló que en el alto Semliki, entre el Lago Eduardo y el río Karurume —una distancia de 32 kilómetros— había un mínimo de 2 087 hipopótanos, o sea un promedio de un hipopótamo cada 15 metros, con una concentración máxima de un animal cada 5 metros en los últimos cinco y medio kilómetros. En estas condiciones cada grupo de hembras y jóvenes tiene hasta seis machos adultos, de posición social aproximadamente igual en la jerarquía, dominante cada uno de ellos sólo en los alrededores de su revolcadero en el río. Los machos mantienen sus territorios y su posición social amenazando y luchando, casi siempre con amenazas nada más, seguidas de retirada del más débil. Hay combates de gravedad variable, y se infligen heridas que parecen muy peligrosas, pero —como apunta Verheyen— los hipopótamos están bien adaptados para luchar y sufrir las consecuencias, con su piel muy gruesa en el lomo, los flancos, la rabadilla y el rabo, y gracias a la asombrosa velocidad con que sanan sus heridas. No obstante, en casos de apiñamiento las luchas terminan a veces con la muerte de un combatiente: Verheyen examinó los cuerpos de cinco hipopótamos muertos así durante el período en que realizó sus observaciones.

Entre los ungulados, Fraser Darling ha estudiado la lucha entre ciervos rojos. Mostró (1937) que las astas se utilizan para amenazar y en fieras disputas, pero que la muerte del vencido no es común. Observó, por ejemplo, un macho viejo, de astas derechas, no ramificadas, que se posesionó de un grupo de doce ciervas, entre las que había seis machos jóvenes que el viejo expulsó del grupo uno tras otro. Ninguno se detuvo a oponerse. El macho condujo a las ciervas para reunirlas con otros dos grupos de nueve y de seis, cerca de los cuales había otros dos machos, de ocho puntas. "Estos dos machos, rozagantes y en buenas condiciones, tuvieron buen cuidado de mantenerse fuera del camino del macho viejo, que no hizo caso de ellos." Los dos machos bramaron, y se acercaron con las cabezas bajas; "dieron unos pasos adelante, corrieron y engancharon sus astas... Ahora uno de ellos se corrió hacia un lado y embistió, pero el otro hizo girar sus cuartos traseros y recibió las astas de su adversario con las suyas. La intención en todos estos combates es embestir sobre las costillas del adversario, y procurar no padecer esto. De ahí que gran parte del combate consista en dar empujones, astas contra astas. El ciervo que empuje más fuerte suele ser el ganador, y su oponente se retira antes de recibir una embestida directa." Continúa Darling: "El daño ocasionado en los combates parece ser poca cosa y es raro que alguno muera. La frecuencia de los combates es muy exagerada en la literatura popular referente a los ciervos. Hay más ruido y apariencias que verdadera lucha... sólo se enfrentan machos de igual mérito. Ningún ciervo se opondrá a uno mejor que él."

Darling hace una observación muy interesante acerca de los ciervos confinados en parques, donde su número alcanza una elevada densidad artificial. "Los ciervos luchan en la estación ordinaria, y fuera de ella, y matan crías y hembras ajenas en semejantes condiciones. En una palabra, el apiñamiento conduce a comportamiento antisocial, que en sí mismo representa un modo de limitar el posterior aumento de una población apretada."

Pedersen (1962) encontró que en Groenlandia, en las áreas en que residían grandes poblaciones de bueyes almizcleros, podían verse en primavera muchas escaramuzas, pero pocas veces combates decisivos. Con frecuencia los machos solitarios prueban suerte contra los jefes de manadas, que son superiores, y de ordinario son expulsados en el primer encuentro. Si se separa de su manada a un macho en el apogeo de su vigor, se pone muy inquieto en tiempo de celo, y corretea buscando otra. No bien olfatea una, se acerca y desafía al jefe, y como éste no se deja expulsar, habrá una lucha más seria: los animales se embisten y hacen chocar sus escudos frontales. Pedersen observó durante media hora uno de estos encuentros, hasta

que pareció que uno de los animales se debilitaba:
"El último choque lo derribó sobre los cuartos traseros, y mientras su adversario se preparaba para un
nuevo asalto, se levantó, dio media vuelta y escapó.
El otro macho hizo como que lo perseguía, y retornó
a su manada." Pedersen agrega que a veces es muerto uno de los animales, y que vio el esqueleto de un
buey almizclero que había perecido a causa de la
fractura de la parte frontal del cráneo; le hablaron
de otros dos casos. Concluye: "Sin embargo, sólo rara
vez terminan así los combates."

Estos ejemplos son típicos del comportamiento
combativo de todos los ungulados con cuernos, entre
los que las armas pueden usarse verdaderamente en
serio de manera interespecífica, sobre todo contra fieras de presa, pero intraespecíficamente sólo para conservar territorio o posición social, o ambas cosas, y
no de ordinario para matar rivales.

Barnett incluye algunas interesantes observaciones
sobre la lucha intraespecífica en sus estudios sobre el
comportamiento social de las ratas silvestres. Pudo
establecer colonias enjauladas de *Rattus norvegicus*
silvestre, en las que se luchaba poco o nada, a menos
que se introdujera una rata extraña. La lucha es esencialmente territorial y depende de que una rata —especialmente un macho adulto— esté en un lugar familiar y tropiece con un extraño. El combate consiste
en rechinar de dientes, adoptar posturas agresivas, sal-
tar sobre el intruso y morderlo. Barnett dice que el
mordisco es una acción que causa dolor y casi siempre
hacía que escapara la rata atacada: trepaba por la
pared de la jaula. En los experimentos, sin embargo,
había poca oportunidad de huida, e invariablemente
la rata atacada moría en poco tiempo. La causa de la
muerte no era, como se hubiese esperado, las lesiones
causadas con los dientes: siempre eran superficiales y
leves; los animales morían a causa de la tensión interna producida por la imposibilidad de completar
su pauta normal de comportamiento escapando del
agresor.

Entre los carnívoros, los pinnípedos son animales
generalmente muy sociables y polígamos durante la es-

tación de la reproducción, cuando los machos defienden sus territorios y mantienen serrallos. En una especie polígama en la que las proporciones de sexos son, al nacer, aproximadamente iguales, debe haber numerosos machos superfluos para las necesidades de multiplicación de la especie. Entre los pinnípedos los machos amos conservan sus puestos combatiendo con rivales. En las zonas en que están establecidos elefantes marinos, numerosos machos solteros vagan alrededor de los serrallos cuando el amo está distraído por otro lado, pero casi siempre se retiran con premura, sin intentar combatir, si se lanza sobre ellos. Sólo hay luchas graves cuando un macho extraño desafía en serio al amo. El método de lucha es estereotipado: los machos se aproximan mucho, alzan la parte trasera del cuerpo a una altura de ocho o nueve pies, inflan las trompas y abren mucho la boca, emitiendo ruidosos regüeldos. Entonces se lanzan uno sobre otro, tratando de clavar al adversario los grandes caninos superiores. Los golpes suelen dar a los lados del cuello, que sufren abundantes desgarraduras, de modo que los machos viejos están cubiertos de una masa de cicatrices arrugadas. A veces el daño es más grave, como cuando se revientan o saltan los ojos, o se desgarran las trompas, pero el elefante marino, lo mismo que el hipopótamo, está bien adaptado para la lucha y puede ser muy castigado sin consecuencias graves. Nunca he visto —ni nadie me ha hablado de ello— parejas proporcionadas de elefantes marinos que se maten; aunque en apariencia furiosos, los combates no duran mucho, y en cuanto el vencido escapa, el vencedor se conforma con expulsarlo de su territorio y regresa a las hembras. Combates mucho menos intensos ocurren a menudo entre machos jóvenes, sin serrallos, y aunque resulten muchas cicatrices, los contendientes, que no defienden territorios, no parecen tomarlo muy en serio.

La foca gris tiene una organización social parecida de territorios y serrallos, pero sus luchas son mucho menos espectaculares. Si un macho con serrallo atrapa a un entrometido, sigue una lucha en que los animales se muerden y desgarran el cuello, pero el in-

truso rara vez espera para luchar, y se retira cuando
el macho amo del territorio se aproxima presuroso.

En la morsa los caninos están agrandados: son los
largos colmillos externos con los que los pesados animales se ayudan para subir a los hielos flotantes o
a las rocas, y que sirven también para pelear. Lamont
(1876) dice que "las morsas usan los colmillos unas
contra otras siguiendo un método muy parecido al
de los gallos de pelea con los picos. El aspecto pesado del animal y la posición de los colmillos hacen
pensar que éstos sólo podrán usarse de arriba a abajo, pero al contrario: pueden mover el cuello con
gran facilidad y rapidez, y herir hacia arriba o hacia
abajo, lateralmente, con igual destreza. Observé frecuentemente a los animales combatiendo con gran fe-
rocidad sobre el hielo, y las pieles de los machos viejos, que son pálidas y casi desprovistas de pelo, están
a menudo cubiertas de cicatrices y heridas recibidas
en tales encuentros". No insinúa, sin embargo, que
las luchas causen daños que pasen de superficiales:
la morsa, como otros grandes animales, es dura de
pelar y le tiene sin cuidado una herida, como no
sea mortal.

Los leones marinos y focas de peletería son también pinnípedos fuertes y luchadores que defienden
territorios y serrallos en la estación de la reproducción. Las focas machos de las islas Pribilof son grandes animales que pesan tres o cuatro veces más
que las hembras. Salen a la orilla, en las playas en que
se reproducen, una semana o más antes que lle-
guen las hembras, y mientras las esperan se apode-
ran de sus territorios. Los mejores son los próximos
al agua, y los animales que llegaron primero no tardan en ser desafiados por los que llegan luego, que
intentan expulsarlos de sus posiciones, hacia los territorios peores situados más tierra adentro. Son animales enormemente vigorosos y combaten con fero-
cidad, pero, aunque parecen infligir heridas atroces, el
daño es por lo general superficial, y es excepcional
que un contendiente sea muerto. Cuando arriban las
hembras, los machos cuyos territorios están más cerca
del agua son los primeros en elegir, de manera que

hasta que los serrallos no se hacen tan grandes que escapen a la supervisión eficaz, no reciben las hembras sobrantes los machos establecidos en territorios menos valiosos, apartados del agua. Las hembras preñadas sufren muy mal trato de los machos, pero también ellas son vigorosas y lo resisten. En pocos días dan a luz y pronto se vuelven receptivas hacia los machos, en virtud de su estro *post partum*.

Entre los carnívoros fisípedos que son gregarios y tienen una estructura social compleja, tales como el lobo, la lucha está tan ritualizada que sale del marco de este artículo. Los lobos son potencialmente tan peligrosos unos para otros, que una compleja cadena de reacciones de sumisión de intensidad creciente —hasta culminar cuando el contendiente más débil se echa de espaldas y expone, indefenso, todas las partes vulnerables del cuerpo al animal superior, que no se aprovecha de tal ventaja— garantiza que la lucha intraespecífica no termine fatalmente.

Crowcroft (1957) halló que la musaraña común es tan pendenciera como lo afirma su reputación. Una musaraña conserva un territorio pequeño, consistente en poco más que el nido, y saquea una extensión considerable que se traslapa con las de sus vecinas. Cuando dos musarañas que buscan alimentos tropiezan —su vista es limitada y confían sobre todo en el tacto—, chillan agudamente, se muerden una a otra la cola y las patas y parecen trabadas en mortal combate. Súbitamente una se suelta, se levanta y se echa sobre la espalda, mostrando la coloración más pálida del vientre. ¿Se lanza el vencedor sobre su rival al ver esto, y le desgarra el cuello? Por el contrario: inmediatamente da media vuelta y sale corriendo en silencio. Esta pauta de comportamiento agresivo es independiente del sexo y el reconocimiento individual, y cesa sólo durante el estro y la cópula. Crowcroft señala que "el alimento de las musarañas está disperso en muchos fragmentos menudos", cada uno de los cuales deberá proporcionar energía suficiente para que el animal avance hasta dar con otra porción. "El modo de sobrevivir no consiste en hacer una pesquisa intensiva en un tramo de hojarasca o tierra, donde acaso no haya nada, sino en inspeccionar rápida y superficialmente muchos tramos así. En un área que le sea familiar, el animal aprende cuáles son los mejores sitios para encontrar alimento y va de uno a otro de prisa y por caminos seguros." Concluye este autor que la lucha de las musarañas es un mecanismo que ayuda a separar animales cuyas áreas de alimentación se traslapan, y que consiguen esto con mínimo consumo de tiempo y energía. No causa heridas ni muerte.

La labor acerca de la estructura social de grupos de varias especies de primates, como los estudios precursores de Zuckerman, se ha realizado sobre todo en colonias cautivas. Trabajos de campos similares, como los de Goodall (1963) sobre los chimpancés, y los de Hall (1963) acerca de los papiones, han mostrado que las jerarquías sociales en el ambiente natural son mucho menos rígidas que en el artificial del cautiverio. En cautividad los animales de posición social inferior no pueden menos de hollar los territorios de sus superiores, de manera que hay gran estímulo emocional, continuos despliegues de amenaza o sumisión y luchas frecuentes de las que no pueden escapar los débiles. En libertad, los animales no viven en semejante estado de tensión emocional, y aunque el animal dominante ocupa el primer lugar, no está obligado incesantemente a conservar su posición mediante comportamiento agresivo.

Goodall descubrió que en grupos de chimpancés el macho dominante toleraba la presencia de otros machos adultos y que no había lucha por alimento o por hembras, con tal de que se le concediera precedencia. Los papiones que Hall estudió en Sudáfrica, por otra parte, vivían en tropas con un solo macho adulto dominante, cierto número de hembras y jóvenes de cualquier sexo. Los machos subadultos, al acercarse a la madurez, abandonan la tropa. El papión recuerda las focas en la poligamia y en que las proporciones de sexos son casi iguales al nacer; por tanto, una elevada proporción de machos debe de resultar superflua para las necesidades de reproducción de la especie. Sin embargo, no hay pruebas de que los machos dominantes combatan o maten a estos rivales en potencia superfluos, y hoy por hoy se ignora completamente qué es de ellos. En los mamíferos polígamos la naturaleza parece tan derrochadora de células somáticas masculinas como lo es —universalmente— de gametos masculinos.

Wood Jones describe los combates de algunos marsupiales de la Australia meridional cuando se mantienen en cautividad y dice: "Los *bandicoots* son desesperadamente pendencieros... sus métodos de combate son peculiares. El agresor perseguirá incansablemente a su víctima hasta agotarla... cuando un animal alcanza a otro, y lo hostiga para luchar, el asalto se realiza saltando y tratando de herirlo con las uñas de las patas traseras. Cada vez que lo consigue, la víctima pierde algo de pelo del lomo y recibe un arañazo en la piel delgada... Nunca parecen combatir cara a cara, pues cuando se presenta tal situación uno salta instantáneamente por encima del otro, dándole con las patas traseras de paso, y renueva el ataque por la espalda. Sólo como recurso final —si bien todo el encuentro se realiza con las bocas abiertas— empiezan a morderse." "*Perameles* se vuelve muy manso y cariñoso en cautividad; pero aunque estos animales son de muy buen talante cuando se tienen como mascotas, son desesperadamente pendencieros entre ellos. Una vez se enviaron ocho especímenes vivos desde Ooldea; cuando llegaron a Adelaida los ocho estaban muertos y casi pelados. Lucharon hasta la muerte en el ferrocarril... combaten sobre todo con sus largas patas traseras."

Acerca de *Isoodon nauticus*, de la isla Nuyt, dice Wood Jones: "En cautividad, este animal exhibe hábitos del todo similares a los de sus parientes continentales, de mayor tamaño... En vista de la densidad de población en la isla, los combates tienen que ser muy frecuentes y sólo se cazó un ejemplar con cola completa; todos los demás no tenían más que muñones de longitud variable; las orejas desgarradas son también la regla." Estas lesiones, sin embargo, no corresponden al modo de luchar que describe, que aparece también en la rata canguro *(Bettongia)*. "Aunque se coloquen en recintos espaciosos, los machos cautivos luchan hasta la muerte... un animal persigue a otro, y salta sobre él para arañarle la piel. De esta manera la víctima se cansa; pelada y herida por las fuertes uñas de su rival, que abren surcos profundos, muere de agotamiento."

De ningún modo son todos los marsupiales tan agresivos intraespecíficamente, pues describiendo los hábitos de un ratón marsupial, *Chaetocercus,* el mismo autor relata cómo mata ratones y pájaros para comérselos y agrega: "Pese a ser animalillos tan sanguinarios, no combaten entre ellos, y pueden tenerse juntos en una jaula sin importar el sexo o la proveniencia; en este respecto difieren notablemente de varios marsupiales menos carnívoros."

Estos luchadores australianos evidentemente toman muy en cuenta los territorios, de manera que no pueden tolerar la presencia de un intruso. El combate hasta la muerte descrito por Wood Jones ocurrió cuando se mantuvieron los animales en cautividad, en un recinto tan reducido que no ofrecía sitio para más de un territorio. No pretende que los combates entre estos animales en libertad tengan igual resultado, y admite tácitamente esto al señalar que la elevada densidad de población de *Isoodon* en la isla Nuyt era la causa de las luchas y mutilaciones.

Todos los ejemplos de combate intraespecífico descritos en este breve repaso muestran la imposibilidad de separar netamente la lucha abierta y la ritual, ya que las dos representan los extremos, muy diferentes, de una línea ininterrumpida. Aun en la lucha abierta la técnica sigue una pauta estereotipada, con el resultado de que rara vez termina la lucha con la muerte del más débil, que generalmente consigue separarse y escapar. Las observaciones realizadas con animales en el medio restringido del cautiverio, cuando el vencedor mata al vencido que no puede escapar, no proporcionan conclusiones merecedoras de confianza acerca de lo que ocurre en estado silvestre.

La lucha abierta suele concluir con la sumisión de uno de los contrincantes. La acción de huir implica tanta sumisión como la del lobo o la musaraña que se echan panza arriba ante el vencedor. Precisamente al igual que el lobo dominante no mata aunque pudiera hacerlo, el ciervo, la rata o la foca vencedores se conforman con una persecución simbólica que abandonan en seguida para retornar a sus territorios o sus hembras. Quizá la pauta de sumisión en el lobo se relacione con el hecho de que los lobos de una manada no poseen territorios individuales, de modo que la huida tan sólo invitaría a la persecución y no podría expresar sumisión, por no haber territorio que abandonar al más fuerte.

Tanto la lucha abierta como la ritual muestran un conflicto entre los intereses del individuo y los de la especie. El interés del individuo es no tener rivales por la posesión de su territorio o de sus hembras. Llevado al extremo, este interés conduciría a la supervivencia de tan pocos machos que la provisión de genes se restringiría hasta el punto de que la especie no podría sobrevivir. El interés de la especie es que se mezcle bien la provisión de genes; de ahí que sea probable que la selección natural haya preservado pautas de comportamiento que no ocasionan grandes matanzas. Pudiera ser que especies carentes de semejante pauta se hubiesen extinguido por ello mismo.

A veces se sugiere que la lucha intraespecífica tiene valor para la supervivencia de una especie, ya que asegura que sean los machos más fuertes los que se reproduzcan. Pero nada prueba que estos animales engendren mejor descendencia, pues lo que importa es el genotipo, y no el fenotipo —si bien el mejor fenotipo es sin duda el mejor vehículo para el genotipo. En Georgia del Sur, durante los últimos cuarenta años el efecto de la industria empeñada en matar los elefantes marinos machos más grandes ha sido la extinción de los enormes "amos de la playa" que en otro tiempo dominaban serrallos de hembras. Ahora la vida media de los machos es mucho más corta, pero si se abandonase la caza de estos animales no cabe duda de que con el tiempo crecerían hasta volverse monstruos como sus abuelos.

Debe de haber una inhibición extraordinariamente intensa en el vencedor, que le impida dar el golpe de muerte cuando el rival se le somete. En el hombre esto podría llamarse misericordia, pero atribuir tal cualidad a los animales sería llevar las cosas demasiado lejos. Se necesitan más estudios a fin de determinar si la inhibición es innata o aprendida, pero sea cual fuere el origen, su efecto evita que el comportamiento agresivo violento dentro de una especie ocasione la muerte de grandes cantidades de animales. Sólo una especie de mamíferos suele no tomar esto en cuenta —y al presente su estado es muy inseguro, pese a que se trata de la especie dominante en el mundo entero.

La lucha fatal en el hombre pudiera estar asociada con el uso de herramientas; no es fácil matar a un rival con las manos, aunque sea posible. Pero cuando se emplean herramientas, las armas pueden volverse tan peligrosas que se consigue matar a un rival con rapidez, antes que tenga oportunidad de escapar o someterse. La dentición del hombre muestra que es omnívoro —siempre ha comido cualquier cosa buena para comer, y a menudo muchas que no lo son. Sin embargo, ha sido carnívoro durante tiempo suficiente como para volverse huésped específico de dos especies de cestodos: las solitarias transmitidas por el buey y el cerdo. Cuando el hombre empezó a utilizar armas para matar los animales de que se alimentaba, resultó inevitable que las empleara intraespecíficamente, al aparecer rivalidades entre grupos familiares. Sin embargo, en una reciente reseña de la descripción de los Kurelu de la Nueva Guinea holandesa —descripción debida a Matthiesson—, escribe Worsley: "No obstante, a pesar de la serie de muertes y más muertes representada en este libro, hay que recordar que la guerra primitiva se distingue más por el ruido y la furia que por las listas de bajas. A menudo una muerte o lesión aislada es el resultado de la 'campaña' del día." En la vida moderna la lucha intraespecífica se desvía hacia las variaciones de la carrera de ratas, y se alcanza la dominancia mediante el éxito en los negocios, la política, las artes y las ciencias, si bien la propaganda fácilmente guía otra vez el impulso agresivo hacia sus viejos canales de lucha y muerte.

BIBLIOGRAFÍA

Barnett, S. A. 1958. "Social behaviour in wild rats." *Proc. zool. Soc. Lond.*, *130*, 107.
Crowcroft, P. 1957. *The life of the Shrew:* Londres.
Darling, F. Fraser. 1937. *A herd of Red Deer.* Oxford.
Goodall, J. 1963. "Feeding behaviour of wild chimpanzees." *Symp. zool. Soc. Lond.*, nº *10*, 39.
Hall, K. R. L. 1963. "Variations in the ecology of the Chacma baboon *Papio ursinus*" *Symp. zool. Soc. Lond.*, nº *10*, 1.
Jones, F. Wood. 1924. *The Mammals of South Australia. Part II.* Adelaida.
Lamont, J. 1876. *Yachting in the Arctic seas.* Londres.
Pedersen, A. 1962. *Polar animals* (traducción del francés por Gwynne Vevers). Londres.
Verheyen, R. 1954. *Monographie éthologique de l'hippopotame* (Hippopotamus amphibius *Linné*). Institut des Parcs Nationaux du Congo Belge. Exploration du Parc National Albert. Bruselas.
Worsley, P. 1963. *Review of Matthiesson, P., Under the Mountain Wall.* Londres: 1963. *Guardian*, 25-X-63.

Discusión

HUXLEY: Los raros ciervos rojos con astas rectas, sin ramificar, tienen fama de matar a sus rivales con relativa facilidad. Debe de haber selección contra el gene responsable de las astas rectas, en virtud de que es desventajoso para la especie, si bien ventajoso para su portador. Es éste un argumento más a favor de la idea de que las astas del ciervo son sobre todo caracteres para amenazar, y están adaptadas para no causar la muerte. De esta forma los combates entre ciervos son, pues, esencialmente torneos ritualizados, según la expresión de Lorenz.

HARRISON MATTHEWS: Sí, estoy de acuerdo.

STORR: ¿Considera el doctor Harrison Matthews que el Hombre es un animal territorial?

HARRISON MATTHEWS: Sí, por cierto. No hay más que fijarse en los letreros salpicados por el campo que rezan "El que entre en esta propiedad será castigado" para darse cuenta de ello. En escala internacional, los llamados, con un eufemismo, "intimidadores" cumplen una función similar.

FREEMAN: ¿Hay pruebas de un mecanismo inhibidor en los seres humanos, parecido al existente en otros animales?

HARRISON MATTHEWS: Carezco de información exacta acerca de este detalle en las sociedades primitivas, pero no me cabe duda de que abundan los saludos y rituales como en la moderna civilización, en la que, por ejemplo, dar la mano, ofrecer cigarrillos y cosas parecidas son signos de no agresión, para inhibir el ataque o, al menos, la hostilidad.

BOURNE: Desearía preguntar al doctor Harrison Matthews si posee pruebas de lucha abierta en el cetáceo *Orcinus orca*. Vi miembros de esa especie atacándose en aguas islandesas hace unos años. Los animales habían molestado a la flota pesquera y se habían empleado cargas de profundidad para asustarlos; no hubo señales de daño a los animales, pero poco después del bombardeo se desencadenó una lucha, que siguió repitiéndose con frecuencia durante los dos días siguientes; se vieron dos animales muy malheridos, y uno de hecho devorado.

HARRISON MATTHEWS: No he sabido hasta la fecha que esos cetáceos se ataquen. Me parece que el ejemplo citado difícilmente podría considerarse comportamiento normal, luego de que los animales habían sido bombardeados por los pescadores con cargas de profundidad.

RUSSELL: El señor Fisher ha ofrecido ejemplos de choques contemporáneos entre individuos humanos de diferentes razas. Ha relacionado esto con el comportamiento agresivo observado entre lo que otrora fueran razas geográficas de una especie animal cuando vuelven a encontrarse después del prolongado período de divergencia genética necesario para que se conviertan en especies separadas.

En primer lugar, en ninguno de estos choques humanos supuestamente raciales tenemos modo de separar los factores de divergencia genética por una parte y generaciones de cría diferente por otra. Con sólo esos ejemplos, por tanto, es igualmente posible que la divergencia decisiva sea cultural y no genética.

Pero en segundo lugar disponemos de abundantes ejemplos de interacción agresiva entre individuos y sociedades racialmente homogéneos, en cuyo caso el factor cultural es el único presente. En el acto se vienen a las mientes dos ejemplos.

Los griegos continentales de las épocas clásica y helenística eran racialmente homogéneos. Pero se escindieron en una serie de sociedades que exhibían considerable divergencia cultural. Algunas, como la espartana, estaban altamente especializadas culturalmente. La guerra entre los Estados griegos fue endémica durante varios siglos, y sólo concluyó cuando los griegos fueron conquistados por los romanos, que les hicieron intervenir en las guerras civiles romanas.

La región de la Gran Muralla china es un ejemplo notable. Geográficamente, esta frontera es una franja y no una línea, y la muralla fue alzada siguiendo varias líneas distintas en el curso de la historia. Al sur de la franja, surgió una sociedad crecientemente especializada para la agricultura con riego. Esta técnica no podía practicarse muy al norte de la frontera, y la sociedad china excluyó de su civilización los pueblos septentrionales. Los norteños se volvieron no menos especializados para la técnica, bien diferente, del pastoreo nómada. Los chinos intentaron restringir el comercio a través de la frontera, lo cual su propia sociedad estaba demasiado especializada para tolerar. Cuando la divergencia iba a ser completa por ambas partes, en el período de los Estados Combatientes, se empezó a trabajar en la muralla. De ahí en adelante la guerra entre los agricultores y los nómadas fue casi continua durante un par de milenios, y a veces epidémica en una escala que rara vez ha tenido paralelo en otra parte. En este caso sólo interviene divergencia cultural.

Puede, por lo tanto, establecerse una analogía entre la mutua hostilidad de las poblaciones animales entre las que ya no es posible circulación de genes, y la de poblaciones humanas tan divergentes en sentido cultural que la comunicación entre ellas se torna difícil y reducida; si bien en este último caso parece menos necesario el aislamiento geográfico absoluto. Por lo tanto, el señor Fisher ha llamado la atención hacia un punto de interés y que es pertinente en este coloquio. Pero en las sociedades humanas hay toda clase de razones para suponer que la divergencia y la interrupción de la comunicación acontecen en términos culturales. De ahí que siempre debiera ser posible restaurar la comunicación y las relaciones pacíficas por medios económicos, sociales y educativos, cuando entendiéramos lo bastante el cambio cultural humano.

FISHER: Estoy particularmente de acuerdo con las últimas palabras del doctor Russell, y en general con todo lo que dice. La existencia de agresión entre grupos *dentro* de una subespecie y con una base cultural

es innegable. Pero demostrarlo no niega ni siquiera
en parte la existencia, así como la significación adap-
tativa, de la agresión taxógena y otras pautas de comportamiento aislante, así como impulsos entre lo que
son —o casi son aún— cabales subespecies humanas
que han vuelto a estar en contacto.

Cierto es que en partes del Caribe y de América
Latina tres taxones reunidos de esta clase se han hi-
bridizado mucho y parecen estarse asentando en una
fase razonablemente pacífica de reorganización genética. Pero en Norteamérica dos de los mismos taxones —Caucasoides y Negroides— gradualmente han
ido compartiendo mucha cultura, representada por
artículos domésticos y vida doméstica, y gustos en materia de religión, arte y pasatiempos. Con todo, la
hibridación de las razas —si bien no ocupa *señalada-
mente* una zona como en el cuadro clásico del contacto racial— afecta a menos del diez por ciento de
cada población. La hipótesis más económica es que la
situación deriva ante todo de comportamiento taxógeno, y no cultural.

HARRISON: El señor Fisher ha sugerido en su trabajo que el conflicto agresivo en el hombre tiene
origen racial y es comparable al apreciado en subespecies o semiespecies de aves que son alopátricas durante el desarrollo pero más tarde se encuentran y
al hacerlo exhiben comportamiento agresivo. En el
hombre primitivo la agresión no era, sin duda, cuestión de raza, sino que surgía, en primer término, entre una familia y otra, o un pueblo y otro, casos en
los que probablemente ambos bandos pertenecían a
la misma raza. Este tipo de agresión parecería similar
al mostrado por los pájaros en el comportamiento territorial normal entre individuos de la misma especie.
Verdad es que en el caso del hombre el territorio
es poseído por un grupo y no por un individuo, pero
puede hallarse un paralelo en algunas especies de pájaros, cuyos territorios son defendidos por un grupo
y no por un individuo. Si consderamos la historia del
hombre, abundan los testimonios de que las extensio-
siones territoriales atraen tremendamente a los hombres, que las defenderán y procurarán mantenerse en

ellas hasta cuando les resulte desventajoso hacerlo.
Creo que debemos tomar en cuenta la posibilidad de
que el hombre sea, de hecho, un individuo territorial,
en vez de suponer un encuentro de especies o razas.

FISHER: El hombre es ciertamente un animal territorial. Los ornitólogos defienden sus territorios de
reproducción, y hasta cierto punto también sus territorios de alimentación, de una manera muy análoga
a la de sus objetos de estudio. El orden de picoteo
en las instituciones se parece mucho al de las aves de
corral. También se conoce entre los humanos la adhesión a grupos, a la manera de las golondrinas o los
gansos silvestres.

Reitero que he discutido el tipo de reencuentro
racial después de aislamiento y dispersión geográfi-
cos; tal es el caso clásico de la cadena de especies de
gaviotas del género *Larus*, que se ha extendido por
toda la región septentrional del mundo a partir de
fines de la última glaciación del Pleistoceno y ha
producido cinco buenas especies a partir de una en
unos cuantos millares de años. Los observadores de
gaviotas pueden contemplar comportamiento taxógeno en las zonas de contacto de estas formas, particularmente en el Ártico canadiense. Al encontrarse, tenían preadaptaciones no sólo de estructura
y, particularmente, de colores de reconocimiento, sino
también de voz y otros órganos del comportamiento.

Mi tesis es que tan errado es negar la existencia
de algunas preadaptaciones y tendencias taxógenas en
las razas humanas como creer que la evolución humana puede volverse auténticamente reticulada sin
gran comprensión y educación propias, culminando
en autoimposición.

FREEMAN: ¿Podría el señor Fisher dar un ejemplo
de reencuentro de razas en la especie humana?

FISHER: En tiempos prehistóricos: hay algunas
pruebas de contactos, que he mencionado ya, entre
sapiens y el hombre de Neanderthal, posiblemente en
varios lugares, probablemente en Palestina. En tiempos históricos: muchas veces en África, donde los Negroides y sus congéneres fueron la raza original per-
teneciente a la fauna etiópica y entraron en contacto

con Caucasoides merced a la invasión básicamente árabe del Norte, y la colonización europea occidental por el Sur. Comportamiento taxógeno: *circumspice;* no sólo en África sino —y cito un atrevido análisis, liberal, meditado y atenido a los hechos, aparecido en *Newsweek*— en América del Norte.

HUXLEY: Debemos recordar que los blancos en los Estados Unidos tienen tan poco orgullo por sus peculiaridades genéticas que oficialmente designan como negro a cualquier individuo que tenga cualquier mezcla de genes negros, visible o sabida. Así, probablemente la mitad de la población "negra" de los Estados Unidos tiene una cantidad considerable de genes "blancos".

HARRISON: El detalle principal que quise destacar anteriormente era que la agresión en el hombre era básicamente comportamiento agresivo en grupos restringidos similares, y no entre razas o culturas. Hasta hace poco —ciertamente hasta fines del siglo pasado— un extraño en un pueblo inglés sería un hombre proveniente de un pueblo parecido situado a sólo unas cuantas millas; indudablemente en el caso de niños, tal individuo recibiría la agresión redirigida de la comunidad.

KALMUS: Opino que habría que señalar que el papel de la agresión en la especiación es harto incierto: mientras que a menudo pudiera ser concomitante a la formación de grupos genéticamente, poca duda cabe de que en la inmensa mayoría de los polimorfismos en que debemos considerar fases incipientes de la formación de especies nada tiene que hacer la agresión. Ni los hombres ni los animales luchan en virtud de diferencias en los antígenos sanguíneos o de las variantes de hemoglobina, y no he sabido de ninguna agresión provocada por diferencias en la apreciación del saber de la feniltiourea. Sólo aquellos genes tocantes a características conspicuas apreciables para el agresor conespecífico —así colores, formas, olores o sonidos peculiares— pueden tornarse marcadores y servir de señales en situaciones de agresión dentro de un grupo, surgidas de causas bien distintas.

LANE-PETTER: En colonias o sociedades polígamas

hay exceso de machos, y al menos en algunos casos muchos machos nunca encontrarán compañera. Si este exceso no fuera biológicamente útil, la evolución de la poligamia pudiera haber ido acompañada de la evolución de una razón de sexos elevada, o de algún mecanismo para eliminar los machos excedentes, de modo que los miembros útiles en la especie no tuviesen que competir con los machos célibes. Sin embargo no parece haber ocurrido tal cosa. ¿Quisiera el doctor Harrison Matthews ilustrarnos acerca de esto?

HARRISON MATTHEWS: Es éste un punto interesante sobre el que desearíamos disponer de información mucho mayor. En algunas especies los machos subordinados no se mantienen célibes, pues con paciencia remplazan a los dominantes cuando ya están agotados al final del celo. En otras especies alcanzarán dominancia en estaciones posteriores; pero en muchas especies, como algunas focas y primates, hay un gran exceso de machos que se dispersan, y hoy en día se ignora qué es de esos animales.

CULLEN: El doctor Harrison Matthews ha contrastado la ventaja de la lucha ritualizada para la especie con su desventaja para el individuo. Pero parece muy posible que el individuo mismo se beneficie también: si es un animal que probablemente pierda en un encuentro no ritualizado, puede retirarse sin sufrir daño potencial —de modo que puede apreciarse el valor de que responda a la amenaza ritualizada. Aun para el animal que probablemente ganaría, parece constituir una ventaja plausible la reducción de la probabilidad de daño, por pequeño que fuese, causado por el rival, aparte del estado menos alerta hacia los predadores que debe envolver la lucha. Si la amenaza del animal dominante no asusta al oponente, puede seguir, como ocurre en muchos animales, un ataque real.

HARRISON MATTHEWS: Sí, puede seguir un ataque real, pero en general tal ataque solamente refuerza la amenaza, y el débil cede. En cualquier caso el propósito biológico del individuo que pierde —a saber, la reproducción— se frustra, al menos de momento.

LORENZ: El grado de agresividad apreciado en una

especie es, como en el caso de cualquier otra propiedad, resultado de varias presiones de selección en conflicto, entre cuyas exigencias debe efectuarse un arreglo tolerable. Para ciertos peces es ventajoso ser tan agresivos como se pueda, lo cual quiere decir que no deben ser tan agresivos que ataquen a sus propias hembras. A menudo se observa una exageración de algunas propiedades donde la competencia entre compañeros de especie ejerce una presión selectiva en cierta dirección. En este caso pueden aparecer caracteres que sean decididamente desventajosos para la especie en su interacción con el medio extraespecífico, pero indispensables para la propagación del individuo en virtud de la competencia intraespecífica. Las astas de muchas especies de ciervos son un ejemplo de tales caracteres, las plumas secundarias del faisán Argos, *Agusianus argus* L., son otro. Mientras mayores son estas plumas, más fácil es que el macho atraiga a las hembras y produzca descendencia y —como la capacidad de vuelo es notablemente reducida— de ser devorado por un predador también. Como la duración media de la vida y el carácter atractivo están en razón inversa, la longitud real de las plumas del faisán representa una transacción entre los dos factores selectivos. Como la propiedad producida por la selección intraespecífica no es sino una "adaptación" a otra propiedad de la misma especie, una retroalimentación positiva entre ambas puede producir un efecto pernicioso, a la manera de la bola de nieve que va creciendo. Oskar Heinroth solía decir en broma que después de las plumas secundarias del faisán Argos, la confusión de la vida civilizada occidental era el producto más tonto de la selección intraespecífica. Me parece que conozco otro más tonto. Cuando el hombre paleolítico hubo dominado su medio extraespecífico hasta el grado de que el conflicto entre hordas vecinas hostiles se convirtió en el principal factor de selección, debe de haberse ejercido una tremenda presión de selección intraespecífica a favor de las "virtudes guerreras", la agresividad entre ellas. Desde el punto de vista de la selección intraespecífica es muy fácil entender cómo han aparecido muchos fenómenos cuasipatológicos.

SOLOMON: El combate ritualizado existe también en algunos grupos sociales humanos. Recuerdo que en mi colegio los chicos resolvían sus disputas luchando con los puños: no se toleraba el uso de armas, y ni siquiera dar patadas o morder.

CULLEN: El doctor Harrison Matthews ha dicho que, a pesar de la caza intensa, los elefantes marinos de Georgia del Sur, aunque no se acercan al tamaño que tuvieron en otro tiempo, son, sin embargo, cada vez más. Pero esto no indica, como quiso demostrar, que los animales sean hoy en día más prolíficos que sus antepasados, y quisiera preguntar si hay cifras directas para comparar el potencial de reproducción entonces y ahora.

HARRISON MATTHEWS: El doctor Cullen no entendió lo que quise decir. No pretendía afirmar que los animales fuesen ahora más prolíficos que en otro tiempo. La población ha crecido porque cesó el exterminio indiscriminado de animales de cualquier sexo y de jóvenes: sólo se caza a los machos, aunque se deja con vida a un 10 por ciento de ellos. Lo que quise decir es que el genotipo ciertamente persiste inalterado, si bien los machos que ahora señorean las poblaciones son de los que en otro tiempo hubiesen sido subordinados y habrían tenido que esperar varios años y alcanzar todo su tamaño para llegar a ser amos y reproducirse.

MORRIS: El doctor Matthews mencionó el ofrecimiento de una parte vulnerable del cuerpo como un gesto importante de aplacamiento. Estudios recientes han mostrado que este método de aplacamiento es mucho menos común de lo que se creyó. De significación mayor y más amplia son gestos de sumisión que son *opuestos* a las señales de amenaza de la especie en cuestión. Si, por ejemplo, un animal echa la cabeza hacia *abajo* como gesto de amenaza, la orientará hacia *arriba* como gesto de sumisión, y viceversa. Otro tipo básico de aplacamiento consiste en ejecutar lo que yo llamaría *despliegues de re-motivación*. Son acciones que despiertan en el atacante una tendencia no agresiva que, de esta manera, compite con la agresividad presente y la inhibe. Dos ejemplos comunes de esto, que se presentan en muchas especies, son los despliegues seudoinfantiles y los seudosexuales. En estos casos el animal que se somete luce pautas juveniles o sexuales que despiertan respuestas paternales o sexuales en el atacante y así interrumpen el ataque.

WATSON: ¿Puede el doctor Harrison Matthews ofrecer algún ejemplo en que el armamento ritual se vuelva tan inconveniente que tenga un efecto deletéreo sobre la especie? Pensaba yo en *Triceratops*, pero tal vez su armamento no haya de considerarse ritual, y puede haber ejemplos posteriores, posiblemente incluyendo el hombre.

HARRISON MATTHEWS: El ejemplo es *Megaceros*, ciervo gigante del Pleistoceno que se supone que se extinguió al menos en parte a causa de las dimensiones extremas de las astas de los machos. Aun un gran ciervo tiene que haber puesto a ruda prueba su metabolismo para producir astas largas de diez pies y de cerca de medio quintal de peso, que había que renovar cada año. Es probable que un cambio adverso en las condiciones ecológicas —y no de gran magnitud— resultara más de lo que el animal pudo soportar.

El hombre ha mantenido su cuerpo bastante generalizado, pero de hecho ha inventado armamentos como extensiones de él. Su más popular arma para afirmarse a sí mismo —aunque no destinada a matar— rápidamente se está convirtiendo en un engorro, según experimentamos cada día en los atascos de tránsito y el caos de nuestras ciudades. Muchos somos los que abandonamos nuestros automóviles en las ciudades y usamos taxis, que podemos descartar luego —tal vez seguimos las huellas de *Megaceros*.

KALMUS: Recientemente el doctor Butler y sus colaboradores, en Rothamsted, encontraron que una feromona recientemente descubierta hacía que se calmasen las obreras desordenadas y agresivas de colonias de abejas sin reinas. Me pregunto si no se usarán semejantes medios químicos en otros insectos sociales, en particular las hormigas, para regular el comportamiento agresivo.

Lucha ritualizada

por KONRAD LORENZ

Si juntamos en el mismo recipiente dos gasterosteidos, lagartos, petirrojos, ratas, monos o muchachos, que no se conozcan de antemano, lucharán. Si hacemos lo mismo con animales de especies diferentes, habrá paz —a menos, claro está, que haya entre ellos la relación predador-presa. La agresión intraespecífica —o agresión, sin más— se encuentra en la inmensa mayoría de los vertebrados y en muchos invertebrados. No puede haber duda acerca de las importantes funciones que desempeña, a favor de la supervivencia de la especie.

La primera de estas funciones, y seguramente la más importante, es espaciar los individuos de una especie en el hábitat disponible; en otras palabras, es la distribución de "territorios". Otra es la selección del "mejor" por lucha de rivales, pertinente en conjunción con la defensa de la familia o de la sociedad por el macho[1]; la tercera función es el establecimiento de un orden social de jerarquías que es de particular importancia en los animales sociales en los que el aprendizaje está muy desarrollado, de manera que la experiencia individual del guía viejo es de gran importancia para la comunidad. Existen, por supuesto, otras funciones, menos importantes, de la agresión en su forma simple y no contaminada, pero no tenemos por qué ocuparnos de ellas ahora. Hay, sin embargo, algunas funciones altamente importantes que desempeña la agresión en el sistema de interacciones

[1] Sin esta otra función correlacionada, la lucha entre rivales puede conducir a selección intraespecífica que muy a menudo efectúa cambios evolucionarios que no interesan a la supervivencia de la especie.

[59]

mutuas entre motivaciones independientemente varia-
bles que gobierna el comportamiento animal y humano. De ellas hablaremos más adelante.

La presión de selección ejercida por todas estas
funciones ha hecho que la agresión surja independientemente en gran número de animales distintos; se
obtiene el mismo resultado por medios muy diferentes. Con gran frecuencia se pusieron a su servicio,
forzándolas, armas que originariamente servían para
funciones distintas de la agresión intraespecífica. Todas estas armas eran para matar, o al menos hacer
tanto daño como fuera posible, adaptadas primariamente para vencer a una presa o defender el organismo contra un predador. En ambos casos, el daño
hecho a un animal no conespecífico se convierte por
completo en ventaja para la especie, en tanto que
evidentemente no ocurre esto con las lesiones sufri-
das por los combatientes en la lucha intraespecífica.
Además, las mencionadas armas no son necesarias en
realidad para cumplir ninguna de las funciones citadas, a las que basta, con igual eficacia, un ruido, y
no una muerte. Parece haber muy contadas especies
animales subhumanas en las que los combates intra-
específicos conduzcan regularmente a heridas graves
y a la muerte, que, en tales casos, debe considerarse
como un sacrificio hecho por la especie a fin de obtener las ventajas del comportamiento agresivo.

Sin embargo, muy pocos animales llegan a estos
extremos. El único caso del que tengo conocimiento
cierto, en el que el ataque de un rival conduce a menudo a la muerte de un miembro de la misma especie,
es el de un lagarto, *Lacerta mellisselensis:* G. Kramer
vio repetidas veces a un macho romperle a otro el
espinazo de un solo mordisco y torcedura de cabeza.
Entre los elefantes de la India, de acuerdo con los
informes seguros de J. H. William, también ocurre
con frecuencia que un macho sea mortalmente heri-
do en combate natural entre rivales. Testimonios cir-
cunstanciales hacen probable que la lucha en masa
entre las ratas y otros roedores pueda también conducir a la muerte de individuos, en condiciones naturales. Por lo demás, creo que nuestra experiencia

con animales cautivos y, por supuesto, con nuestra propia especie, nos engaña haciéndonos sobreestimar la pérdida de individuos causada por la lucha intraespecífica en la mayoría de los animales.

En casi todas las especies se han tomado medidas para hacer menos peligrosa la agresión. Pueden consistir en movimientos de defensa tan bien adaptados a la forma de ataque típica de la especie, que la agresión es contenida casi invariablemente. (Todo el que haya sido testigo de un encuentro grave entre dos leones habrá quedado sorprendido por la total ausencia de heridas considerables luego de tanto rugir, tirar dentelladas y dar zarpazos.) Pueden también consistir en una armadura pasiva, nada más: la capa de grasa y la crin levantada sobre el cuello del caballo de Przewalsky son buenos ejemplos. Sin embargo, en muchos casos la necesidad de hacer menos peligrosa la agresión ha conducido a cambios en las pautas de comportamiento en la lucha misma, en otras palabras, a "ritualización". No puedo entrar en una discusión detallada del concepto bastante complejo que asociamos a este término. Su definición es, por necesidad, "impuesta", y es cuestión de gustos en cuáles de sus caracteres constituyentes parciales se hace más hincapié. De modo que no estaré en desacuerdo con alguien que pretenda que los cambios evolutivos en la lucha, de que voy a hablar ahora, no son ejemplos muy típicos de lo que llamamos ritualización. No obstante, las actividades ritualizadas redirigidas que mencionaré más adelante sí lo son, sin lugar a dudas.

Una línea de diferenciación que tiende a mitigar el daño hecho a los individuos, sin reducir el valor de la agresión para la supervivencia, es la aparición de lo que se llama comportamiento de amenaza. Invariablemente surge de un conflicto entre las motivaciones de ataque y escapatoria, y en sus formas más primitivas puede consistir en la simple superposición de pautas motoras activadas simultáneamente por ambas. En muchos peces de aletas espinosas, la urgencia agresiva de nadar hacia el adversario y el impulso de escape que procura el efecto opuesto ha-

cen a menudo que los dos combatientes se vuelvan
de lado, cerca uno del otro, con las cabezas aparta-
das. Al mismo tiempo la agresión les induce a exhibir sus colores más vistosos, y el miedo les hace alzar
al máximo sus aletas no apareadas. En esta actitud
lateral no hay, fundamentalmente, elementos apreciables de ritualización. Pero como es una actitud que
exhibe las dimensiones cabales del individuo ante la
vista del rival, hay evidentemente intensa presión selectiva para hacer que el pez parezca lo más grande
posible. Las aletas no apareadas se han agrandado,
sus bordes destacan, merced a colores llamativos, y su
erección se exagera hasta el punto de que hay peligro
de que se desgarren las membranas de las aletas. Se
"inventó" una nueva pauta motora: bajar los radios
branquiostegales en un plano vertical, de manera que
los contornos visibles del pez se agranden al extenderse
la membrana braquial, que fue adornada por pautas
de color nuevas y llamativas. Con todas estas adicio-
nes —que apuntan de manera inequívoca a su función
comunicativa—, la exhibición lateral adquiere de modo definido el carácter de una actividad ritualizada.

Aún más distribuido entre los teleósteos que el
despliegue lateral es el coletazo, muy probablemente
derivado del primero. Colocándose paralelamente al
rival, con la cabeza apartada, el pez da, hacia su adversario, un coletazo rígido, con la aleta caudal des-
plegada al máximo. En algunas especies, en las que
ambos peces se acercan mucho, el rival puede inclusive ser arrastrado por la corriente de agua así producida. Aun con los coletazos más suaves, los órganos
de la línea lateral del reactor deben recibir una
onda de presión indicadora de la fuerza del actor.

Otra pauta motora de amenaza, no tan difundida
entre los peces óseos como las anteriores, surge asimismo del conflicto entre agresión y miedo, y también, muy probablemente, apareció independientemente en varias familias de peces. Consiste en un
remedo de mordisco, dado sin mucho ánimo en dirección de la cabeza del otro pez, y muy diferente
por cierto del vigoroso abalanzarse que se observa en
la agresión no inhibida. La ritualización de este mo-

vimiento está contenida más en su mecanismo desencadenador que en su coordinación motora: sólo puede ejecutarse si el reactor hace otro tanto. En otras palabras, cualquier movimiento intencional que prepare para esta clase de mordisco es suprimido instantáneamente si el otro pez permanece en actitud de despliegue lateral. Nunca jamás muerde un pez el flanco no protegido de su oponente. Como resultado, el movimiento en discusión sólo se realiza cabalmente cuando los dos peces lo hacen simultáneamente, de manera que se muerden uno a otro en la boca; de ahí el nombre descriptivo de "lucha de bocas". Partiendo de este movimiento, dos líneas de diferenciación conducen a formas más ritualizadas. En el género *Tilapia,* ambos combatientes abren la boca todo lo que pueden y se lanzan uno sobre otro; en *T. mossambiqua* y otras especies del género, el interior de la boca, particularmente las áreas dentadas, tiene colores vivos y se exhibe algunos segundos antes que los peces se abalancen. En otros *Cichlidae* cada pez agarra la mandíbula del otro con firmeza y tira todo lo que puede. Hay que tener presente que esto de agarrar con las mandíbulas y, sobre todo, de tirar de un objeto que opone resistencia vigorosa es algo que no se observa en ninguna otra situación.

Las tres pautas de comportamiento que acabamos de describir preceden a la verdadera lucha. Muy evidentemente, las tres sirven para "tomar la medida" del oponente, para determinar el potencial de lucha de un rival en comparación con el del otro, antes de causar daño. Un pez menudo puede nadar hacia uno mayor y hacerle el despliegue lateral, pero se desanimará y huirá en el momento en que el otro extienda sus aletas no apareadas y luzca sus dimensiones y colores. Si la diferencia en tamaño y fuerza entre los rivales es ligera, pueden llegar hasta al coletazo, y si es menor aún, hasta a la lucha de bocas. De hecho, los combatientes deben hacer muy buena pareja para que el observador vea una auténtica lucha, en que se hagan daño, la cual sólo se realiza cuando las pautas motoras preliminares no han ofrecido una decisión. La lucha dañosa, en la mayoría de los peces óseos, consiste en dar embestidas al flanco del adversario. Como los dos peces lo intentan a la vez, lo que hacen es girar rápidamente uno alrededor del otro —lo que técnicamente se llama "tiovivo".

En los peces, y de hecho en la mayor parte de los animales, pautas de combate más ritualizadas han surgido siguiendo líneas análogas. Casi invariablemente, el comportamiento amenazador, particularmente la parte en que se mide la fuerza física de los combatientes —*la cual, al mismo tiempo, se va gastando*—, se ha desarrollado más y más, *posponiendo* la aparición de pautas motoras dañosas hasta el punto de que, en algunas especies, se han vuelto vestigiales o han desaparecido del todo.

En este proceso evolutivo, los cambios en los umbrales de las distintas pautas motoras desempeñan un papel importante. Por el estudio comparado de especies muy próximas, sabemos que las modificaciones cuantitativas en la frecuencia con que aparecen ciertas pautas motoras homólogas constituyen los más recientes pasos en la evolución del comportamiento. Sabemos que el hecho de que una pauta motora se manifieste raras veces significa que tiene un umbral más elevado que otras pautas, más "baratas" y más frecuentemente exhibidas, activadas por el mismo tipo de excitación. Está justificado suponer que las diferencias en los umbrales de las distintas pautas motoras representaron un buen punto de ataque para la presión de selección tendiente a eliminar el daño al individuo, sin dejar de conservar las funciones de supervivencia de la lucha.

En el comportamiento combativo de las numerosas especies de *Cichlidae* que conocemos se revela una hermosa serie de diferenciación progresiva. Muestra muy claramente que, en las formas menos diferenciadas, los umbrales de la embestida y del tiovivo están muy poco por encima de los del despliegue lateral y el coletazo. Como la excitación combativa no se eleva en forma continua sino más bien siguiendo una curva dentada, la sucesión de umbrales que lleva del despliegue a la lucha dañosa no es directamente observable y, en algunas especies particularmente excitables,

inclusive pueden abrirse las hostilidades con una
embestida que hace volar algunas escamas. En especies con manera de luchar más ritualizada, hay una
sucesión más regular de pautas motoras que exhibe
con gran claridad su correlación con las varias etapas
consecutivas de excitación creciente. Con mayor ritualización, estas etapas se hacen progresivamente
más distintas una de otra. Esto se vincula a un fenómeno denominado *intensidad típica*, hacia el cual
fue Desmond Morris el primero en llamar la atención. En la mayoría de las pautas motoras innatas
hay una serie infinita de matices entre leves indicios
iniciales del movimiento y su realización cabal. Como
Erich von Holst ha mostrado, esta escala de intensi-
dades es causada muy probablemente por ligeras diferencias en los umbrales de elementos neurales mo-
tores individuales: con el aumento de excitación, más
y más de ellos entran en actividad. En algunos movimientos ritualizados que funcionan como desencadenadores, la presión selectiva ejercida por la demanda
de no ambigüedad de la señal ha tendido a reducir,
si no es que a abolir, la *variabilidad de forma causada por diferencias de intensidad.* Muy probablemente esto ha ocurrido elevando los umbrales más bajos
y reduciendo los más elevados, con lo cual se restringe
la variabilidad, correlacionada con la intensidad, de la
pauta motora. En algunos casos extremos, en los que
todos los elementos pertinentes entran en actividad
al mismo nivel de excitación específica para la acción, la pauta motora obedece de hecho la ley del todo
o nada con tanto rigor casi como en el funcionamiento de una neurona aislada. Como necesaria consecuencia, aparece así en una forma característica y fácilmente reconocible.

La intensidad típica es una de las más importantes
propiedades constituyentes de partes del comportamiento ritualizado. En realidad es la característica
por la cual solemos diagnosticar la ritualización en
una pauta motora desconocida. Estamos tan acostumbrados a tropezar con variabilidad correlacionada con
la intensidad, en el comportamiento de todos los seres
humanos y animales que nos rodean, que en el acto

nos llama la atención, como cosa artificial o cere-
moniosa, una intensidad típica en cualquier pauta
motora. Es ésta, por cierto, una de las muchas analogías asombrosas que existen entre la ritualización filética y la cultural. Prácticamente todo el comportamiento hecho *"formal"* por la última se caracteriza
por ser lo que llamamos *"mesurado"*. La mesura a la
que se alude es la de la intensidad típica. Algunas
de las películas que voy a proyectar demostrarán este
detalle, según lo espero, de manera convincente.

Estamos mejor informados acerca de la evolución
de la lucha ritualizada en los *Cichlidae* que en cualquier otro grupo de animales que yo conozca. Pero
hay que inferir que formas de agresión intraespecífica
que desempeñen sus funciones de supervivencia sin
dañar a individuos han evolucionado, independientemente pero siguiendo análogas líneas, en otros muchos vertebrados. Entre los lagartos del género *Lacerta* hay, como se mencionó ya, especies que luchan
del modo más mortífero conocido entre los vertebrados subhumanos, pero hay otras especies del mismo
género en las que todo el combate consiste en una
lucha en condiciones de estricta igualdad. En *Lacerta
ágilis* los machos empiezan por disponerse paralelamente, mirando en direcciones opuestas, cabeza con
cola; cada animal oprime su cuerpo mediante activos
movimientos de las costillas, de manera que se hace
alto y angosto, incrementando así su silueta, vista
desde el sitio del rival. El flanco verde, así como la
parte lateral del vientre amarillo se aplanan verti-
calmente ofreciendo un llamativo despliegue de colores. Después de un breve lapso de esta amenaza tan
ritualizada, ambos machos mueven ligeramente las
cabezas, la del uno hacia el otro, ofreciendo de hecho,
para morder, el occipucio muy acorazado. De ordinario es el animal más débil el que muerde primero
e intenta sacudir al adversario. Si éste es mucho más
pesado, a menudo lo suelta y adopta una actitud de
sumisión aun antes de ser mordido a su vez. De otro
modo, hay una alternación de mordiscos; cada lagarto
desiste después de un tiempo ritualmente determinado y ofrece, a su vez, el occipucio para que lo agarre

el oponente. Ni G. Kitzler, que investigó muy a fondo los lagartos aquí mencionados, ni yo mismo hemos visto jamás un *Lacerta agilis* mordiendo a otro fuera del occipucio, ni hemos observado ninguna otra forma de lucha dañosa. Lo mismo ocurre en *Lacerta strigata major*, en la que, de modo muy sorprendente, los machos se agarran mutuamente por las rodillas, que se ofrecen, y así cogidos, formando un anillo, combaten bailando en círculo de una manera que recuerda mucho cierto deporte nacional suizo llamado *Hosenwrangeln*.

En algunos reptiles han aparecido formas de lucha ritualizada en la que no se utilizan para nada la boca ni los dientes. Los machos de la iguana *Amblyrhynchus cristatus* se empujan con la cabeza, muy acorazada por escamas grandes y protuberantes; los de muchas clases de serpientes venenosas del orden Viperidae tienen encuentros complicados. La presión de selección causante de la desaparición completa del morder parece haber sido diferente en los dos casos.

Muy probablemente I. Eibl-Eibesfeldt tiene razón al suponer que los agudísimos dientes de *Amblyrhynchus*, adaptados para raspar rocas sumergidas, dañarían demasiado si se emplearan en la frecuente lucha territorial de los machos. Esto cuadra con el hecho de que las hembras de esta especie, en realidad más mortíferas que los machos, se hieran peligrosamente entre ellas cuando, después de un breve lapso de adelantar la cabeza, se ponen a pelear usando los dientes. Esto, sin embargo, no lo hacen más que una vez al año, al disputar por sitios para anidar, y sólo la especie *A. c. venustissima,* que habita en una isla en que escasean los sitios para poner huevos. Es muy probable que en las víboras la historia sea diferente. Aunque inmunes al veneno de su propia especie, estos animales no pueden arriesgar sus armas de caza, tan vulnerables, en un combate con un rival.

Toda lucha ritualizada que haya suprimido por completo el daño infligido a los combatientes alcanzando una decisión por el puro agotamiento de uno de ellos, puede desempeñar su función esencial para la supervivencia sólo a condición de que el animal vencido quede sometido de modo tan efectivo y permanente como si hubiese sufrido graves lesiones. Si bien es éste un postulado perfectamente lógico, sorprende una y otra vez observar cuán completamente el que pierde un combate ritualizado se intimida y cuánto tiempo recuerda la superioridad del vencedor. Debe suponerse que será necesario un mecanismo muy especial para que la experiencia de una batalla perdida resulte tan impresionante, pese a la ausencia de cualquier daño corporal.

Paso ahora a un tipo enteramente distinto de comportamiento agresivo ritualizado, aunque más especializado y presente en muchos menos organismos, que me parece tener mayor importancia para nuestra comprensión del comportamiento social en los vertebrados superiores y en el hombre. Merece, de hecho, profunda meditación el que, por lo que sabemos, el nexo de la amistad personal surgiera por la necesidad apremiante para algunos individuos de dejar de luchar entre ellos para combatir con más eficacia a otros miembros de la especie. Es fácil imaginar mecanismos de comportamiento que causen el ataque unánime concertado de muchos individuos contra un enemigo no conespecífico. Se conocen muy numerosos animales en que una señal específica de "ataque en masa" provoca un ataque intenso y universal sobre un predador potencial. Semejante respuesta puede ser ciegamente mecánica y no necesita reconocimiento individual entre los animales que participan en ella. El problema que tiene que resolver la evolución se vuelve mucho más difícil cuando el "enemigo" que hay que atacar es él mismo miembro de la especie. Los miembros de una pareja de *Cichlidae* que defiendan su territorio y su progenie contra vecinos hostiles necesitan muchísimo toda la agresión que puedan exhibir, pero no deben combatir entre ellos, a pesar del hecho de que cada uno, merced a su llamativa coloración agresiva y su conducta intensamente amenazante, ofrece un estímulo a la conducta agresiva casi tan bueno como el vecino que hay que repeler.

La evolución ha encontrado una solución realmente brillante para este difícil problema. Sabemos por

otras muchas observaciones que la agresión, aunque
evocada por un objeto, puede fácilmente orientarse
hacia otro, si factores inhibidores evitan su descarga
en dirección del estímulo inicialmente desencadenador. N. Tinbergen ha denominado "redirección" a este proceso. En el caso de nuestros *Cichlidae,* hay dos
factores inhibidores tendientes a desviar el ataque de
la pareja y redirigirlo hacia el vecino territorial. Uno
es la motivación sexual que contrarresta la agresión,
y el otro —mucho más interesante—, la habituación:
cada pez se acostumbra al otro como individuo. Esto,
por supuesto, presupone una facultad de reconocimiento personal. Desafío aquí al filósofo a que me
diga que un pez carece de "persona": si tiene suficiente personalidad para que lo reconozca otro pez
como individuo, considero esto justificación suficiente
para hablar de reconocimiento personal, en especial
si se considera que es en un muy definido "papel"
—"persona" en latín— como se reconoce a la pareja.

En la mayor parte de los peces de este grupo, el
evidentemente inmenso valor para la supervivencia
que tiene el atacar al vecino territorial y no a la pareja ha sido causa de que el mecanismo de redirección que provoca esto se haya ritualizado dando una
ceremonia rígida y segura. El elemento motor envuelto conserva la forma de las pautas de comportamiento
amenazante ya descrito, salvo en que se sueldan
en secuencias fijas y se dirigen invariablemente, como
a su meta final, contra un objeto distinto de la pareja. Uno de los individuos se acerca al otro en actitud de despliegue lateral y puede hasta dirigir a su
pareja uno o dos coletazos. Pero mientras hace esto
no hay interrupciones, como al amenazar a un enemigo; por el contrario, hace un hincapié visible y muy
expresivo en el hecho de que se mueve, y no deja de
moverse hacia otra meta. Inmediatamente después de
esta ceremonia, el pez se abalanza hacia las lindes del
territorio, para buscar problemas, en todo el sentido
de la palabra. El grado de confianza merecido por el
mecanismo que desvía de la pareja la agresión depende aún, en la mayoría de las especies de *Cichli-*

dae, de la posibilidad de descargar un ataque contra un vecino hostil.

B. Oehlert, mi nuera, descubrió que podía mantener los *Cichlidae* anaranjados *Etroplus maculatus* en permanente paz marital con sólo poner dos parejas, separadas por un cristal transparente, en un tanque. Parece una broma que regularmente se diera cuenta de que el cristal perdía transparencia por desarrollo de algas, con sólo ver que los machos de *Etroplus* empezaban a tratar mal a sus hembras. Limpiando el cristal volvía a dirigirse en el acto el comportamiento agresivo hacia el vecino y así retornaba la paz en las parejas. La hermosa economía energética del mecanismo de comportamiento que comentamos reside en que evita la necesidad de suprimir la agresión: en vez de suprimirla, el impulso agresivo despertado por la presencia de la pareja es de hecho explotado para desempeñar la importantísima función de defender el territorio.

Hay, sin embargo, consecuencias de mayor alcance de la ritualización del ataque redirigido. Cuantas veces la ritualización tiene por consecuencia soldar en una secuencia obligatoria de movimientos cierto número de elementos del comportamiento independientes hasta entonces, la secuencia entera asume el carácter de una pauta motora fija e independiente, con todas sus propiedades fisiológicas. Está vinculada a su propio mecanismo desencadenador y, en el caso de que se retire la situación estimulante que la activa, activa su propio comportamiento apetitivo dirigido a su consumación. Ahora bien, los mecanismos desencadenadores de todas las ceremonias derivadas de la agresión redirigida contienen, como elemento más importante, una familiaridad individualmente adquirida con el área por defender; así los mecanismos que desencadenan la redirección ritualizada del ataque dependen de la familiaridad y conocimiento adquiridos con un miembro individual de la propia especie. En otras palabras, todo organismo que posea una carencia derivada de agresión redirigida está ligado al objeto individual de esta actividad mediante vínculos muy análogos a los que ligan a su dominio a un animal muy territorial, y tan fuertes como ellos. Monika Meyr-Holzapfel, tratando de dar con una expresión objetiva para describir, en sociología animal, lo que en lenguaje común llamaríamos sencillamente un amigo, acuñó la expresión "animal con valencia doméstica". No creo que pudiera hallar un título más honorífico para mi esposa.

Indudablemente el comportamiento agresivo ritualizado es al menos una raíz del comportamiento de apego. Este último puede definirse como la permanencia en el espacio de dos o más individuos, juntos, merced a un conjunto de respuestas que cada uno de ellos despierta selectivamente en el otro. No sabemos si todo el comportamiento de apego ha surgido de la agresión, ni si la redirección ritualizada de la agresión es su solo origen. Ambas cosas son seguras, indiscutiblemente, en los patos y gansos, que han sido estudiados extensa e intensamente por los etólogos en las últimas décadas. El vínculo de la amistad individual, de por vida, que une a los gansos silvestres y determina, por su inmensa fuerza, la estructura entera de su sociedad, se funda —según puede demostrarse— en la llamada ceremonia de triunfo que —según puede demostrarse también— se originó de un modo estrictamente análogo al del ataque redirigido ritualizado en los *Cichlidae* que he tratado de describir.

Puede haber otros caminos importantes por los que haya aparecido el comportamiento de apego, pero dondequiera apareció, parece haberlo hecho como un modo de contener la agresión, o sea basándose en comportamiento agresivo preexistente. En los cánidos, por ejemplo, carnívoros emparentados con el perro, todos los gestos y ceremonias de bienvenida, amor y amistad derivan obviamente de los movimientos expresivos denotadores de sumisión infantil. Es perfectamente concebible que las ceremonias de aplacamiento, con mayor ritualización, se hayan vuelto independientemente pautas motoras autóctonas cuya realización constituye una necesidad tan grande para el organismo como la de la agresión ritualizada redirigida en el caso de la ceremonia de triunfo en el ganso.

Qué proporción de la agresión primariamente motivadora puede aun estar contenida en el ataque ritualizado redirigido o, en general, en cualesquiera pautas de conducta que afecten al comportamiento de apego, es cosa que no puede deducirse de su parecido o diferencia con respecto a la amenaza y la lucha, sino que debe investigarse por separado en cada caso particular. En la ceremonia de triunfo de los gansos hay por cierto abundancia de agresión autóctona, como puede demostrarse en el caso casi patológico de las parejas homosexuales de gansos machos. En éstas el comportamiento de apego es mucho más intenso que jamás lo es en parejas heterosexuales normales, y alcanza en ocasiones un clímax verdaderamente extático. Lo mismo que en otros casos conocidos, una intensidad anormalmente alta de actividad ritualizada provoca auténtica agresión en el sentido freudiano, o sea un recrudecimiento de las pautas de conducta no ritualizadas, filogenéticamente más viejas. En otras palabras, la redirección ritualizada súbitamente se viene abajo y los individuos afectados se ponen a luchar con una furia que en ninguna otra circunstancia se observa en los combates de gansos. Entre los *Cichlidae,* aun en condiciones normales está presente siempre el peligro de que falle la redirección y que el ataque se lance hacia la pareja. En el homicidio, como saben todos los policías, quien más sospechas despierta es el cónyuge amante —y hay que insistir en que lo de "amante" no lo decimos con ironía.

Sin embargo, la razón de más peso que me hace suponer que todo comportamiento de apego proviene, por ritualización, de un fundamento de agresión intraespecífica, reside en una insospechada correlación entre los dos. No sabemos hasta ahora de un solo organismo que exhiba comportamiento de apego y esté al mismo tiempo desprovisto de agresión; en un sentido esto es sorprendente ya que, al mirar de modo superficial, sería de esperarse que el comportamiento de apego evolucionase más bien en aquellos

seres altamente gregarios que, como muchos peces y
aves, viven pacíficamente en grandes bancos o bandadas, pero evidentemente esto jamás acontece. Los
grandes grupos de estos animales son siempre estrictamente "anónimos", aun en el caso de pájaros tan
organizados como los estorninos, según ha demostrado
concluyentemente G. Kramer. La dependencia del
comportamiento de apego con respecto a la agresión
intraespecífica se pone de manifiesto de la manera
más ostensible en las especies en las que hay un cambio estacional de agresividad o constitución de bancos o bandadas. En estos casos, ya se trate de peces
o pájaros, todos los nexos individuales se disuelven
inmediatamente cuando el organismo pasa de la fase
agresiva a la no agresiva. Asimismo, parece haber una
considerable correlación positiva entre la intensidad
de la agresión intraespecífica y la del comportamiento
de apego. Entre las aves, los representantes más agresivos de cualquier grupo son también los amigos más
firmes, y lo mismo pasa entre los mamíferos. En esta
clase no se conoce amistad más fiel que la que S. Washburn e I. DeVore han revelado entre los papiones,
mientras que el símbolo de toda agresión, el lobo
—que Dante llamara *bestia senza pace*—, se ha transformado en "el mejor amigo del hombre" —y no
merced a propiedades ganadas en el curso de la do-
mesticación.

Por supuesto, la relación entre el apego y la
agresión es del todo unilateral. Tenemos razones para
suponer que la lucha interespecífica apareció millones de años antes que el comportamiento de apego,
como demuestran de hecho todos los reptiles actuales,
desprovistos por completo del segundo, pero que lu-
cen la primera. Pero, dentro de lo que sabemos, el
comportamiento de apego no existe más que en organismos agresivos. Verdad es que esto *no* será nada
nuevo para el estudioso de la naturaleza humana, para
el psiquiatra y el psicoanalista. La sabiduría de los
viejos proverbios, y la de Sigmund Freud, ha subrayado desde hace mucho tiempo lo apretadamente li-
gados que están la agresividad y el amor humanos.

Para concluir esta presentación tan condensada —y

así tan incompleta— de la agresión intraespecífica ritualizada, y de sus más importantes consecuencias, desearía añadir unas cuantas palabras que —tal espero—
estimularán la discusión. Cuando Julian Huxley, hace
cerca de treinta años, acuñó la expresión "ritualización", la empleó, sin comillas, para un proceso filogenético y también para uno cultural; en otras palabras, el concepto que asoció al término era puramente
funcional. Las analogías funcionales de las ritualizaciones culturales y filogenéticas son en verdad tan
profundas, y llegan a detalles tan asombrosos, que una
concepción que abarque ambas está plenamente justificada. Indudablemente una de las funciones más
importantes que ha de desempeñar la ritualización
filética, en interés de la supervivencia de la especie,
es la discutida en este trabajo: el dominio de la agresión intraespecífica. Hay que confiar en que la ritualización cultural resultará capaz de lograr otro tanto
con ese género de agresión intraespecífica en el Hombre que lo amenaza con la extinción.

No cabe ninguna duda, en opinión de cualquier
hombre de ciencia con mente científica, de que la
agresión intraespecífica es, en el Hombre, un impulso
instintivo espontáneo en el mismo grado que en la
mayoría de los demás vertebrados superiores. El principio de síntesis entre los hallazgos de la etología y
el psicoanálisis no deja tampoco ninguna duda de
que lo que Sigmund Freud ha denominado "instinto
de la muerte" no es más que la desviación de este
instinto que, en sí mismo, es tan indispensable para
la supervivencia como cualquier otro. En este coloquio ha reinado el acuerdo más satisfactorio acerca
de este punto entre psiquiatras, psicoanalistas y etólogos.

Sin embargo, resulta muy violento para gente no
versada en el pensamiento biológico aceptar que el
Hombre —con hache mayúscula— posea aún instintos
comunes con los animales. Esa suerte peculiar de orgullo que se manifiesta proverbialmente antes de una
caída impide al hombre comprender las obras de sus
propios instintos, incluyendo el de la agresión. Como
es sólo el discernimiento causal el que podrá algún

día darnos poder para influir sobre cadenas de acontecimientos y orientarlas hacia nuestros propios fines, es muy peligroso adoptar la actitud del avestruz ante la naturaleza de los instintos humanos. Con frecuencia se acusa a la ciencia de poner en peligro a la humanidad concediéndole un poder excesivo sobre la naturaleza. Este reproche sólo estaría justificado si los hombres de ciencia fueran culpables de no haber incluido al Hombre entre sus objetos de estudio. Sí lo han hecho, en realidad, pero nadie se lo agradece. Los hombres gustan de imaginarse a sí mismos aparte y por encima de la naturaleza. Les disgusta que se les diga qué parte tan pequeña de la naturaleza representan en realidad, y odian el pensamiento de estar sometidos a sus leyes universales. Quemaron a Giordano Bruno cuando les enseñó que su planeta no era más que una ligera mota de polvo entre otras innumerables y mayores. Cuando Charles Darwin descubrió que descienden de animales, hubiesen querido quemarlo también, e hicieron todo lo que pudieron para callarlo de otras maneras. Cuando Sigmund Freud se propuso investigar las fuentes más hondas que motivan el comportamiento social humano, por métodos que, aunque implicaban el estudio de fenómenos subjetivos, eran los de la ciencia natural inductiva, se le acusó de falta de reverencia, de ceguera materialista a todos los valores, y hasta de tendencias pornográficas. La humanidad defiende su propio engaño por todos los medios, limpios y sucios, y parece una triste necesidad predicar esa clase de humildad que es requisito previo para reconocer las leyes naturales que gobiernan el comportamiento social del hombre.

Expresándolo con gran crudeza: si sabemos lo bastante acerca de las funciones de nuestro conducto intestinal para permitir a los médicos curar muchos de sus trastornos, debemos esta capacidad, entre otras cosas, al hecho de que un excesivo respeto nunca impidió a los hombres investigar la causalidad fisiológica que impera en el funcionamiento de sus entrañas. Por otra parte, si la humanidad es tan evidentemente impotente para resistir a la desintegración patológica

de su estructura social y si se conduce, en conjunto, de una manera que no es más inteligente, en
ningún sentido, que como lo haría cualquier especie
animal en iguales circunstancias, esta alarmante situación se debe en gran parte a ese orgullo espiritual
que impide a los hombres considerarse ellos mismos,
y su comportamiento, como partes de la naturaleza, y
como sometidos a sus leyes universales.

La agresión en las sociedades de monos y de antropoides

por K. R. L. HALL

INTRODUCCIÓN

El término "agresión" en su sentido preciso se refiere a la lucha y significa el acto de iniciar un ataque (Scott, 1958). Sin embargo, como se desprende claramente de otras contribuciones a este coloquio, los tipos de comportamiento exhibidos por diferentes especies de animales al tratar de ganar ascendiente sobre sus compañeros de especie con frecuencia no llegan a la auténtica lucha, al menos en el ambiente natural: se expresan en despliegues ritualizados y movimientos de intención amenazadora que son en apariencia efectivos a favor de la supervivencia de la especie. En otras palabras, el comportamiento agresivo suele ser adaptativo en las condiciones ecológicas de alimentación, reproducción y defensa naturales.

En nuestra consideración de los testimonios disponibles acerca de la agresión entre los primates no humanos, no discutiremos los Prosimios, y tomaremos los ejemplos de las especies de monos y antropoides sobre las que se dispone actualmente de más datos sistemáticos obtenidos con animales en libertad. No obstante, aun en estas especies queda todavía mucho por aprender a propósito de los factores que determinan las formas y frecuencias de agresión en los grupos o poblaciones naturales, ya que los datos sobre el comportamiento están restringidos casi del todo a la etapa descriptiva; muy pocos estudios se han llevado más adelante, por experimento o por observación controlada, hasta el análisis de las causas.

Los monos y antropoides, en común con otros animales, incluyendo el hombre, demuestran agresividad por diversas acciones y expresiones que envuelven la faz, los miembros y el cuerpo entero. La amenaza, como preludio al ataque, se expresa mediante pautas de comportamiento características de las especies, incluyendo vocalizaciones: se conocen ya bastante bien en el macaco *rhesus* en condiciones de grupo cautivo (Hinde y Rowell, 1962; Rowell y Hinde, 1962), en los papiones (Hall, 1962a; Hall y DeVore, en prensa; DeVore, 1962; Kummer, 1957; Kummer y Kurt, 1963), en los monos *patas* (Hall, Boelkins y Goswell, en prensa), en los gorilas (Schaller, 1963) y en los chimpancés (Goodall, en prensa). De otras especies que se estudian o han estudiado detalladamente en libertad —como *Presbytis* y los monos verdes— se carece por el momento de inventario detallado concerniente a su comportamiento de ataque y amenaza, y sólo muy recientemente ha aparecido, en inglés, un trabajo sobre el comportamiento de comunicación del macaco japonés (Miyadi, 1963). Por lo que se refiere a descripción y análisis etológicos profundos, todos estos estudios resultan deficientes en mayor o menor grado; pero, para nuestro propósito de intentar deducir el papel de la agresión en las poblaciones naturales, se dispone de suficiente información para un examen general, si no para una comparación cuantitativa detallada.

Lo mismo que en otros animales, hallamos que la agresión se expresa no sólo en formas directas y en apariencia inequívocas, sino por vías indirectas en las que —como ocurre con tanta frecuencia— surgen en la situación motivos distintos del ataque, o bien el ataque directo es frustrado. Así, tropezamos con muchos ejemplos en que ocurre una redirección de la agresión, que se aparta del objetivo o causa primarios de excitacion agresiva. En el caso de los papiones *hamadryas* esto ha sido bien descrito por Kummer (1957), y por Hall y DeVore (en prensa) en otros papiones. Probablemente se presenta en todas las especies, pero los ejemplos más claros, como en los estudios con papiones, se manifiestan cuando un animal dominante es inhibido para atacar a otro animal de su grupo, de *status* más o menos igual, y desvía su ataque hacia subordinados. Cuando se estimulan simultáneamente los motivos de escapatoria y ataque en el contexto del comportamiento, ambos pueden expresarse en pautas alternantes de conducta, o bien puede no expresarse ninguno, y manifestarse nada más signos de nerviosidad: los animales se rascan, juguetean con la comida y, posiblemente, bostezan (Hall, 1962b).

En varias especies se han descrito derivativos elementales de la intención amenazante, la nerviosidad, o ambas, como cuando se lanzan ramas, palos, hojas, guijarros o heces, aparentemente con referencia a la posición del observador humano (Hall, 1963a). Tirar cosas, o blandir palos, no es cosa desacostumbrada en los monos o antropoides cautivos. La mayor parte de estos actos parecen tener el propósito —cuando puede establecerse un propósito, y no un resultado accidental de la agitación— de quitarse de encima un estímulo perturbador, y no de atacarlo. Para tratar de caracterizar la naturaleza de la agresión en estas especies no interesa la condición de semejantes actos en el comportamiento, si bien puede requerirse luego una breve discusión al considerar ciertas implicaciones para la evolución humana.

No se incluirá discusión detallada tocante a un aspecto limitado de la agresión, a saber, la muerte de otros animales para obtener alimento. Esta propensión está cabalmente confirmada en los papiones (Washburn y DeVore, 1961; Dart, 1963) y en los chimpancés (Goodall, en prensa); las víctimas son gamos de diferentes especies, ovejas y, en dos ocasiones, otros primates no humanos (papión comiéndose un mono verde; chimpancés comiéndose un *Colobus* rojo). Las razones para omitir mayor discusión de este interesante hábito son, ante todo, que se necesitan muchos más testimonios, que serían fáciles de obtener, acerca de variaciones regionales a este respecto, entre los papiones; en segundo lugar, que no está claro en qué tipo de presa debemos buscar alguna significación evolutiva —por ejemplo el mono *patas* caza y come lagartos, los monos verdes devoran huevos y pajarillos, y así sucesivamente. En tercer lugar, no está aclarado que esta propensión tenga nada que ver con los aspectos principales de la agresión dentro de grupos de la misma especie, y entre ellos.

Similarmente, es muy difícil saber cómo se conducen estos monos y antropoides ante los predadores. Goodall (en prensa) no tiene pruebas de que los chimpancés sean atacados por los leopardos. Schaller (1963), aunque hace constar que los gorilas de la montaña son muertos en ocasiones por leopardos, no tiene datos sobre la reacción de un grupo de gorilas al advertir la presencia de éstos. Bolwig (1959) ha señalado que los papiones fastidian a los leones. Washburn y DeVore (1963) poseen una película de encuentros de papiones con leones y guepardos. Stevenson-Hamilton (1947) observó un gran guepardo expulsado por un gran papión cuando el primero intentó apartar del grupo a algunos jóvenes. Loveridge (1923) describe un leopardo atacado por un grupo de papiones del África oriental: "los cuatro papiones viejos rodearon al leopardo y lo golpearon con las manos" (p. 728). Es bien sabido también que los papiones se vuelven contra los perros que amenazan su grupo. Excepto para los papiones, sin embargo, hay tan pocos testimonios de agresión defensiva en monos y antropoides que no podemos intentar comparación alguna entre especies. Los otros grandes monos terrestres, como los mandriles, los driles y *Theropithecus,* no se han estudiado aún en libertad, y los datos sobre *hamadryas* en lo concerniente a este aspecto de la agresión, debidos a Kummer y Kurt, no están disponibles aún. Todas las indicaciones sugieren que los monos *patas* terrestres confían en dispersarse y ocultarse para evitar leopardos o hienas o perros de caza (Hall, en prensa), y es difícil imaginar que esta especie se condujera de otro modo al encontrar guepardos. Parece que nada se sabe acerca del comportamiento de las especies de macacos hacia los animales de presa.

Suele suponerse que el pronunciado dimorfismo sexual ostensible en los papiones (el macho adulto, con caninos bien desarrollados, es cosa del doble de grande y de pesado que la hembra adulta) es consecuencia de presiones selectivas derivadas de su hábito de recorrer las sabanas y de la necesidad de defenderse de los grandes carnívoros (DeVore, 1963). Correlacionado con esto se halla un elevado potencial agresivo. Igualmente importante, si no es que más, desde el punto de vista de la supervivencia del grupo, parecería ser el pronunciadísimo efecto facilitador social, entre los machos, al despertar la agresión uno de ellos contra un estímulo de un animal de presa. Lo más probable es que todos los machos intervengan en el ataque si la intensidad del estímulo es alta, pero parece que sólo los machos más jóvenes, periféricos, pueden iniciar y mantener la alarma y el comportamiento defensivo en otras ocasiones, en tanto que los machos dominantes se quedan atrás. Una constitución facilitadora similar del ataque ha sido descrita por Yerkes (1943) en los chimpancés en cautividad, y sin duda se conoce bien en otras especies.

En el *patas*, análogamente, el dimorfismo sexual de los adultos es muy pronunciado, con diferencias comparables en el desarrollo de los caninos, pero parece probable que esto funcione de modo muy diferente en el contexto de la supervivencia de grupo. En cada uno de los grupos estudiados hasta la fecha ha habido sólo un macho enteramente desarrollado cuyas dimensiones y coloración conspicuas parecían, según su comportamiento, funcionar apartando del grupo la atención y permitiendo a éste mantener el contacto entre las hierbas altas de la sabana, con sólo no perderlo de vista, subido a un árbol. Es difícil imaginar, vista la constitución delgada y los hábitos escurridizos del *patas*, que este macho, solo o con el grupo, decidiera atacar a ninguno de los grandes carnívoros para defenderse.

REPASO DE DATOS DE CAMPO

Discutiremos los testimonios ante todo en términos del papel de la agresión dentro del grupo y entre grupos de la misma especie. En conjunto, las relaciones entre grupos de diferentes especies de monos o antropoides se caracterizan por la tolerancia, o simplemente por la indfierencia. En algunos hábitat forestales no son raras las agregaciones multiespecíficas (Haddow, 1952; Reynolds, 1963), y Hall (en prensa) no vio casos de agresión entre grupos de papiones, *patas* y monos verdes cuando éstos se encontraban en la sabana arbolada. Es probable, por supuesto, que los grupos que hallen regularmente en su hábitat grupos de otras especies sepan muy bien qué límites de tolerancia hay que observar en tales ocasiones. Hay persecuciones entre especies, o retiradas de un grupo de la vecindad de otro, de distinta especie, pero al parecer sólo se han descrito luchas interespecíficas entre grupos de *Theropithecus* y de papiones *hamadryas* en Etiopía (citado por Zuckerman, 1932, p. 195), pero tales relatos requieren verificación. Es difícil, asimismo, saber cuánto hay de verdad en las abundantes historias, de diferentes partes de África, que cuentan cómo los papiones atacan y hasta matan seres humanos. Los papiones machos, en particular, pueden perder casi todo el miedo si se condicionan para esperar alimento de los seres humanos, y pueden atacar a una persona tratando de obtener alimento (como ha ocurrido en El Cabo). Sin embargo, ningún observador de campo ha informado que lo atacaran grupos silvestres no contaminados. Por el contrario, estos grupos tienden, al principio, a ser muy recatados, y sólo gradualmente, habituándose, dejan que uno se acerque.

1) *Papiones y macacos.* Al tratar todos los ejemplos de la bibliografía de campo, la agresión dentro de grupos de especie y entre grupos de especie se enfocarán como dos aspectos distintos pero muy relacionados del mismo proceso social. Generalmente se ha considerado que los géneros de papiones y macacos

contienen especies que son agresivas de manera más abierta, tanto en las interacciones dentro del grupo como en las que se dan entre grupos, que en cualquier otra especie de mono o antropoides. Como se ha señalado ya, el hábito de marchar por el suelo, con lo que los grupos se apartan de los refugios en árboles o peñas, se ha dicho que ha favorecido la agresión colectiva de los machos adultos. Por lo que toca a los géneros, sin embargo, hay que apuntar que las especies de macacos exhiben —considerando el *rhesus*, el japonés y el *honnet*— variaciones muy considerables en el grado en que parece expresarse la agresión en los grupos silvestres. Además, según informes obtenidos con animales cautivos, tanto *Macaca speciosa* (véase Kling y Orbach, 1963) como *M. nemestrina* son dóciles y fáciles de tener en cautividad, en comparación con *M. mulatta*.

Entre los papiones se dispone al presente de estudios de campo sistemáticos acerca de *hamadryas* de Etiopía, de *cynocephalus* de Kenya, y de *ursinus* de África del Sur. Otras grandes especies terrestres incluidas a veces en *Papio,* pero que más a menudo reciben jerarquía genérica propia, son el mandril, el dril y *Theropithecus,* acerca de los cuales se carece de datos de campo. Al reseñar las pruebas disponibles no es posible no impresionarse por la aparente variabilidad regional en la agresividad que exhiben los grupos de *Papio,* y es necesario tener mucho cuidado al evaluar tales diferencias a la luz de las variantes ecológicas que pudieran determinarlas.

El concepto descriptivo que mejor representa la agresión en sus varias formas en estos animales es el de la dominancia. La ordenación de las relaciones dentro de los grupos de papiones *ursinus* y *cynocephalus,* bosquejada por Hall y DeVore (en prensa), indica que los grandes machos adultos en ocasiones se conducen agresivamente hacia otros miembros de su grupo en diversas situaciones, como cuando se trata de la prioridad de acceso a un incentivo alimenticio especial o a una hembra en celo, o cuando una hembra con un pequeño ha sido molestada por otra hembra, o cuando ha habido una riña entre miembros subordinados del grupo. Sin embargo, resulta obvio, tras muchos días de observación de estos grupos, que el comportamiento rutinario de sus miembros es controlado tanto por una espera condicionada de represalias, por lo que pudiéramos denominar una acción no conformista, como por amenaza o ataque abiertos. Cuando están claramente establecidas las relaciones de dominancia entre los machos adultos, serán raros los episodios de amenaza entre ellos, y los subordinados sencillamente se mantendrán apartados del superior, como en la situación de la prueba con alimentos mostrada en la película de Washburn y DeVore. La dominancia se manifiesta agresivamente entre los machos cuando la tensión proviene de la presencia, durante días enteros, de una sola hembra en celo; se presentan secuencias de amenazas "devastadoras", según indica DeVore (Hall y DeVore, en prensa). El rango relativo entre los machos se complica también por alianzas temporales entre, por ejemplo, dos machos que actúan juntos amenazando a un tercero que, individualmente, se describe como superior de cualquiera de los otros dos. La lucha entre los machos adultos es extremadamente rara; las demostraciones entre ellos se manifiestan sobre todo en persecuciones ruidosas —impresionantes, para el observador—, sin contacto físico. Estos "despliegues de amenaza" probablemente son menos estereotipados que los que se han descrito en otros mamíferos no primates, pero probablemente tienen la misma significación social. La disciplina en el interior del grupo está mantenida muy adecuadamente, de ordinario, por amenazas o por golpes o mordiscos en la nuca del subordinado, lo cual muy rara vez causa ningún daño visible a la víctima.

El cuadro total de la organización de grupo de estos animales representa un delicado equilibrio de fuerzas, alcanzado merced al aprendizaje social de los individuos del grupo desde el momento en que nacen hasta llegar a adultos, de manera que es raro que se infrinjan las normas del grupo. Cuando esto sucede, el castigo puede ser grave, si se descubre a la víctima. Se informa que inclusive los cambios de dominancia en los machos ocurren a consecuencia de un persistente hostigamiento y no por lucha. En otras palabras, puede no ponerse realmente a prueba la capacidad física, pues el animal usurpador, confiado, consigue lo que quiere sencillamente recurriendo a algunas de las formas de despliegue amenazador, y moviéndose hacia el otro animal. No se sabe todavía en qué contexto social preciso ocurre tal usurpación. De acuerdo con los estudios con macacos japoneses, parece probable que la actitud confiada del macho dominante en ciernes sea engendrada por ser descendiente de una hembra que ocupe una alta posición en la jerarquía femenina y así asociada a los machos ya dominantes.

Como no se dispone aún de una descripción completa del estudio de *hamadryas*, sólo es posible señalar que las relaciones de dominancia entre machos están organizadas de muy distinta manera en esta especie. Como la unidad social es la banda con un macho, que lleva consigo unas cuantas hembras adultas y sus vástagos, la dominancia se manifiesta agresivamente sobre todo en el macho que vigila a sus hembras y no deja que ninguna se le escape a otra banda. Esta exclusividad es otro método de evitar la tensión conducente a combate entre machos.

Las relaciones entre los grupos de papiones se caracterizan por la mutua tolerancia, o por evitarse mutuamente, de acuerdo con la naturaleza del hábitat. Cuando hay que ir a beber a una sola fuente, como pasa en el África sudoccidental, Rodesia del Sur y Kenya, los grupos pueden hasta mezclarse temporalmente, dividirse después y seguir sus caminos diferentes hacia los rumbos en que residen. Donde normalmente no hay necesidad de congregación, como pasa en El Cabo, o en el Murchison Falls Park de Uganda, muy rara vez se encuentran los grupos. Si bien las zonas de residencia se traslapan, y hasta duermen en las mismas peñas en distintas noches, se mantienen separados. Nunca se han visto interacciones agresivas entre grupos (Hall y DeVore, en prensa) en más de 2 000 horas de observación.

Con lo anterior no se pretende decir que los papiones no sean potencialmente agresivos unos hacia otros. Es harto bien sabido que, con la restricción antinatural del espacio social y físico impuesta por las condiciones habituales de cautividad, puede presentarse agresividad letal. Como ejemplo reciente mencionaremos la lucha que estalló en un grupo de 17 papiones, en el Zoológico de Bloemfontein, cuando se introdujeron entre ellos un macho y una hembra adultos "extraños"; la mayoría de los animales fueron muertos o perecieron luego por las heridas (Van Ee, comunicación personal). Lo importante, por supuesto, es que la regulación natural del número en una población de papiones, y en los grupos que comprende, se realiza de ordinario, por completo, sin llegar a la auténtica lucha. Los animales tan socialmente condicionables como los papiones tienen un sistema muy articulado de pautas apropiadas de conducta, unos hacia otros, dentro de grupos y entre grupos, de manera que el tremendo potencial agresivo rara vez se manifiesta hacia miembros de la especie.

El sistema social de los macacos *rhesus* y japoneses parece constituido de manera semejante. De acuerdo con Southwick *et al.* (en prensa), el hábitat peculiar de los grupos de *rhesus* que estudiaron conducía a no menos de 80 o 90 por ciento de traslapamiento de las zonas de residencia de grupos adyacentes, pero éstos usualmente evitaban entrar en contacto, como Altmann (1962) observó en la colonia de Cayo Santiago, y el grupo "subordinado" tendía a retirarse en cuanto veía aproximarse el grupo más dominante. En ocasiones, sin embargo, no se evitaba a tiempo un contacto bastante estrecho, y los grupos luchaban encarnizadamente. En 85 días de observación hubo 24 peleas de consideración entre dos grupos, y numerosas escaramuzas. Normalmente los machos adultos iniciaban el combate, pero participaban hembras y jóvenes. A menudo se causaban heridas graves, y la mayoría de los adultos machos tenían cicatrices en la cara, los hombros o el lomo. Los individuos heridos eran menos en los grupos de *rhesus* en hábitat rurales y áreas boscosas, donde el espacio y la cubierta protectora reducían grandemente la probabilidad de los contactos entre grupos. No se han estudiado los papiones en una situación natural comparable, pero es razonable suponer, extrapolando de las condiciones de cautiverio a las naturales, que habría manifestaciones similares de agresión entre grupos.

Ya hemos señalado qué parte tan importante parece desempeñar la facilitación social en el efecto acumulativo de los encuentros agresivos. Southwick *et al.* advirtieron que la mayor parte de las luchas entre grupos eran iniciadas por machos adultos jóvenes (subordinados), que de ordinario eran los primeros en entrar en contacto, en virtud de su posición periférica con respecto a su propio grupo. El ruido de la pelea —sobre todo las vocalizaciones— atraía más y más animales a la escena.

Después de muchos años de estudio de los grupos de macacos japoneses, parece ser que las interacciones de grupos, caracterizadas por la tolerancia y la evitación, son muy similares a las de los papiones y *rhesus* en hábitat distintos del urbano y del de los animales estudiados por Southwick *et al.* Los cambios de dominancia relativa entre machos adultos de un grupo solían ocurrir sin lucha, y al quitar un macho α, seguramente ocuparía su posición el macho número 2 del grupo. La idea de que estos machos, o los de los grupos de papiones o *rhesus,* alcanzan su dominancia combatiendo, parece provenir sobre todo de observaciones inexactas. Los despliegues amenazadores entre papiones machos, por ejemplo, pueden ser sumamente ruidosos y violentos, y dar al observador casual la impresión de una especie de lucha.

En la única otra especie de macacos estudiada (*M. radiata,* estudiada por Simonds, en prensa), la agresión dentro de los grupos y entre ellos parece ser de intensidad y frecuencia muy inferiores que en el *rhesus.* Los machos se acercan para espulgarse y jugar, y los machos adultos jóvenes no son empujados hacia la periferia de un grupo, como en *fuscata, mulatta* y papiones. El único comportamiento amenazante registrado entre estos grupos se manifestó cuando un macho joven se tiró desde un árbol en un grupo equivocado y fue expulsado. En cinco ocasiones se observaron contactos entre grupos. Cuando se encontraban, los machos jóvenes y los adultos avanzaban hacia el otro grupo, se sentaban y se miraban, separados los grupos a veces por distancias de sólo 6 metros. Entonces los machos de un grupo empezaban a retroceder, y los grupos se separaban. No se observó lucha entre grupos. Los traslapamientos de zonas de residencia de los grupos fueron de cosa del 20 por ciento nada más, en comparación con el 80-90 por ciento del macaco mencionado antes. Probablemente esta diferencia de separación es un factor crítico. Se observó un grupo de papiones en el Murchison Falls Park que expulsó a otro, mucho mayor, cuando el segundo se coló casi hasta el centro de la zona de residencia del primero. Es ésta la única ocasión en que se ha observado una breve persecución por un grupo de papiones. Otros contactos entre estos dos grupos, cerca de los respectivos límites territoriales, fueron de la clase antes descrita como típica de los papiones.

Aun considerando la probabilidad de que el potencial agresivo difiera en grado al pasar de una especie a otra dentro del género de los macacos, y por ventura también regionalmente en el género de los papiones, semejantes diferencias no pueden juzgarse cuantitativamente sin un conocimiento detallado de las circunstancias ecológicas de los grupos que se están estudiando y comparando. En las condiciones naturales más prevalecientes, ninguna de estas especies exhibe interacciones agresivas entre grupos. Si bien no se han examinado muestras tan abundantes como en el caso de los macacos *bonnet,* no deja de ser posible que se encuentren otras variantes ambientales para producir una organización social caracterizada más agresivamente. En todos los estudios disponibles hasta la fecha, sin embargo, la efectividad de los mecanismos naturales de control es evidente, de modo que rara vez se ve reducción del número por verdadera lucha, y de ordinario puede mantenerse el grado necesario de cohesión de grupo mediante amenaza ocasional o castigo que no llega al daño físico. Si bien parece muy plausible que haya diferencias genéticas de potencial agresivo, como las hay entre especies de monos, la pauta de conformidad alcanzada por miembros de un grupo que viven juntos toda su vida es tal que normalmente queda garantizada la extrema rareza de las luchas.

2) *Otros monos*. Tal vez la comparación más notable entre papiones y *rhesus* de que disponemos hoy día proviene del mono *patas*, terrestre *(Erythrocebus patas*, Hall, en prensa)*. En el hábitat de sabana arbolada del Murchison Falls Park, esta especie se traslapa grandemente con papiones y monos verdes, por lo cual es de esperarse que tropiece con los mismos problemas de supervivencia. Físicamente, el macho *patas* enteramente desarrollado pesa menos de la mitad que el macho de papión crecido, pero tiene casi la misma estatura y posee caninos bien desarrollados. Al correr por el suelo, estos animales son seguramente los más rápidos de los primates, su constitución recuerda la del lebrel y no está hecha para pelear. Las hembras adultas tienen dimensiones que son aproximadamente la mitad de las de los machos adultos. En cada uno de los grupos observados hasta la fecha no ha habido más que un gran macho con varias hembras adultas y animales jóvenes. El número de animales por grupo llegó a 23 en un caso, con un término medio de 15 animales (deducido de 7 grupos). Los grupos de papiones en la misma área tenían una proporción muy superior de machos adultos. En un grupo de 24 papiones había seis grandes machos y nueve hembras adultas.

Estas consideraciones señalan evidentemente que el grupo de *patas* no podría sobrevivir a los estragos de leopardos y hienas más que por los hábitos observados en el campo: silencio, atención y disimulo. En tanto que un grupo de papiones tendía a reunirse a buena altura, en los árboles, a la orilla del Nilo por la noche, *patas* se quedaban en la sabana, y los individuos trepaban a árboles separados hasta por 360 metros. Cosa de una hora después de la salida del sol, el grupo volvía a formarse, y echaba a andar detrás del macho adulto, entre las altas hierbas y por los valles abiertos por la erosión. Ocasionalmente se ven machos adultos cerca de un grupo, o lejos de cualquier grupo.

Dentro de los grupos no se observó ni un solo ataque por un macho adulto en más de 500 horas de observación. En contraste con los papiones que ladran y chillan, el grupo de *patas* resulta, para el observador humano situado a unas 100 yardas de distancia, casi completamente silencioso durante todo el día. Como sabemos por un estudio de esta especie en el laboratorio (Hall, Boelkins y Goswell, en prensa), *patas* tiene varias vocalizaciones distintivas en su repertorio, pero sólo son audibles desde muy cerca. Ni en una sola ocasión —también en notable contraste con respecto a los papiones— se ha escuchado una vocalización audible del macho mayor ni de cualquier animal del grupo al encontrarlos por vez primera el observador o al acercarse demasiado a ellos. Ningún animal de estos grupos tenía ninguna cicatriz o lesión visible. También en contraste marcado con los papiones, las hembras y jóvenes no exhiben ninguna postura o expresión de sumisión al pasar cerca el macho grande, de cuyo camino tampoco se apartan. Nuestros datos de laboratorio sugieren que las hembras adultas pudieran desempeñar un papel importante regulando las relaciones sociales dentro del grupo, y los datos de campo sugieren que la función principal del macho grande es la vigilancia, a causa de los animales de presa, más que ejercer cualquier dominancia agresiva en el grupo.

Por otro lado, el gran macho adulto de *patas* fue inmediatamente agresivo y emitió un ladrido agudo, como un papión, al ver un *patas* macho aislado u otro grupo de la misma especie. Nunca se vieron luchas, ni es probable que ocurran jamás en semejante terreno, pues el individuo aislado o el otro grupo se retiran muy de prisa, por cierto. Los grupos de *patas* recorren áreas muy extensas de sabana, hasta de 12 millas cuadradas, y como el territorio es tan abierto, es sumamente improbable el contacto de cerca entre grupos, especialmente en vista de que los grandes machos tienden regularmente a subir muy arriba en cualquier árbol accesible para vigilar desde allí los alrededores.

Sería prematuro sugerir que ésta es la pauta "típica" en los grupos de *patas,* en vista de que se requiere examinar muestras en otras áreas, particularmente en África occidental. No obstante, las adaptaciones físicas y de conducta de *patas* son claramente comprensibles en el tipo de medios en que se han observado. En tales parajes, es fácil mantener distancia entre los grupos mediante vigías, y hay poca o ninguna oportunidad de alcanzar tolerancia entre grupos —como entre los papiones— mediante un proceso de habituación. El orden social es el que conviene a las necesidades particulares del medio, y no requiere agresión abierta para mantenerse. Es evidente que en alguna etapa deberán eliminarse del grupo los machos que alcanzan la madurez, ya sea por acción agresiva del macho mayor o acaso por acción de concierto de las hembras adultas. Probablemente la respuesta a este importante problema se pueda obtener únicamente en grupos cautivos.

De acuerdo con el cuadro general esbozado hasta aquí, otras especies de monos, como *Presbytis* común de la India, cuyas características físicas y comportamiento de rutina lo inclinarían asimismo a escapar o evitar los predadores, exhiben también mucho menos agresión abierta dentro de los grupos que los papiones y *rhesus.* "En un grupo de *Presbytis* de la India septentrional, las relaciones sociales no están orientadas primordialmente a la protección del individuo por acción de grupo. A diferencia de los macacos o papiones, un *Presbytis* se protege del modo más efectivo, como individuo, corriendo al árbol más próximo, en vez de poner su protección en manos de grandes machos adultos con capacidades de lucha bien desarrolladas. Las relaciones entre *Presbytis* machos adultos no son rígidas. La dominancia tiene relativamente escasa importancia en su vida cotidiana, y la mayor parte de las actividades que ocupan el tiempo del individuo no se relacionan con el estado de dominancia. Las amenazas agresivas y las luchas son sumamente raras" (Jay, en prensa, p. 53) . Jay consiguió comparar directamente la conducta de *Presbytis* con la de grupos de *rhesus* en la misma área, y notó que en estos últimos eran frecuentes las reacciones agresivas en el grupo, y que las luchas a menudo eran serias. En esta área, *Presbytis* puede pasar hasta 80 por ciento de su tiempo en el suelo, pero se señala que, en contraste con papiones y *patas,* tiende a estar cerca de árboles en que pueda hallar refugio con facilidad. La tolerancia entre grupos de *Presbytis* fue, asimismo, el comportamiento más habitual.

Se advertirá que hasta aquí sólo se han considerado especies que pasan gran parte del día en el suelo, pero estas muestras bastan para indicar que no es el hábito terrestre como tal el que se vincula al potencial agresivo, sino el conjunto complejo de adaptaciones físicas y de comportamiento.

De las especies primordialmente arbóreas, sólo los aulladores sudamericanos se han estudiado lo suficiente para compararlos con las especies del Viejo Mundo. Del estudio de Carpenter (1934) se desprende que las relaciones de dominancia entre los aulladores machos adultos están definidas de modo mucho menos claro que entre los papiones y *rhesus;* la verdadera lucha o cualquier forma de agresión abierta son muy raras. La distancia entre grupos parece ser mantenida sobre todo por las exhibiciones vocales de los aulladores machos, y esto está de acuerdo con el hábitat forestal que no permite un distanciamiento eficaz fundado en la vista. Es un hecho interesante que los papiones machos de grupos estudiados en las áreas de bosque bastante tupido al borde del río Zambesi también tendieran (Hall, 1963b) a ladrar persistentemente por la mañana temprano, de manera que captasen estas vocalizaciones machos de otros grupos vecinos, completamente fuera del alcance visual unos de otros. Tales demostraciones vocales muy rara vez se manifestaron en el terreno abierto de otras partes de Sudáfrica.

3) *Monos antropoides.* El estudio de Schaller (1963) de grupos de gorilas en un hábitat montañoso, y el de Goodall (en prensa) sobre una población de

chimpancés en una sabana, suministran importantes informaciones acerca del papel de la agresión en estos primates.

Según los datos de Goodall, parece que los chimpancés, en contraste con todas las especies de monos que hemos discutido, están organizados flojamente en grupos temporales. Las interacciones agresivas y de sumisión entre los individuos fueron infrecuentes, y el concepto de dominancia jerárquica entre los machos no pudo confirmarse, ni siquiera en los grupos transitorios. En todo el prolongadísimo estudio no se observaron más que 72 interacciones claras de dominancia, en las que un macho cedía ante otro en lo tocante a alimentos o lugar. Ocasionalmente se registraron rasgos de amenaza, incluyendo vocalizaciones. No consta nada comparable a las tensiones entre grupos observadas a veces en los monos: los machos adultos pasaban pacíficamente de un grupo a otro. Aun durante el apareamiento era evidente la tolerancia entre los machos, como cuando varios copulaban por turno con la misma hembra en celo. De acuerdo con la descripción de Hall y DeVore (en prensa), una situación así entre papiones casi irremediablemente conduciría a gran tensión entre los machos, y en la mayoría de los grupos el macho dominante tendría una relación de consorte, pasajera pero exclusiva, con una hembra en celo, tendiendo a mantenerse aparte del resto del grupo para evitar la interferencia.

La organización social de los grupos de gorilas es similar a la de los monos; los grupos tienden a conservar su identidad. No obstante, aunque es evidente un orden de dominancia, como entre los machos de espalda plateada y los jóvenes, que la tienen negra, rara vez se ejerce agresivamente, y las interacciones entre grupos fueron ordinariamente del todo pacíficas, y a veces las hubo muy próximas. Los hábitos de vagabundeo de estos grupos de gorilas difieren marcadamente de los de los monos, ya que un grupo puede, en días sucesivos, recorrer un área considerable, de modo que su itinerario se cruce con los de otros grupos. Así, las zonas de residencia de los grupos de gorilas no sólo se traslapan sino que parecen compartirse comunalmente entre la población de gorilas. Ninguna especie de monos estudiada hasta ahora ha mostrado una pauta de residencia comparable, pues cada grupo de monos, aunque se traslape con sus vecinos, tiende a mantenerse casi todo el tiempo en un área exclusiva para su propio uso.

CONCLUSIÓN

Aunque el repertorio de datos de que disponemos hoy en día para establecer comparaciones es muy limitado, e incluye sólo una especie arbórea, probablemente es suficiente para poner de relieve algunos puntos generales. En común con el tratamiento comparado de la organización social en conjunto, es evidente hoy por hoy que las expresiones y frecuencias características de agresión dentro de los grupos y entre ellos no pueden considerarse de modo significativo sin hacer referencia detallada a su contexto ecológico. El gran tamaño, las necesidades de alimentos y los hábitos ambulatorios de los papiones hacen que a menudo se aparten mucho de las áreas a cubierto de árboles o rocas. En este contexto la agresividad controlada es una valiosa característica para la supervivencia, pues asegura la protección del grupo y su cohesión. De hecho, en una situación en que surja amenaza al grupo, los machos adultos inmediatamente sobresalen y los demás tienden a apiñarse. La constitución delgada y la velocidad del *patas,* que en un día recorre tanto como un grupo de papiones, están correlacionadas con otro conjunto de adaptaciones de conducta, y también el físico y los hábitos de *Presbytis* y aulladores están adaptados a un modo de vida relativamente no agresivo, que se refleja en su organización social. En todas las especies, sin embargo, se consigue alejamiento entre grupos, con la excepción peculiar de un *rhesus,* sin tener que pelear, y en algunos casos la dominancia entre grupos garantiza la retirada de uno, lo mismo que garantiza la del individuo subordinado.

Los antropoides son difíciles de situar, en comparación con los monos. Sus adaptaciones físicas —gran tamaño y fuerza— son superiores a las de ningún mono, pero en muchos respectos son tal vez menos adaptables para la supervivencia en el medio actual. La relativa placidez del gorila, asociada a su gran tamaño, su movimiento lento y su dieta, aparentemente reducida, lo colocan en situación considerablemente desventajosa frente a los papiones o inclusive *rhesus, patas* o *Presbytis*. El chimpancé, con su elevada puntuación en la escala comparativa humana de inteligencia, parece capaz de utilizar herramientas para procurarse comida, y hasta para defenderse, pero aun así carece de otras características de organización social y adaptabilidad, lo que obliga a juzgarlo menos afortunado que los papiones.

Se plantea, por supuesto, el problema de qué podrá enseñarnos nuestro conocimiento de las diferentes formas que adopta la agresión en estos primates silvestres acerca del papel de la agresión en la evolución de los prehomínidos o los primeros homínidos. El paralelo más cercano parece discernible en los papiones, cuya organización social es tal que permite mantener su coherencia a grupos grandes (hasta de 200), sin que la agresividad de los machos adultos resulte en modo alguno peligrosa para la supervivencia del grupo. Lo mismo es cierto acerca de las relaciones de grupos de papiones, y es en verdad un hecho notable que sean tan raras las interacciones agresivas entre ellos, hasta cuando las necesidades ecológicas requieren contacto frecuente y estrecho. Probablemente el punto más importante en que hay que hacer hincapié es que el sistema inhibidor de control de la organización social del papión es tan efectivo que rara vez se libera su potencial letal de lucha. Una de las más señaladas tareas de la investigación futura será averiguar exactamente, en condiciones experimentales con grupos cautivos, cuáles son los factores espaciales y de aprendizaje social que determinan el equilibrio natural. Este equilibrio puede, como se sabe ya, perturbarse con gran facilidad, y se necesitan experimentos con grupos para averiguar los límites de tolerancia en estos animales y en otras especies. Si

las informaciones proporcionadas por Dart (1963) y
Oakley (1951) acerca del comportamiento predador
de los papiones sudafricanos pudieran reforzarse sistemáticamente merced a prolongados estudios de campo, tendríamos una línea más de evidencia para apoyar la opinión, tan vieja ya, de Carveth Read (1917),
según la cual los prehomínidos pudieran haber tenido muchas de las características de un primate análogo a un lobo, del cual el paralelo contemporáneo
más cercano es el papión. El chimpancé, que acadé-
micamente pudiera ponerse por encima del papión,
parece carecer de otras adaptaciones de naturaleza
física y social, y esto lo ha conducido a tener menos
éxito, biológicamente hablando.

BIBLIOGRAFIA

Altmann, S. A. 1962. "A Field Study of the Sociobiology of
Rhesus Monkeys, Macaca mulatta." Ann. N. Y. Acad. Sci.,
102, 296-315.
Bolwig, N. 1959. "A Study of the Behaviour of the Chacma
Baboon, Papio ursinus." Behaviour, 14, 136-163.
Carpenter. C. R. 1934. "A Field Study of the Behaviour and
Social Relations of Howling Monkeys." Comp. Psychol. Mo-
nogr., 10, n⁰ 2; n⁰ de serie: 48.
Dart, R. A. 1963. "Carnivorous Propensity of Baboons." Symp.
Zool. Soc. London, n⁰ 10, 49-56.
DeVore, I. 1962. "The Social Behaviour and Organization of
Baboon Troops." Tesis de doctorado, Universidad de Chi-
cago.
DeVore, I. 1963. "Comparative Ecology and Behaviour of Mon-
keys and Apes." En: Classification and Human Evolution,
S. L. Washburn, red. Nueva York: Viking Fund Publications.
Goodall, J. M. En prensa. Chimpanzees in the Gombe Stream
Reserve.
Haddow, A. J. 1952. "Field and Laboratory Studies on an
African Monkey, Cercopithecus ascanius." Proc. Zool. Soc.
London, 122, 297-394.
Hall, K. R. L. 1962a. "Sexual, Derived, Social, and Agonistic
Behaviour Patterns in the Wild Chacma Baboon. Papio ur-
sinus." Proc. Zool. Soc. London, 139, 284-327.
Hall, K. R. L. 1962b. "Behaviour of Monkeys Towards Mirror-
images." Nature, London, 196, 1258-1261.
Hall, K. R. L. 1963a. "Tool-using Performances as Indicators
of Behavioural Adaptability." Curr. Anthrop., 4, 479-494.
Hall, K. R. L. 1963b. "Variations in the Ecology of the Chac-
ma Baboon, Papio ursinus." Symp. Zool. Soc., London, n⁰ 10,
1-28.

Hall, K. R. L. En prensa. *Ecology and Behaviour of Baboons, Patas and Vervet Monkeys.*

Hall, K. R. L. En prensa. *Ecology and Behaviour of Patas Monkeys,* Erythrocebus patas, *in Uganda.*

Hall, K. R. L., y DeVore, I. En prensa. *Baboon Social Behaviour.*

Hall, K. R. L., Boelkins C., y Goswell, M. J. En prensa. *Behaviour of the Patas Monkey,* Erythrocebus patas.

Hinde, R. A., y Rowell, T. E. 1962. "Communication by Postures and Facial Expressions in the Rhesus Monkey *(Macaca mulatta)." Proc. Zool. Soc., London, 138,* 1-21.

Jay, P. En prensa. *The Common Langur Monkey of North India.*

Kling, A., y Orbach, J. 1963. "The Stump-tailed Macaque: a Promising Laboratory Primate." *Science, 139,* 45-46.

Kummer, H. 1957. "Soziales Verhalten einer Mantelpavian-Gruppe." *Schweiz. Zeitschr. Psychol.,* nº 33, 91 pp.

Kummer, H., y Kurt, F. 1963. "Social Units of a Free-living Population of Hamadryas Baboons." *Folia Primat., 1,* 4-19.

Loveridge A. 1923. "Notes on East African Mammals." *Proc. Zool. Soc., London, 1923,* 685-739.

Miyadi, D. 1963. "Studies on the Social Life of Japanese Monkeys." *Proc. Amer. Assoc. Advanc. Sci.,* 27 de diciembre.

Oakley, K. P. 1951. "A Definition of Man." *Science News* (Penguin Books), *20,* 69-81.

Read, C. 1917. "On the Differentiation of the Human from the Anthropoid Mind." *Brit. J. Psychol., 8,* 395-422.

Reynolds, V. 1963. "An Outline of the Behaviour and Social Organization of Forest-living Chimpanzees." *Folia Primat., 1,* 95-102.

Rowell, T. E., y Hinde, R. A. 1962. "Vocal Communication by the Rhesus Monkey *(Macaca mulatta)." Proc. Zool. Soc., London, 138,* 279-294.

Schaller, G. B. 1963. *The Mountain Gorilla.* Chicago: University of Chicago Press.

Scott, J. P. 1958. *Aggression.* Chicago: University of Chicago Press.

Simonds, P. E. En prensa. *The Bonnet Macaque in North India.*

Southwick, C. H., Beg. M. G., y Siddiqi, M. R. En prensa. *The Ecology and Social Behaviour of Rhesus Monkeys in Northern India.*

Stevenson-Hamilton, J. 1947. *Wild Life in South Africa.* Londres: Cassell.

Washburn, S. L., y DeVore, I. 1961. "Social Behaviour of Baboons and Early Man." En: *Social Life of Early Man,* S. L. Washburn, red. Nueva York: Viking Fund Publications.

Washburn, S. L. y DeVore, I. 1962. Película: "Baboon Behaviour." Universidad de California, Berkeley.

Yerkes, R. M. 1943. *Chimpanzees: A Laboratory Colony.* New Haven: Yale University Press.

Zuckerman, S. 1932. *The Social Life of Monkeys and Apes.* Londres: Kegan Paul.

El fundamento fisiológico de la agresión

por ARNOLD KLOPPER

A fin de conservar el repaso de esta sección de la historia natural de la agresión dentro de límites tolerables, nos proponemos considerar principalmente los mecanismos endocrinos vinculados al fundamento fisiológico de la agresión, y examinar los datos correspondientes al hombre, haciendo referencia a los estudios experimentales realizados con otros animales sólo en la medida en que reflejan la situación humana. No es un accidente que las obras principales en este campo, el libro de W. B. Cannon *Bodily Changes in Pain, Hunger, Fear and Rage* y los escritos de Hans Selye sobre el *stress*[1], se dediquen en gran medida a la función suprarrenal. La mayoría de las reacciones endocrinas concernientes a la agresión implican la mediación de estas glándulas, y el mayor volumen —con mucho— de datos endocrinos sobre la agresión se refieren a la actividad suprarrenal. De ahí que gran parte de esta reseña se dedique al papel de las suprarrenales en la agresión.

En el contexto de las reacciones endocrinas es muy difícil encontrar una definición satisfactoria de agresión. Por una parte la agresión se traslapa con estados asociados al miedo, el *stress* y la angustia, y por otra, no puede separarse de los elementos agresivos de las pautas de comportamiento sexual. Para nuestros presentes fines no es esencial una definición precisa; de ahí que no intentemos darla, pero —en los casos en que se conozca— estipularemos el punto del

---

[1] Conservamos casi siempre el término en inglés, en vista de que se emplea mucho, tal vez por no haber expresión castellana apropiada. [T.]

[98]

espectro emocional al que se refiera un experimento
dado.

EL PAPEL DE LAS SUPRARRENALES EN LA AGRESIÓN

Al considerar las suprarrenales, se encuentra uno
con dos glándulas fisiológicamente separadas: la corteza y la médula suprarrenales. Su yuxtaposición ana-
tómica probablemente no carece de significación, y
será necesario más adelante examinar las interrelacio-
nes córtico-medulares. En el caso de la médula, in-
tervienen al menos dos hormonas, y posiblemente
tres: adrenalina, noradrenalina y dopamina. La corteza produce una inmensa diversidad de hormonas.
Para discutir el papel de las hormonas adrenocorticales en la agresión, las dividiremos en esteroides que
retienen el sodio —como la aldosterona—, y glucocorticoides, que afectan al metabolismo de los carbohi-
dratos —tales el cortisol y la cortisona. En este último
grupo se incluyen esteroides cuya acción es predomi-
nantemente antiinflamatoria.

LA MÉDULA SUPRARRENAL

Al considerar el papel desempeñado por la médula suprarrenal en la agresión tiene interés el problema de hasta qué punto las hormonas causan el
estado emocional y hasta qué punto son el efecto o
mecanismo de condiciones surgidas en el sistema nervioso central. Es difícil distinguir entre los efectos
de la noradrenalina y de la adrenalina sobre el sistema nervioso central, pero buena parte de los datos
experimentales acumulados en años recientes apoyan
la opinión de que estas dos catecolaminas pueden afectar directamente el tejido cerebral. Por supuesto
afectan las sinapsis de los nervios periféricos directamente, y en el animal intacto con frecuencia es muy
difícil decidir si determinado efecto tiene origen central o periférico. Una escuela sostiene que todos los
efectos aparentes de la adrenalina y la noradrenalina
directamente sobre el tejido cerebral son, de hecho,
sólo una expresión de su reconocido efecto sobre la

circulación cerebral. Un efecto central es ciertamente de origen periférico: la inhibición del centro vasomotor, con subsiguiente bradicardia, causada por la noradrenalina. Es bien sabido en la actualidad que este efecto es debido a impulsos de los nervios craneanos noveno y décimo, originados en barorreceptores situados en el seno carotídeo.

Pueden causarse muy diversos efectos aplicando una u otra catecolamina directamente al tejido cerebral o introduciéndolas en las arterias cerebrales. Entre los muchos que se han descrito están la estimulación del electroencefalograma, la vigilia, el descenso del umbral eléctrico de la corteza motora o el desencadenamiento de la ovulación: todas parecen ser respuestas estimulatorias. Por otro lado, también puede provocarse una serie de respuestas inhibitorias, como la inhibición de la liberación de ADH, la supresión del control tirotrópico central, la disminución de los potenciales corticales evocados y la producción de estupor. Parece poco probable que todos estos efectos puedan explicarse sencillamente con base en un incremento o decremento general de la circulación cerebral, si bien el efecto de alteraciones locales no es tan fácil de echar a un lado.

Cualquier intento de atribuir un papel directo sobre el sistema nervioso central a las hormonas de la médula suprarrenal tropieza con la dificultad de que se haya demostrado claramente que estas sustancias no se difunden en lo más mínimo de la sangre a la sustancia cerebral. Pero el cerebro posee mecanismos para medir otras características de la sangre que pasa por él, por ejemplo la osmolaridad, el pH y la tensión de CO_2, y probablemente la concentración de glucosa y hormonas esteroides también. Es muy fácil imaginar que pueda haber mecanismos que identifiquen asimismo la adrenalina y la noradrenalina. Marazzi (1958) ha adelantado la idea de que la adrenalina tiene un efecto inhibidor general sobre las sinapsis del cerebro. En los casos en que parece causar estimulación, esto se debe a la inhibición de sistemas inhibidores. Otras investigaciones experimentales no apoyan la noción de una inhibición sináptica general. Por ejemplo, en láminas de mesencéfalo aisladas, la adrenalina incrementa el ritmo de descarga en algunas células, lo reduce en otras y deja a otras más inafectadas. Vogt (1954) ha mostrado que las más elevadas concentraciones de noradrenalina y adrenalina en el sistema nervioso central se presentan en el sistema activador reticular. La estimulación eléctrica de este sistema reproduce muchos de los efectos fisiológicos conocidos de dosis moderadas de noradrenalina y adrenalina. Si se supone que estas catecolaminas actúan en las sinapsis del sistema activador reticular, se explicaría por qué potentes estimulantes como la efedrina, la anfetamina y la cocaína son adrenérgicos, o por qué tranquilizadores como la clorpromazina son adrenolíticos.

Por lo que toca a los impulsos agresivos originados a niveles subcorticales, el hipotálamo parece la fuente más probable. Rothballer (1956) ha publicado pruebas de que hay mecanismos adrenoceptores centrales en el hipotálamo. En su opinión, estos receptores son más sensibles a la adrenalina que a la noradrenalina, y es la primera —más bien que la segunda— la que participaría en estados afectivos como la agresión. El hipotálamo contiene concentraciones relativamente elevadas tanto de noradrenalina como de adrenalina, y en unas pocas situaciones experimentales puede ponerse de manifiesto lo que parecen ser efectos directos de los neurohumores sobre el hipotálamo. Así, la adrenalina causa marcados cambios en el electrohipotalamograma, y la administración intratecal de adrenalina provoca hiperglucemia. Este último efecto es particularmente interesante en vista de que hay buenas razones para suponer que la catecolamina intratecal no escapa a la circulación sanguínea general. Parece más probable que el efecto sea directamente sobre las células del hipotálamo, produciendo el mismo resultado que tendría una inyección intravascular de adrenalina.

Hay indicaciones que sugieren que diferentes catecolaminas están asociadas a diferentes estados emocionales. En un estudio de pacientes psicóticos y psi-

coneuróticos, Funkenstein, Greenblatt y Solomon
(1952) llegaron a la conclusión de que la angustia
va acompañada de producción incrementada de noradrenalina, en tanto que los estados agresivos se caracterizan por la adrenalina. El papel de la dopamina
en la fisiología de la agresión es en gran medida
cuestión de especulación, si bien constan algunos interesantes hallazgos. Carlsson (1959) advierte qué en
el cerebro de los mamíferos adrenalina y dopamina
se encuentran en cantidades aproximadamente iguales, pero que su distribución es marcadamente diferente; la dopamina aparece sobre todo en el cuerpo
estriado, y la noradrenalina en el tallo cerebral, notablemente en el hipotálamo. Experimentos con co-
nejos sugieren que la reserpina ejerce su acción
tranquilizadora provocando la desaparición de noradrenalina y dopamina del tejido cerebral. Carlsson
arguye que la dopamina está envuelta en el control
de las funciones motoras.

Se han ideado muchos experimentos ingeniosos
para determinar qué catecolamina está asociada a qué
estado emocional. Elmadjian (1959) comparó las ex-
creciones de adrenalina y noradrenalina de jugadores
de *hockey* sobre hielo, entregados a jugadas agresivas, con las del portero, que acecha ansiosamente detrás. Halló que los despliegues emocionales agresivos
activos se vinculan a una excreción incrementada de
noradrenalina, en tanto que el papel angustioso más
pasivo del portero se asociaba a más adrenalina. De
modo similar, los boxeadores producen más adrenalina en el período tenso de espera antes del encuentro,
y más noradrenalina inmediatamente después. Von
Euler (1956) determinó la concentración de noradrenalina en las suprarrenales de diferentes especies y
encontró que los animales agresivos, especialmente fe-
linos, tienen un contenido superior de noradrenalina
que especies no agresivas, como el conejo.

Cuando se considera el efecto de la agresión sobre
las catecolaminas, y no el de las catecolaminas sobre la agresión, las observaciones experimentales son
más concluyentes. Hace cuarenta años, Cannon demos-
tró que la sangre de la vena suprarrenal de animales

excitados tenía una actividad adrenérgica muy superior a la de animales tranquilos. Recurrió a un perro, al que hacía ladrar a un gato durante media hora antes de extraer la sangre del felino excitadísimo. Las opiniones de Cannon han sido apoyadas por el perfeccionamiento de técnicas cada vez más delicadas para determinar distintas catecolaminas. Los trabajos modernos han insistido en la importancia de los estímulos psicológicos, en contraste con los físicos, en la aparición de mayor actividad suprarrenal. El *stress* quirúrgico o la actividad muscular no causan un incremento notable en la producción de catecolaminas, a menos que vayan acompañados de dolor, temor o cólera. La respuesta suprarrenal no parece ser específica de una emoción particular, pero la angustia y la cólera son los estímulos más potentes. Los testimonios de que pautas particulares de producción de catecolaminas están asociadas a ciertas respuestas se han mencionado ya. No es posible hoy por hoy considerar muy importante la aparente asociación de la noradrenalina con la agresión. Dentro de lo que pueden diferenciarse los efectos fisiológicos de noradrenalina y adrenalina sobre el corazón y la circulación, sobre el músculo liso y funciones metabólicas como las concentraciones de glucosa en la sangre o el consumo de oxígeno, no hay razón para suponer que la noradrenalina sea más apropiada que la adrenalina para poner a un animal en condiciones de luchar.

LA CORTEZA SUPRARRENAL

Dos grupos de hormonas corticales, de los que son tipos la corticosterona y la cortisona, están probablemente envueltos en la fisiología de la agresión. La demostración de un vínculo humoral entre el hipotálamo y la corteza suprarrenal ha estimulado el interés por la relación entre estados emocionales como la agresión, y la función adrenocortical. Como en el caso de las hormonas de la médula, se ha concedido alguna atención al papel de las hormonas corticales en la producción de cambios emocionales, así como al efecto de semejantes cambios sobre la secreción de hormonas corticales. Se descubrió así que los enfermos de artritis reumatoide tratados con cortisona o ACTH exhibían un cambio de humor tendiente hacia la euforia que no podía explicarse por la mera desaparición del dolor. Algunos sujetos pueden pasar de la euforia y caer en auténticas psicosis, y se notó que la ACTH o la cortisona podían provocar cambios mentales en personas normales. Estos hallazgos fueron resumidos por Allen (1952), que presentó testimonios de que las psicosis a menudo están asociadas a enfermedades de las suprarrenales, y que en el virilismo adrenogenital son curables a veces por adrenalectomía. No es posible demostrar un nexo entre las hormonas adrenocorticales y las pautas de comportamiento agresivo, sin más, aunque en general los cambios psicológicos asociados a estas hormonas son de naturaleza agresiva orientada al exterior. Beach (1952) ha señalado cuán poco probable es que cualquier tipo de comportamiento sea afectado por sólo una hormona, y también que una hormona dada tenga un efecto único y exclusivo sobre la conducta. En su opinión, las hormonas adrenocorticales ejercen su efecto alterando las actividades funcionales de factores neurales que controlan la respuesta de comportamiento. De hecho la respuesta psicológica a las hormonas adrenocorticales está condicionada en gran medida por la personalidad del recipiente: algunas personas se ponen alertas y eufóricas, otros individuos inquietos e irritables.

El poder de las influencias psicológicas para causar cambios en la función adrenocortical se advirtió casi en cuanto se idearon métodos para determinar químicamente los metabolitos esteroides. Rizzo et al. (1954), en estudios sobre un paciente mentalmente perturbado, consiguieron demostrar la existencia de una estrecha correlación entre las alteraciones de su estado mental y los cambios en la excreción de glucocorticoides. Elmadjian (1955) ha publicado una descripción de investigaciones sobre la excreción urinaria de esteroides y el catabolismo de proteínas en soldados en diferentes situaciones de combate en la guerra de Corea. Concluyó que cada uno de los grupos estudiados —testigos, individuos en situaciones agudas de combate, en situaciones crónicas, y los que sufrieron trastornos psiquiátricos— exhibía un "perfil bioquímico" diferente.

Uno de los desenvolvimientos más importantes del estudio de la fisiología suprarrenal ha sido el continuo desarrollo, en años recientes, de la idea de que probablemente los factores emocionales desempeñan el principal papel en la provocación de las fluctuaciones del ritmo de secreción de adrenocorticoides en el hombre, los monos y posiblemente otras especies. Es posible que agentes como los pirógenos bacterianos, la histamina o ciertas peptonas puedan provocar una liberación de ACTH, pero ni estas sustancias ni tensiones físicas como el dolor o el frío tienen, ni de lejos, la potencia de la emoción fuerte para causar máximos incrementos en la concentración sanguínea de cortisol. Así, estímulos emocionales como los exámenes orales o las entrevistas originan concentraciones de cortisona en la sangre que de otra manera sólo aparecen en los casos graves de síndrome de Cushing.

Se han hecho algunos estudios para determinar hasta dónde están correlacionadas las respuestas de la corteza y de la médula suprarrenales a los estímulos psicológicos. En muchos respectos, estos dos, grupos de hormonas ejercen los mismos efectos, si bien por medios distintos. Así, ambos contrarrestan la hipoglucemia y protegen del daño causado por la histamina. Por usar las expresiones que Cannon implantó: ambos grupos se ocupan de poner al animal en condiciones de lucha o huida. En unas pocas situaciones particulares puede demostrarse que estas hormonas se potencian. En la agresión aguda asciende la liberación de hormonas corticales. Es ésta, casi con certeza, la consecuencia de la liberación de ACTH por la hipófisis, que va a menudo acompañada de actividad medular incrementada y que pudiera ser causada por ésta (Vogt, 1944). La relación entre —digamos— la adrenalina y el cortisol no es una sencilla relación de causa y efecto. Si bien la inyección de adrenalina a las ratas causa un incremento en la

cantidad circulante de ACTH (Farrell *et al.*, 1952),
en el hombre la adrenalina no afecta las concentraciones de 17-hidroxicorticoides en la sangre (Tyler *et
al.*, 1955), Ramey y Goldstein (1957) resumieron las
relaciones señalando que los corticosteroides y las
adrenalinas parecen funcionar como una unidad fisiológica; sus lugares de acción y las respuestas de tejidos y órganos son sorprendentemente similares.

EL PAPEL DE LAS GÓNADAS EN LA AGRESIÓN

La parte desempeñada en la agresión por los esteroides sexuales —testosterona, estrógenos y progesterona—
es difícil de definir. Hay una abundante bibliografía
sobre su relación con pautas de comportamiento
sexual. En este comportamiento hay elementos agresivos, pero se dispone de muy pocos datos acerca
de la relación entre los esteroides sexuales y pautas de
conducta puramente agresivas, sin connotaciones sexuales. Aun en condiciones experimentales muy cui-
dadosamente definidas y rigurosamente estandariza-
das, la respuesta emocional a los esteroides es muy
variable, especialmente en el hombre y los primates.
En parte esto se debe a que el condicionamiento
previo determina respuestas de comportamiento a la
testosterona y los estrógenos. Así, una pauta de comportamiento lleva la "impronta" de la experiencia,
especialmente la experiencia sexual, lo cual determina
la posterior respuesta a los esteroides.

El efecto de las hormonas de las gónadas sobre
la agresión se torna más claro en órdenes animales inferiores. Guhl (1958), en sus estudios sobre el desarrollo de la organización social entre los pollos
domésticos, consiguió diferenciar en parte la agresión
y las pautas de conducta puramente sexuales. Los pollos y las pollas, tratados con hormonas de las gónadas, constituyeron derechos y orden de picoteo algo antes que los pollos no tratados de la misma ni-
dada. El tratamiento con andrógenos causó un incremento en la agresividad, en tanto que los pollos
tratados con estrógenos fueron más dóciles.

La influencia de las hormonas sexuales sobre las

pautas de comportamiento depende no sólo del condicionamiento previo, de la hormona de que se trate, de la edad del animal, su orden y especie, sino inclusive —según parece— de su sexo. Así, en todo el reino animal las pautas de comportamiento sexual de las hembras son reguladas, en grado creciente, a nivel subcortical, conforme se desciende la escala evolutiva. De ahí que las hembras tiendan a responder más a las hormonas sexuales, mientras que en los machos de la misma especie las respuestas son más modificadas por influencias corticales. Hay pruebas de que las hormonas sexuales pueden influir sobre funciones cerebrales superiores, como el aprendizaje (Zuckerman, 1952).

Harris (1960) ha localizado dos centros en el hipotálamo sobre los que actúan los estrógenos estimulando o inhibiendo la liberación de gonadotrofinas. Es de suponerse que los esteroides sexuales actúan también a un nivel superior, sobre los mecanismos neurales que influyen sobre el comportamiento, pero hasta la fecha no hay información acerca de dónde y cómo actúan sobre los centros superiores.

EL PAPEL DE LA TIROIDES EN LA AGRESIÓN

Numerosos experimentos realizados en años recientes han mostrado efectos de la función suprarrenal y de las gónadas sobre la actividad tiroidea, y viceversa. Es de esperarse, por tanto, que estados emocionales como la agresión tendrán efectos sobre la tiroides, aunque no sea más que en virtud de su relación con las glándulas productoras de esteroides. Se acepta generalmente que hay también una relación directa entre estados emocionales y función tiroidea. Se observa comúnmente que el paciente tirotóxico está en un estado de agitación, en tanto que el mixedematoso es torpe, sin respuestas emocionales abiertas. Se acepta ampliamente que a menudo los factores emocionales desempeñan un papel en la patogenia de la tirotoxicosis, y en animales de laboratorio se logra producir marcados cambios en la función tiroidea mediante estímulos emocionales, como la inmovilización forzada. Aunque hay abundancia de pruebas para ligar la función tiroidea con los estímulos generales de *stress*, no hay razón para concluir que las pautas de comportamiento agresivo tengan un efecto específico sobre la función tiroidea, ni que las hormonas de la tiroides condicionen pautas de comportamiento agresivo en particular.

BIBLIOGRAFÍA

Allen, C. 1952. *Ciba Colloquia on Endocrinology*, III, 180. J. & A. Churchill, Londres.
Beach, F. 1952. *Ciba Colloquia on Endocrinology*, III, 209. J. & A. Churchill, Londres.
Cannon, W. B. 1920. *Bodily Changes in Pain, Hunger, Fear and Rage*. D. Appleton and Co., Nueva York.
Carlsson, A. 1959. *Symposium on Catecholamines*. Williams & Wilkins Co., Baltimore.
Elmadjian, F. 1955. *Ciba Colloquia on Endocrinology*, VIII, 627 J. & A. Churchill, Londres.
Elmadjian, F. 1959. *Symposium on Catecholamines*. Williams & Wilkins Co., Baltimore, p. 409.
Farrell, G. L. y McCann, S. M. 1952. *Endocrinology, 50*, 274.
Funkenstein, D. H., Greenblatt, M., y Solomon, H. C. 1952. *Amer J. Psychiat., 108*, 652.
Guhl, A. M. 1958. *Animal Behaviour, 6*, 92.
Harris, G. W. 1960. *Acta endocr. (Kbh.), 34*, Supl. 50.
Marazzi, A. S. 1958. *J. clin. Psychopath., 19*, 45.
Porter, R. W. 1952. *Amer. J. Physiol., 169*, 629.
Ramey, E. R., y Goldstein, M. S. 1957. *Physiol. Rev., 37,* 155.
Rizzo, N. D., Fox, H. M., Laidlaw, J. C., y Thorn, G. W. 1954. *Ann. intern. med., 41*, 798.
Rothballer, A. B. 1956. *Electroenceph. clin Neurophysiol., 8*, 603
Tyler, F. H., Migeon, C., y Castle, H. 1955. *Ciba Colloquia on Endocrinology*, VIII, 254. J. & A. Churchill, Londres.
Vogt, M. 1944. *J. Physiol., 103*, 317.
Vogt, M. 1954. *J. Physiol., 123*, 451.
Zuckerman, S. 1952. *Ciba Colloquia on Endocrinology*, III, 34. J. & A. Churchill, Londres.

Discusión

HUXLEY: De los trabajos de Lorenz se deduce con claridad que la ritualización del comportamiento, a manera de liberador, es casi universal entre los vertebrados superiores: *a*) para hacer la acción más claramente reconocible como estímulo de signo específico; *b*) como medio de resolución de conflictos. Lorenz siempre ha insistido también en la importancia de tomar en consideración el estado subjetivo (emocional) del animal al evaluar su comportamiento; considero que esto es muy importante. En esto sigue algunas ideas de McDougall. Estoy de acuerdo con él acerca de la importancia del enfoque de McDougall a este respecto (aunque ningún biólogo puede seguirlo en sus interpretaciones lamarckianas).

SOLOMON: A propósito de la pareja de peces en la que, según nos contó el doctor Lorenz, la armonía marital fue incrementada por la "amenaza desde el exterior" —una pareja de vecinos separados de los primeros por un cristal con lo que el depósito se convertía en dos compartimientos semiaislados—, ¿habría sido igualmente efectivo un espejo?

LORENZ: Yo no diría que "la armonía fue incrementada por una amenaza desde el exterior", sino que precisamente se necesita una salida para la agresión con objeto de evitar la lucha intramarital.

STORR: En un lugar, el profesor Eckard Hess se refiere a investigaciones realizadas con *Cichlidae*, en las que se mostró que en el macho los impulsos sexuales y agresivos se reforzaban, pero que el miedo inhibía el sexo; en tanto que en la hembra el miedo y el sexo eran compatibles, si bien la agresión inhibía el sexo. ¿Quisiera el doctor Lorenz comentar estos estudios y opinar acerca de su validez, ya que es un hallazgo que parece directamente transferible al comportamiento humano?

LORENZ: Los estudios a los que se refirió mi amigo Eckard Hess, de acuerdo con el doctor Storr, son evidentemente de mi nuera, Beatrice Oehler. Descubrió que en los *Cichlidae* con escaso dimorfismo sexual, el único mecanismo que garantizaba la formación de parejas heterosexuales se fundaba en una diferencia sexual en la posibilidad de "mezcla" de las motivaciones sexuales, agresivas y de huida. Al encontrarse dos individuos de tales especies, son activados simultáneamente los tres impulsos. Cualquier mezcla y superposición de las motivaciones agresivas y de huida es posible en ambos sexos. Toda "amenaza" es, de hecho, comportamiento de conflicto motivado por estos dos impulsos. Con respecto al conflicto o la superposición de agresión y sexo, y de escape y sexo, hay un marcado dimorfismo sexual. El macho está en perfectas condiciones de mezclar y superponer comportamientos sexual y agresivo. Incluso puede morder y herir a la hembra, cortejándola al mismo tiempo. Lo que no puede es ejecutar estas actividades sexuales cuando tiene miedo de su pareja. A poco que se active su motivación de huida, desaparece la motivación sexual. En la hembra, por el contrario, la agresión no se une a la excitación sexual. Si el macho es demasiado débil para intimidarla hasta el punto de excluir todo comportamiento agresivo, simplemente es agresiva hacia él y no muestra la menor señal de actividades motivadas sexualmente. De hecho, mientras más maduros están sus ovarios y mayor es su necesidad de desovar, más se exhibe como virago furiosa. Por otro lado, el miedo no suprime su impulso sexual: muy al contrario. Puede esquivar al macho, o huir de él, y simultáneamente desempeñar actividades del cortejo. La ritualización de este tipo de comportamiento de conflicto es bien conocida en muchos animales, en el llamado comportamiento vergonzoso. El mismo mecanismo tiene un importante papel en los pájaros de escaso dimorfismo sexual, y como respuesta a la pregunta del doctor Storr, de si

será importante entre los seres humanos, diré que sí,
por cierto.

BROADHURST: A propósito del tema de la agresión
en grupos de primates, presentado tan excelentemente
por el profesor Hall, quisiera hacer referencia pre-
liminar a cierta investigación con la que he tenido
que ver, pero que está siendo realizada por el doctor
S. D. Singh, de la Universidad del Punjab, en Chan-
digarh (India), sostenida por un donativo del Insti-
tuto Nacional Estadounidense de Salud Mental
(nº M-5263).

Nos interesamos por los esfuerzos de la vida ur-
bana, junto al hombre, sobre varios aspectos del
comportamiento social de los monos *rhesus* silvestres.
La India es un lugar de lo más adecuado para este
estudio, ya que los monos *rhesus,* que infestan ciudades de la región septentrional, disfrutan de cierta
protección religiosa. Esta especie se encuentra también en grupos silvestres que viven aislados en bosque
denso. Así, disponemos de un primate libre, con diferencias sustanciales en su grado de contacto con el
hombre. Se estudiaron cuatro grupos distintos: primero, los monos urbanos de bazar; en segundo lugar,
monos de templo; en tercero, los hallados en los canales y al borde de los caminos; y por último, los
monos del bosque. De esta manera tratamos de tener
muestras de ambientes de urbanidad decreciente.
Aparte de datos sobre la estructura de los grupos, la
conducta sexual y el cuidado mutuo, y sobre el juego,
Singh estudió el comportamiento agresivo.

Se descubrió que la incidencia de la agresión va-
riaba con el hábitat de la manera siguiente: Había
un grado significativamente superior de agresión
abierta en el grupo forestal que en cualquiera de los
demás, si bien tal agresión estaba confinada a la situación alimenticia y se manifestaba sobre todo entre
los adultos. Lejos del alimento, sin embargo, había
un grado significativamente inferior de agresión entre los grupos forestales, con un continuo incremento
al aumentar el grado de urbanización. Este hallazgo
fue apoyado por observaciones de la mayor incidencia
de graves lesiones cutáneas entre los grupos de ba-

zares y templos. Singh explica la menor incidencia de la agresión durante la alimentación en estos últimos grupos señalando la mayor frecuencia de oportunidades de compartir la comida que se presentan en el ambiente urbano y que hacen aparecer una intolerancia a las frustraciones en la obtención de alimento ocasionadas tanto por otros monos como por seres humanos. Quizá el comportamiento modificado que observamos en estos grupos urbanos sea resultado de tensiones sociales impuestas por la proximidad del hombre y se deba en parte a la desintegración de la pauta de dominancia que se da en los grupos forestales, la cual normalmente produce menos agresión abierta, en general, salvo al comer, que es cuando las relaciones de dominancia requieren una especial reafirmación.

Por supuesto, estas observaciones necesitan ser confirmadas y ampliadas, pero acaso constituyan un comienzo de la clase de trabajos que el profesor Hall quisiera que se efectuasen acerca de los cambios inducidos en poblaciones naturales.

TARRY: Desearía, refiriéndome a varios puntos mencionados por el profesor Hall, hacer constar algunas observaciones sobre el mono *patas* (*Erythrocebus*). Mi esposa y yo pasamos una temporada aislados de las ciudades al norte de Nigeria y adquirimos, separadamente, un macho y una hembra de esta especie. Los tuvimos desde muy jóvenes hasta unos nueve meses más tarde. Vivían, por elección propia, en un estado casi salvaje, aunque acudiendo cuantas veces querían a nuestra cabaña, especialmente para jugar. Siempre, sin embargo, dormían en diversos árboles de los alrededores.

Los puntos pertinentes son:

1) Agresión: Aunque estos monos se agarraban a nosotros cuando se asustaban, normalmente exhibían lo que me parece ser el comportamiento usual de agresión (con la boca abierta y el lomo arqueado) cuando intentábamos aproximarnos demasiado. Es interesante que mostrasen "juego de agresión" interespecífico con nuestro gato rufo, con el que luchaban como si fuese de la misma especie.

2) Mudez: Estos monos emitían a menudo varios ruidos al ser provocados, y ocasionalmente como medio de comunicación. Un ejemplo es la ocasión en que el macho cayó en un tanque de agua y la hembra gritó ruidosamente hasta que se le salvó.

3) A propósito de las especies que se aíslan para dormir, observamos que en este caso la pareja dormía siempre estrechamente unida en una rama, casi siempre con los brazos entrelazados. Posiblemente esto tiene que ver con el hecho de que fuesen inmaduros todavía cuando los dejamos, o con las condiciones no naturales, no obstante que vivían con toda la libertad posible.

Quisiera saber si el profesor Hall tiene algo que comentar.

HALL: 1) Agresión en *patas*: Tienen un repertorio de pautas de ataque-amenaza, que exhibe cierta semejanza básica con el de otros monos. Sin embargo, la boca abierta se observa tanto en situaciones en que se manifiesta la intención de atacar como cuando los animales simplemente están nerviosos o frustrados. La boca abierta se advierte sobre todo en los machos adultos silvestres, cuando se ponen alertas, acaso por haberse acercado demasiado el observador al grupo.

2) Mudez: Gracias a nuestras observaciones con grupos de *patas* tenidos en el laboratorio, distinguimos al menos ocho tipos de vocalización, pero con excepción de tres, sólo son audibles para el observador desde muy cerca. El chillido, el ladrido y otra variedad de ladrido (probablemente equivalente al ladrido chillante de *rhesus* y papiones) parecen ser los únicos llamados "portadores", y muy raramente se emiten en estado silvestre.

3) Reposo nocturno: Obviamente es posible que, por ejemplo, durmieran muy juntas parejas silvestres de *patas*, como lo hacen madres con hijos, pero éstas son variantes secundarias en la pauta general de dispersión que era típica *de aquel hábitat* (Uganda).

CULLEN: El doctor Lorenz sugirió que los ataques redirigidos, despertados por la presencia de la pareja pero orientados hacia pájaros ajenos, pudieran tener una intensa función de ligar a las parejas de algunas especies, y también de mantener apartados posibles intrusos. Semejante función pudiera explicar la desconcertante ausencia de dimorfismo sexual en las especies en las que el macho se encarga casi solo de defender el territorio —casos en los que se habría esperado que la coloración de la hembra se volviese lo más distinta posible de la del macho a fin de *evitar* ser agredida. Si es correcta esta idea, pudiera esperarse que esto se aplicara sobre todo en especies en que parejas vecinas están unas a la vista de otras, pues si los vecinos están demasiado lejos no habría objeto cercano que enfocase la agresión redirigida.

LORENZ: Estoy de acuerdo en que el dimorfismo poco pronunciado puede ayudar en la defensa del territorio, por ser intercambiables los miembros de una pareja sin ocasionar gran cambio en la situación de estímulo presentada al vecino hostil. Sin embargo, me parece que la principal presión de selección que favorece el monomorfismo es la formación de bancos y bandadas en aves y peces. En los pájaros, los desencadenadores sexuales en gran parte están constituidos de manera tal que se vuelven menos conspicuos mientras el pájaro vuela, en tanto que los desencadenadores de la formación de bandadas —por ejemplo las formas de alas y cola, que sólo se ven en vuelo— son marcadamente menos dimorfos que la mayoría de los otros. Entre los peces, casi todas las especies que forman bancos son monomorfas; el dimorfismo sexual extremo sólo se presenta, entre los peces, en las especies que llevan una vida sedentaria y jamás forman bancos. En los *Cichlidae* que alternativamente son territoriales y forman bancos, el dimorfismo sexual de color sólo se manifiesta en la fase territorial.

HUXLEY: Lack, Peter Scott y otros han mostrado que el dimorfismo sexual de especies normalmente dimorfas se pierde con frecuencia en islas oceánicas. Por supuesto, en muchos tipos —por ejemplo grullas, *Colymbidae, Gavia*, etc.— no hay ningún dimorfismo sexual llamativo, y el despliegue es mutuo. Esto parece correlacionarse con el modo de vida de los tipos.

LORENZ: Sin duda es verdad que en los patos el plumaje nupcial, tan diferenciado, de los machos parece funcionar sobre todo como barrera contra la hibridación. Sabemos de tres casos en los que una especie con coloración nupcial masculina fue llevada por el viento a una isla en la que no había otros patos: *Anas stropera* a la isla de Coues, *A. platyrhynchos* a Hawaii, y *A. acuta* a las islas Kerguelen. En los tres casos el dimorfismo sexual casi desapareció. En *Anas georgica spinicauda* ha desaparecido del todo, y el macho tiene completamente el color de la hembra. Sin embargo, la especie conserva los genes del plumaje nupcial de *acuta,* según se descubrió recientemente. Los híbridos de *spinicauda* y *platyrhynchos* son sexualmente dimorfos y su aspecto no es intermedio entre los de *spinicauda* y *platyrhynchos,* sino entre los de *acuta* y *platyrhynchos.*

Introducción a la hostilidad en grupos pequeños

por THELMA VENESS

Por enfermedad de la doctora De Monchaux, su trabajo, que sigue a éste, se distribuyó entre los participantes, pero, en su ausencia, Thelma Veness hizo la siguiente contribución al coloquio.

Supongo que se espera que, por ser éste el primer trabajo sobre el comportamiento *humano* presentado en este coloquio, sea el primero que se ocupe, desde el comienzo, de las cuestiones semánticas planteadas por el nombre del coloquio mismo. Los biólogos, sin excepción, se conducen como si supieran lo que quieren decir por "agresión" al estudiar el comportamiento animal, en tanto que los psicólogos no han salido de una fase terminológica bastante provisional, lo cual no es sorprendente en vista de la mayor complejidad y variedad del comportamiento que tienen que describir. No obstante, cuestiones como la de si es o no válido hablar de agresividad primaria, aun en los animales, no pueden empezar a resolverse mientras los que las discuten no hayan llegado a varios acuerdos acerca de definiciones. Sin embargo, no pretendo que sea fácil llegar a tales acuerdos. Todo lo contrario: por lo que toca al comportamiento humano me propongo sostener que la carencia de exactitud terminológica se debe precisamente a la ausencia de "esencias" discretas de comportamiento, a las que con facilidad pudieran ponerse diferentes nombres.

No pretendo proponer un glosario completo para uso en las discusiones sobre la agresión. Deseo llamar la atención, sin embargo, hacia la manera como se inicia el trabajo de la doctora De Monchaux. Con sencillez explica la decisión, en apariencia un tanto anárquica, que ha tomado: "He utilizado el término 'hostilidad' en el título de mi contribución, en vez de 'agresión', a fin de dirigir la discusión hacia el tema de la animosidad, y no de la afirmación." Se refiere al hecho indudable de que las discusiones psicológicas técnicas, en grado no menor que el discurso profano, emplean a veces el término "agresión" en contextos en los que equivale a afirmación o dominancia sobre otros; y, además, que se emplea con referencia a la afirmación donde no hay implicación directa de interacción social. Por ejemplo, puede decirse que un hombre tiene una personalidad agresiva si suele ser enérgico y decidido en la adopción y búsqueda de metas, y si no se desanima fácilmente por obstáculos de ningún género. La expresión "afirmativo" aplicada en tal caso equivale virtualmente a "activo", y algunos psicólogos han intentado rescatarnos de esta confusión, al describir rasgos de la personalidad, adoptando términos como "ascendente" y "surgente" para referirse a la disposición a la afirmación.

La doctora De Monchaux explica, sin embargo, que *no* tiene la intención de ocuparse de la afirmación; de ahí que use la palabra "hostilidad". Ahora bien, ¿qué connotaciones tiene tal término? Desde luego, no estoy en condiciones de explicar qué connotaciones tiene para la doctora De Monchaux. Pero Arnold Buss, en su libro *The Psychology of Aggression*, también encuentra útil el término "hostilidad". En realidad, establece una distinción entre "agresión" y "hostilidad" y esto, evidentemente, no es lo que intenta la doctora De Monchaux. Pero vale la pena considerar esta distinción para destacar lo que es "hostilidad" para él.

Para Buss, la agresión "es una respuesta que libera estímulos nocivos hacia otro organismo" (p. 1). Es una respuesta, una "respuesta instrumental": evita explícitamente definirla haciendo referencia al designio. La hostilidad, por otra parte, es una actitud. Es

una "respuesta verbal implícita que envuelve sentimientos negativos (mala voluntad) y evaluaciones
negativas de personas y acontecimientos" (p. 12). (La
"cólera" es el tercer concepto que usa Buss, pero no
lo necesitamos aquí.) Ahora bien, al afirmar que la
hostilidad es una "actitud" se quiere indicar que está
lejos de ser un solo acto o serie de actos. Una respuesta de actitud es una respuesta que *dura*. También
Newcomb, en el trabajo sobre la hostilidad autista
al que hace referencia la doctora De Monchaux, denomina "actitud persistente" a la "hostilidad". Acaso
haya que señalar un detalle en el que se detiene
Buss: en su definición, una respuesta puede ser hostil
sin ser agresiva. Así, un muchacho que se pasa semanas enteras mascullando "Lo odio", por completo
fuera del alcance auditivo de la "víctima", no tiene
necesariamente la intención de emitir estímulos nocivos, y no lo hace, ni mucho menos. (Éste es posiblemente el punto principal de la "hostilidad autísta", a la que la doctora De Monchaux dedica tanto
espacio en su trabajo: que se retira uno a una distancia a la que está bien apartado del daño —del
daño que uno pudiera *hacer*, no del que se pudiera
recibir.)

Otro punto en la definición de la "hostilidad"
como actitud es que una actitud envuelve generalización tanto de estímulo como de respuesta, en ambos casos hasta un grado que acaso no se dé en otros
animales. El comportamiento hostil humano no es
evocado exclusivamente por una pauta desencadenadora de conducta de la víctima: de hecho la respuesta
blanda de la víctima, para apartar la ira, puede tener
efecto precisamente opuesto y exacerbar la hostilidad: "¿Por qué no responde el maldito?" —pudiera
ser la "respuesta verbal implícita". Además, la hostilidad persiste, como muestra la doctora De Monchaux,
aunque la víctima no esté físicamente presente. Y son
muy variadas respuestas las que cubre el término
"hostilidad". Es sorprendente cuán hostiles pueden
ser una sonrisa o un regalo; posiblemente más agresivos directamente que clavar alfileres en un modelo
de cera.

La doctora De Monchaux ha descrito cómo la hostilidad puede originarse en la agresión inexpresada, pero por supuesto no es ésta la única fuente de hostilidad. Puede ser también un subproducto de la agresión *expresada,* particularmente cuando tal agresión ha sido evocada frecuentemente por la víctima. No es difícil imaginar hostilidad persistente surgida de situaciones como aquellas en las que se evoca agresión en los animales —rivalidad sexual y territorial, competencia por escasos recursos. Las situaciones pueden ser similares para el animal y el ser humano, pero esto no excluye la posibilidad de que la respuesta sea enteramente humana. Los animales pueden raramente "hacerlo hasta morir", como se ha afirmado repetidas veces en este coloquio, pero no cabe duda de que también los seres humanos han hallado otras posibilidades. La definición de Buss implica que la hostilidad está confinada a *Homo sapiens,* pues se refiere a una "respuesta *verbal* implícita".

Quisiera sugerir, sin embargo, que hay otro componente en este proceso de responder al ataque con hostilidad, que pudiera ser también enteramente humano y que —de ser así— muy probablemente debe mucho a la humana capacidad del lenguaje. Este componente es la preocupación humana por la "identidad". Hay un sentido especial en el que una situación de "sobrepoblación" se aplica a la existencia humana: simplemente nunca parece haber lugar para todos los "yos" que buscan establecerse y ser reconocidos. Así, ocurrirá en los asuntos humanos que el comportamiento hostil —no sólo actos agresivos— pueda acompañar a las relaciones más íntimas, cuando el comercio sexual no aplaque por mucho tiempo una afirmación resistente de la individualidad, que puede no deber nada, en sí misma, a la sexualidad. No se trata aquí de hostilidad autista, pero la doctora De Monchaux no se concentra exclusivamente en formas autistas de hostilidad. De hecho, lejos de haber retiro y enajenación, puede darse una relación simbiótica, en la que la hostilidad mutua puede originarse en la autoafirmación pero luego convertirse en medio indispensable de expresión de las identidades de las partes: cada uno estaría perdido sin el objeto del resentimiento. Ya ven ustedes a lo que hemos llegado. Partiendo del deseo de la doctora De Monchaux de no ocuparnos de la afirmación —de donde la decisión de usar el término "hostilidad" y no el de "agresión"—, he llegado a la posición de declarar que la afirmación es un componente esencial de actitudes persistentes como la hostilidad —la afirmación de la identidad propia. En el caso de la hostilidad autista, el retiro tiene en parte esta función, ya que, como apunta la doctora De Monchaux, el retiro preserva inalterada la actitud, y sin duda en cierto grado el "yo" es identificado por la actitud. No es éste, ni mucho menos, el único componente importante de la hostilidad. Pero lo que yo deseaba establecer es que no resulta nada fácil aislar y clasificar las formas del comportamiento agresivo humano, si se quiere ser pulcros y precisos en la terminología.

ESTUDIO DE GRUPOS PEQUEÑOS

La doctora De Monchaux ha puesto en claro que en grupos pequeños la relación entre los sentimientos y comportamiento positivos de "cohesión de grupo" y la experiencia y expresión de la agresión no es, en modo alguno, obvia o inequívoca. Ha descrito "grupos pequeños", que son el material experimental de su trabajo, de la manera más sencilla y provechosa posible, indicando los límites en los números de individuos envueltos. Este detalle del tamaño es probablemente el único común a todos los estudios designados como "estudios de grupos pequeños". Se ha pretendido que el valor especial de este tipo de estudio es que un grupo es el punto de encuentro de la personalidad individual, los fenómenos de interacción social y las fuerzas de la cultura —más amplia— en la que el grupo reside: "El estudio de grupos pequeños es, pues, un método para el estudio de los sistemas sociales, de la cultura y de la personalidad: de las tres cosas." (Hare *et al.*, 1955, v.) Pero no es de ninguna manera la intención de todos los estudios de grupos pequeños (tal vez de ninguno) estu-

INTRODUCCIÓN A LA HOSTILIDAD

diar estos tres niveles en interacción simultánea
durante la breve duración de la mayoría de los estudios de este género. El análisis de los fenómenos
observados puede realizarse a cualquiera de estos niveles. Algunos experimentadores se interesan sobre
todo en hipótesis que vinculen el comportamiento
individual y situaciones de interacción —Thibaut y
Coules, por ejemplo, en el experimento que cita la
doctora De Monchaux. Compararon dos condiciones
de interacción entre parejas de personas, para demostrar que una persona que responde directamente al
comportamiento agresivo es posteriormente menos
agresiva en situaciones más oblicuas que aquel a
quien no se le permite replicar directamente al ataque. Algunos estudios se ocupan más de fenómenos
de grupo *per se,* notablemente los de Bion, a los que
se refiere la doctora De Monchaux; este autor clasifica distintos tipos de grupo de acuerdo con lo que
se designa con el nombre de "supuestos básicos", inducidos por la consciencia que tiene el grupo de su
propia existencia. Tampoco hay mucha homogeneidad
aún acerca de los marcos teóricos que engendran estudios sobre grupos pequeños, en parte a causa de
que semejantes estudios tienen antecedentes diferentes. Los intereses propios de la doctora De Monchaux,
por ejemplo, posiblemente la hayan hecho recurrir
con harta frecuencia a ideas psicoanalíticas al discutir fenómenos en grupos pequeños —si bien debe admitirse que, de las teorías psicológicas, la freudiana
es la que más tiene que decir sobre la agresión. Más
aún: los estudios de grupos pequeños con frecuencia
provienen de la necesidad de poner rigurosa y sistemáticamente a prueba ideas extraídas de la observación de grupos no experimentales, que han sido muchas veces grupos de terapia, como en los de Bion y
Kräupl Taylor. Pero los antecedentes de los grupos
experimentales incluyen también estudios de observación de pandillas de delincuentes y de equipos de
trabajo. Así, no es difícil imaginar cómo los intentos
de investigar la "moral" de —digamos— unidades de
combate podía conducir a experiencias sobre la cohesión de los grupos, como las realizadas por French

y citadas por la doctora De Monchaux. Las ideas que pudieran provenir de estudios en la vida real se insertaron en un cuidadoso proyecto experimental. Las reacciones de grupos diferenciados en sólo una variable —grado de organización— se observaron en lo que pudieran considerarse dos situaciones de "prueba de moral", iguales para todos los grupos, a saber: intentar hallar soluciones, con acuerdo del grupo, a lo que de hecho eran problemas insolubles; y la experiencia de hallarse en una habitación cerrada por debajo de cuya puerta entraba humo.

En ocasiones se han criticado los estudios de grupos pequeños diciendo que no son más que demostraciones de lo evidente. A veces es así, en realidad, pero su valor depende del rumbo hacia el cual orienten al experimentador. Este método de estudio tiene la ventaja de proporcionar medios para aislar fenómenos bien complejos y permitir provocarlos, en el futuro, en condiciones controladas y dignas de confianza. Existirá así el fundamento para introducir variaciones y descubrir así relaciones menos obvias. Posteriormente, el programa de experimentación podrá seguir cualquiera de las direcciones antes mencionadas. En principio, cualquier lugar común concerniente a la agresión humana que pueda establecerse en una situación manejable en un grupo pequeño podrá explorarse más a fondo en cualquiera de estas direcciones:

1) El estudio posterior puede permanecer al nivel de considerar el fenómeno como una pauta de interacción social, pero pueden introducirse variaciones sistemáticas de la demostración básica. No cabe duda de que las pautas de hostilidad que describe la doctora De Monchaux son fenómenos "reales" en nuestras interacciones de todos los días. Pero podemos tener nociones acerca de cómo eliminarlos o atenuar sus efectos —nociones que primero pueden ensayarse en estudios en miniatura con grupos pequeños. Semejante programa de estudio fue realizado por Sherif y sus colaboradores (1961), quienes eventualmente hallaron que la mejor manera de acabar con la hostilidad y el conflicto entre grupos de muchachos con-

sistía en poner a los grupos metas superordinadas cuya consecución estuviera más allá de los recursos de cualquier grupo solo. Otro ejemplo es el elegante programa de experimentos de Morton Deutsch (1952, también Deutsch y Krauss, 1962), destinado a explorar diferentes condiciones de amenaza en interacciones de grupo, y los efectos diferentes que producen.

2) La modificación del experimento básico puede seguir direcciones sugeridas por un análisis al nivel de las diferencias individuales. Un ejemplo es el programa de Haythorn, Carter y sus asociados (1956a, b), acerca de los efectos de varias combinaciones dentro de un grupo de "autoritarios" e "igualitarios", definido mediante una escala de actitudes administrada individualmente.

3) La tercera posibilidad es variar el experimento siguiendo una dirección más pertinente para cuestiones tocantes a la hostilidad entre unidades sociales aún mayores, como las naciones. La extrapolación directa de los grupos pequeños a las relaciones internacionales sería por cierto ingenua. No obstante, es probable que cada individuo aporte al grupo pequeño ciertos rasgos de la cultura que comparte, y la mayoría de los grupos pequeños estudiados experimentalmente son homogéneos a este respecto. Pero la demostración experimental básica, una vez obtenida en una cultura, puede repetirse en culturas diferentes. Por ejemplo, la doctora De Monchaux en persona ha contribuido a un estudio comparado de siete naciones, acerca de las maneras de tratar un caso que "se desvíe" plantado en un grupo pequeño (Schachter et al., 1954). Milgram (1961) ha comparado dos naciones europeas con respecto a las reacciones de los individuos a las presiones de grupo. Hasta ahora se han hecho bien pocos intentos de juzgar el comportamiento de grupo desde otras culturas, pero es probable que semejantes experimentos condujeran a demostraciones más convincentes de las "características nacionales" que los exámenes generales tradicionales. Tales estudios comparados pudieran ayudar a revelar las variaciones en las percepciones, expectativas y supuestos que existen entre personas de dife-

rentes culturas y que pueden operar insidiosamente
en la sala de conferencias.

BIBLIOGRAFÍA

Buss, A, 1961. *The Psychology of Aggression.* Nueva York y
  Londres: Wiley.
Deutsch, M. 1962. "Co-operation and Trust: Some Theoretical
  Notes." En: *Nebraska Symposium on Motivation.* Univ. of
  Nebraska Press.
Deutsch, M., y Krauss, R. M. 1962. "Studies of Bargaining."
  Conflict Resolution, 6, 52-76.
Hare, P., Borgatta, E. F., y Bales, R. F. (reds.). 1955. *Small
  Groups.* Nueva York: Knopf.
Haythorn, W., *et al.* 1956a. "The Effects of Varying Combina-
  tions of Authoritarian and Equalitarian Leaders and Follo-
  wers." *J. Abnorm. Soc. Psychol., 53,* 210-219.
Haythorn, W., *et al.* 1956b. "The Behaviour of Authoritarian
  and Equalitarian Personalities in Small Groups." *Hum. Re-
  lat., 9,* 57-74.
Milgram, S. 1961. "Nationality and Conformity." *Scientific
  American, 205,* 45-52.
Schachter, S., *et al.* 1954. "Cross-cultural Experiments on Threat
  and Rejection." *Hum. Relat., 4,* 403-439.
Sherif, M., *et al.* 1961. *Intergroup Conflict and Cooperation:
  The Robbers Cave Experiment.* Norman, Oklahoma: The
  University Book Exchange.

La hostilidad en grupos pequeños

por CECILY DE MONCHAUX

He utilizado el término "hostilidad" en el título de mi contribución, en vez de "agresión", a fin de dirigir la discusión hacia el tema de la animosidad, y no de la afirmación. Quiero también dejar lugar para considerar las formas de ataque social que consisten en retirarse y enajenarse de otros. Por "grupos pequeños" entiendo los que tienen de dos a —digamos— diez o doce personas. No discutiré la relación entre grupos pequeños y las instituciones sociales más grandes de las que forman parte, ni me ocuparé en especial del efecto que puede tener sobre otros el comportamiento hostil de un hombre hacia sí mismo, si bien es éste un importante capítulo de la psicología de los grupos: véase, por ejemplo, la demostración, debida a Stengel (1958), de la función de llamado social de los intentos de suicidio.

Los puntos en los que me concentraré se relacionan con el papel de la hostilidad en la conformación de la pauta de interacción en grupos pequeños, y los hallazgos que discutiré provendrán sobre todo de la investigación experimental.

La hostilidad no guarda una relación de simetría con el afecto, pues puede tirar en direcciones opuestas[1]: hacia su objeto —ataque—, o en sentido opuesto

---

[1] Es una complicación que ha creado problemas a los dualistas, de Platón a Freud, que han enganchado dos caballos a su carro teórico: amor y odio, libido y agresión. ¿Tendrá dos cabezas uno de los caballos, o añadimos un tercero —el miedo— y decimos que la cólera sin miedo conduce a la actitud de ataque, y con miedo al retiro? Podemos entonces distinguir dos formas de ambivalencia —lo cual tiene buenas razones clínicas—, la combinación "acercamiento de amor-odio a *x*", que se manifiesta en la depresión, y el tipo "retiro de amor-odio a *x*" que se aprecia en la enfermedad esquizoide.

—retiro. Si *A* busca camorra a *B,* éste puede actuar de cuatro maneras:

1) Puede poner la otra mejilla (responder a la hostilidad con el afecto, o al menos con neutralidad tolerante).
2) Puede devolver golpe por golpe (responder a la hostilidad con hostilidad).
3) Puede mostrar frialdad (responder a la hostilidad retirando el afecto).
4) Puede abandonar él mismo a *A* (retirarse de la comunicación, es decir, negarle tanto la hostilidad como el afecto)

Las primeras tres contingencias tienen formas correspondientes en respuesta a un acto de afecto: morder la mano que alimenta, corresponder con amistad a la amistad, o inhibir la agresión. Pero al llegar a la cuarta posibilidad, tenemos un ejemplo de una respuesta muy frecuente a un acto hostil, que carece de forma correspondiente en respuesta al afecto, con la posible excepción del caso en que una persona se retira de un ser amado por bien de éste. (En su forma patológica, este "amor por retiro" se advierte en las inhibiciones emocionales de personas cuyas fantasías inconscientes las hacen imaginarse que son una amenaza para otros.) La hostilidad que conduce al retiro y a interrupción de la comunicación tiene efectos muy diferentes sobre secuencias posteriores de interacción que la conducta de acercamiento, sea positiva o negativa. El resultado es lo que Newcomb ha denominado ciclos de "hostilidad autista", cuando "se crean condiciones en las que impulsos hostiles se transforman en actitudes persistentes".

Hay que distinguir una serie de factores diferentes al explicar semejantes ciclos. En primer lugar, si se corta la comunicación, sea o no por razones de hostilidad, la situación inicial responsable del establecimiento de una actitud dada tiene menor probabilidad de ser modificada que si la interacción continúa. En la bibliografía sobre el prejuicio étnico y religioso abundan ejemplos de este aspecto de la restricción cognitiva. Por ejemplo, Deutsch y Collins (1951) compararon actitudes y relaciones interraciales en dos tipos de viviendas urbanas en los Estados Unidos: aquellas en las que vivían juntos inquilinos negros y blancos y aquellas en las que estaban alojados separadamente. Encontraron que cuando no había segregación las relaciones amistosas y entre vecinos eran mucho más frecuentes; las actitudes hacia los inquilinos negros y hacia los negros en general eran mejores, sin importar nada otras características sociales de las personas (opiniones políticas, instrucción, religión, etc.).

En segundo lugar, no sólo la restricción cognitiva impuesta por la falta de comunicación reduce la variedad y retarda el ritmo de interacción en los grupos, sino que estimula asimismo los rasgos delusorios del pensamiento —nuestro habitual recurso cuando nos enfrentamos a incertidumbre y ambigüedad. Cuando la falta de información sólo nos permite obtener una serie reducida de observaciones de la conducta del otro, no es probable que hagamos justicia a su complejidad, y hallaremos más fácil construir impresiones simples y concretas que estén de acuerdo con nuestro conocimiento parcial y actitudes preexistentes. Con ello nos ahorramos esfuerzo y evitamos la molestia de la "disonancia cognitiva" (Festinger, 1962). La producción de un "efecto halo" es típica y queda bien ilustrada por un estudio de Jones y De Charms (1957). Compararon la actitud de miembros de un grupo hacia un sujeto cuya incapacidad en una tarea impedía el progreso del grupo. Cuando el grupo trabajaba en condiciones tales que las recompensas por el éxito dependían de la eficiencia del grupo como equipo de trabajo, el sujeto poco eficiente no sólo era juzgado menos digno de confianza que cuando las recompensas se fundaban en el mérito individual, sino que recibía también calificaciones negativas en una serie de bloques de características tocantes a competencia, motivación y cualidades gratas. Así, había generalización negativa, si bien la única información que tenían los miembros para juzgarlo era su eficiencia para una tarea en una ocasión (ocasión *standard*, además, ya que el sujeto que "fallaba" estaba de acuerdo con el experimentador).

Los "efectos halo" y otros errores de juicio compuestos de emoción e ignorancia no son exclusivos de las actitudes agresivas, ni tampoco el tercer factor que interviene en los ciclos autistas. Es la "profecía que se cumple a sí misma", en la que "una definición falsa de una situación evoca un nuevo comportamiento que vuelve cierta la concepción inicialmente falsa" (Merton, 1957). Hay círculos "virtuosos", así como "viciosos", pero el rasgo especial de la hostilidad autista, en comparación con los ciclos abiertamente agresivos o afectuosos, reside en el campo que la comunicación restringida deja a la comisión y uso de equivocaciones. La "profecía que se cumple a sí misma" no sólo sirve para ampliar y perpetuar ciclos de hostilidad: puede instigarlos. La falta de comunicación puede leerse equivocadamente como signo de hostilidad, y despertar agresión y contraagresión. De este modo la vergüenza provoca con frecuencia el mismo comportamiento en la realidad que la víctima teme en su fantasía. Confundir la ausencia de una actitud positiva con una negativa, o sobreestimar el alcance de la hostilidad en casos en que se expresa como inhibición del afecto, son cosas que ocurren más probablemente en condiciones de estimulación emocional[2]. Así, Kräupl Taylor (1957) ha mostrado que en grupos de terapia los "extraños" emocionales tienen tres características que funcionan perpetuándose: impopularidad, incapacidad de manifestar sentimientos a los miembros del grupo, e ignorancia de los sentimientos de éstos hacia ellos. En contraste, los "guías" de estos grupos —es decir, personas de elevada dominancia y popularidad—, aunque no se dan particular cuenta de su atractivo para otros, son muy demostrativos exhibiendo sentimientos hacia miembros individuales del grupo.

Los ciclos de hostilidad autista se mantienen no solamente mediante incremento de la predisposición

[2] Esto es análogo a la incapacidad del que sueña para expresar la idea de negación. Estando despierto, el pensamiento "falta de amor", sólo puede representarse en el pensamiento onírico por "odio"; "x no está aquí" por "x está allí", etc. Semejante regresión se presenta también en el pensamiento de los niños pequeños.

cognitiva, sino también por los efectos residuales de agresión inexpresada que deja cada incidente. Pues no podemos suponer que el retiro de la comunicación proporcione a la persona hostil el mismo grado de catarsis emocional que el ataque. Thibaut y Coules (1952) observaron estudiantes que se habían encolerizado por las observaciones acerca de ellos hechas por otro, pero a quienes no se permitió replicar después de la provocación. Cuando los estudiantes escribieron bosquejos de carácter de quienes los habían insultado, el contenido de sus descripciones incluyó menos observaciones positivas que las escritas por un grupo testigo cuyos miembros sí habían tenido oportunidad de contestar al disgustarse. Efectos similares se hallaron cuando la oportunidad de replicar se retrasó simplemente unos pocos minutos, en vez de suprimirse del todo, lo cual muestra que los resultados no se debían a hostilidad secundaria generada por frustración de la expresión de la agresión primaria.

Puede mantenerse viva la hostilidad residual en el individuo merced a la operación de mecanismos de defensa, cuyos efectos tienen importantes repercusiones sobre la interacción con otros. La "proyección" contribuye poderosamente a mantener ciclos autistas: la víctima de hostilidad que retira la expresión de su contraagresión puede enfrentarse a su malestar proyectándolo imaginativamente sobre el agresor, amplificando con ello la intensidad de su impresión del acto hostil original. El mecanismo del "desplazamiento de respuesta" comúnmente ofrece salidas indirectas para la hostilidad en grupos, lo cual resulta en varios síntomas de mala "moral" de grupo. Por ejemplo, miembros insatisfechos pueden expresar oblicuamente hostilidad por su tolerancia, o incluso selección, de malos guías. Los grupos en que hay hostilidad hacia el guía pueden apoyar a los que impidan el progreso de éste, o del grupo.

El "desplazamiento de estímulo" explica otras deformaciones de actitudes hostiles en grupos. La insatisfacción experimentada en el área social-emocional de la vida de grupo puede llevarse al área de las tareas. Kelley (1951) indicó que cuanto más desagradable es la posición de una persona en una jerarquía social, más propende a comunicar contenido no pertinente a otros miembros, estorbando así el progreso en la tarea de grupo. Las reacciones de busca de chivo expiatorio, ya sea hacia miembros del endogrupo o dirigidas hacia exogrupos, pueden servir también para el desplazamiento. Finalmente, la íntima relación entre el mantenimiento de las normas del grupo y de los sentimientos de unos miembros hacia otros significa que el no conformismo puede proporcionar un canal para expresar actitudes hostiles. Aquí tanto el desplazamiento de "estímulo" como el de "respuesta" están implicados. Los miembros que se ajustan estrechamente a las normas de un grupo son en general más populares entre sus compañeros que quienes no lo hacen (con excepción de los guías, a quienes en ocasiones se permite más libertad para desviarse, y de los novatos, a quienes se concede menos libertad a cambio de su iniciación). El no conformismo conduce a la impularidad y al aislamiento social, que reduce el alcance de la opinión que se hacen del desviado los miembros conformistas, y le da un sesgo particular. También aquí tenemos un ejemplo, como en la proyección del efecto agresivo, en el cual un modo indirecto de expresar hostilidad tiene efectos secundarios que mantienen la existencia del ciclo autista.

Si preguntamos ahora por qué la hostilidad se expresa a veces mediante el retiro y a veces directamente mediante agresión, debemos retornar al principio del ciclo y examinar la influencia modificadora que tienen los sentimientos positivos y la "moral" sobre la forma en que se exprese la hostilidad. En la psicología de grupos este factor suele designarse como "cohesividad", con referencia al sentimiento de gusto mutuo por parte de los miembros del grupo, o a que participan de un interés positivo en las funciones de la tarea de grupo.

La relación entre la cohesividad y la hostilidad no es sencilla. Muchos estudios han revelado que los índices de cohesividad —como los sentimientos de identificación con el grupo, el sacrificio de intereses

individuales, los sentimientos de unidad de grupo—
van acompañados de una elevada proporción de conducta amistosa de los miembros entre ellos. De modo
correspondiente, los grupos constituidos por personas
inicialmente más agresivas han resultado tener menor
cohesión que los compuestos de miembros menos
agresivos. A la inversa, sin embargo, la hostilidad puede ser un signo de cohesividad, pues los miembros
pueden sentirse tan seguros unos de otros que sean
francos en sus expresiones de hostilidad. French
(1944), por ejemplo, en uno de los primeros experimentos en grupos pequeños, mostró que la frustración y el miedo tenían efectos muy distintos en grupos organizados y no organizados. El sentimiento del
"nosotros" y la interdependencia de miembros de grupos organizados les permitía expresar una agresión
mucho mayor unos hacia otros que los miembros de
grupos no organizados sometidos a igual tensión. Que
el efecto de la cohesividad en la liberación de la expresión de hostilidad no necesita esperar el efecto
reforzador de la familiaridad es cosa que se ha demostrado en grupos en los cuales los miembros, aunque
se conozcan desde bien poco tiempo atrás, esperen cosas positivas unos de otros. Pepitone y Reichling
(1955) realizaron un experimento en el que la mitad
de sus pares de sujetos fueron inducidos a creer que
hallarían todos ellos compañeros compatibles y agradables, en tanto que a la otra mitad se le hizo esperar que difícilmente obtendría cada quien buena
pareja. Bajo la tensión de la provocación hostil debida al experimentador, los pares con anticipaciones
positivas expresaron hostilidad más a menudo y más
directamente que los grupos con expectativas negativas.

Según otros estudios, no sólo la expresión de la
hostilidad puede depender de cierto grado de cohesividad en el grupo, sino que tal expresión puede constituir una fase importante en el desarrollo de la cohesividad. Bales (1955) investigó el comportamiento
de grupos de discusión de 2 a 10 sujetos, desconocidos
entre ellos hasta entonces. Cada grupo habló de un
caso de "relaciones humanas", en el que había que

hacer una selección de decisiones administrativas para tratar los problemas descritos. La discusión fue libre y el experimentador no nombró guía ninguno. El análisis de Bales de las pautas de comunicación en estas discusiones exhibió similaridades significativas entre grupos en la sucesión de fases. Los incrementos en la actividad orientada hacia la tarea en la primera parte de las reuniones invariablemente llevaban a un incremento de actividades socio-emocionales en la fase siguiente. Aumentaron las reacciones tanto positivas como negativas entre los miembros, y las negativas condujeron a positivas en la fase final o tercera. Bales ve una función reparadora de esta fase final: "pudiera esperarse que el grupo satisfactoriamente recuperado confirmase su acuerdo y aflojara las tensiones generadas durante sus esfuerzos previos, reparando el daño hecho a su estado de consenso e integración social. Se aprecian bromas y risas tan a menudo al final de las reuniones, que casi pudieran considerarse señal de que el grupo ha completado lo que considera un esfuerzo en una tarea y que está dispuesto a desbandarse o a vérselas con un nuevo problema. Esta actividad de último minuto completa un ciclo de operaciones que envuelve la solución satisfactoria tanto de los problemas de la tarea como de los socio-emocionales con que tropieza el grupo".[3]

Un incremento en la cohesividad luego de expresar hostilidad no tiene por qué servir siempre a un fin reparador. Quizá los ciclos como los que describió Bales estén "sobredeterminados" y resulten de una combinación de efectos diferentes: catarsis de la hostilidad, que aparta un obstáculo al comportamiento de acercamiento, junto a los cambios cognitivos resultantes de un incremento en la información, que evita la confusión, la apatía y el fastidio en la interacción siguiente. Los estudios en grupos pequeños no

[3] El balance de sentimiento positivo y negativo que conduce a las bromas y las risas para "aliviar la hostilidad" es cosa sutil y difícil de especificar. Bradney (1957) mostró cómo aparecían las relaciones de broma en una situación industrial, pero no en otra, pese a que era parecida a la primera en muchos respectos.

han conseguido hasta la fecha aislar estos componentes, sin embargo, ni comparar sus pesos.

Existe también la posibilidad de que para comprender todos los ciclos de grupos haya que prestar más atención a los rasgos individuales de personalidad y a la historia de interacción en el grupo de los miembros de éste. Gracias a observaciones psicoanalíticas sabemos que para algunas personas catarsis y agresión, lejos de allanar el camino que conduce a la amistad con otros, lo cierran con culpa que hace a los individuos retirarse al odio de sí mismos. Hay otros que se encolerizan al ser culpables de hostilidad, y que odian los objetos de su hostilidad por hacerlos hostiles. Para otros, en cambio, la catarsis de la agresión va seguida de sentimientos positivos exagerados y exaltados para premiar a los objetos de su agresión por no contestarles de acuerdo con lo peor que les hizo temer su fantasía. Hay además diferencias individuales en la respuesta a la hostilidad de otros: en algunos, el recurso al mecanismo de "identificación con el agresor" lleva a repetir como un espejo el acto hostil, mientras que en otros la hostilidad puede provocar intentos de "comprar" y propiciar al agresor mediante complacencia e inhibición de la sinceridad.

Algunos trabajos interesantes acerca de la relación entre personalidad y función de grupo se han basado en la teoría de las pautas emocionales en el comportamiento de grupo debida a Bion (1961). Describió cierto número de maniobras ("supuestos básicos") que emplean grupos en fases de emocionalidad para evadirse de la tarea de grupo: dependencia, huida de la lucha y pareamiento. Stock y Thelen (1958) y sus colaboradores de Chicago constituyeron grupos de individuos con intensa predisposición a usar mecanismos de "huida" al entrar en conflicto en situaciones de grupo, y compararon su comportamiento con grupos "sin huida". En las tareas de resolución de problemas, los grupos "de huida" se caracterizaron por su pronto repudio de los problemas, una gama limitada de ideas y expresión restringida de afecto. De manera típica, los miembros de grupos "de huida"

tendían, al hallarse en grupos heterogéneos, a rechazar miembros de "pareamiento", pues éstos ofrecían
una continua invitación al envolvimiento emocional..
Los miembros de grupos "de huida" parecieron estar
de acuerdo y sentirse mejor unos con otros, y escogerse unos a otros como portavoces del grupo.

Mediante tales mecanismos pueden formarse coaliciones de personas basadas en personalidad o patología similares, y concediendo el poder a guías[4] que
"se ajusten" a sus necesidades, pueden desempeñar
un papel determinando las manifestaciones de la acción hostil de grupo, papel que está lejos de guardar
proporción con el valor sumado de sus motivos individuales.

BIBLIOGRAFÍA

Bales, R. F. 1955. "The Equilibrium Problem in Small Groups."
En: P. Hare, E. F. Borgatta y R. F. Bales: *Small Groups.*
Nueva York: Knopf
Bion, W. R. 1961. *Experiences in Groups.* Londres: Tavistock.
Bradney, P. 1957. "The Joking Relationship in Idustry." *Hum.
Relat., 10,* 179-187.
Deutsch, M., y Collins, M. 1951. *Interracial Housing: a Psychological Evaluation of a Social Experiment.* Minneapolis: University of Minnesota Press.
Festninger, L. 1962. *A Theory of Cognitive Dissonance.* Londres: Tavistock.
French, J. R. P. 1944. "Organized and Unorganized Groups
under Fear and Frustration." En: K. Lewin *et al.: Authority
and Frustration.* Iowa: University of Iowa Press.
Jones, E. E., y De Charms, R. 1957. "Changes in Social Perception as a Function of the Personal Relevance of Behaviour."
Sociometry, 20, 75-85.
Kelley, H. H. 1951. "Communication in Experimentally Created
Hierarchies". *Hum. Relat., 4,* 39-56.

[4] Bion (1961): "El guía al nivel de los supuestos básicos (emocionalidad) no crea el grupo en virtud de su adhesión fanática a una
idea, sino que es más bien el individuo cuya personalidad lo hace peculiarmente susceptible a la obliteración de la individualidad por los
requisitos de dirigencia del grupo según los supuestos básicos... Así,
el guía en el grupo de huida de la lucha, por ejemplo, parece tener
una personalidad distintiva porque su personalidad es de un tipo que
se presta a explotación por la demanda de un guía, al que el grupo
sólo pide capacidad de lucha o de huida; el guía no tiene mayor libertad para ser él mismo que ningún otro miembro del grupo."

Kräupl Taylor, F. 1957. "Display of Dyadic Emotions." *Hum. Relat.*, *10*, 257-262.
Merton, R. K. 1957. *Social Theory and Social Structure*. Glencoe: Free Press.
Newcomb, T. M. 1947. "Autistic Hostility and Social Reality." *Hum. Relat.*, *1*, 3-20.
Pepitone, A., y Reichling, G. 1955. "Group Cohesiveness and the Expression of Hostility." *Hum. Relat.*, *8*, 327-37.
Stengel, E., y Cook, N. G. 1958. *Attempted Suicide*. Londres: Chapman and Hall.
Stock, D., y Thelen, H. A. 1958. *Emotional Dynamics and Group Culture*. Nueva York: University Press.
Thibaut, J. W., y Coules, J. 1952. "The Role of Communication in the Reduction of Interpersonal Hostitlity." *J. abncrm. Soc. Psychol.*, *47*, 770-7.

Agresión y enfermedad mental

por DENIS HILL

La historia natural de la agresión, en lo que pueden
ayudar a estudiarla los fenómenos de la enfermedad
mental, no puede discutirse sin hacer referencia a las
dos principales fuentes teóricas concernientes a la naturaleza de la agresión. La primera es la teoría del
doble instinto, de Freud (1949), que concibe al individuo genéticamente dotado de una cantidad o
quantum de energía dirigida hacia la destructividad,
en el más amplio sentido, y que debe inevitablemente
expresarse en una u otra forma. Si se obstruye o inhibe su manifestación externa directa, sigue un camino más indirecto, y si se impide del todo su expresión externa, se vuelve hacia el individuo mismo
y puede destruirlo. Esta teoría, expresada en forma
moderna por Toman (1960), concibe la agresión
como un aspecto de deseos que son biológicamente
primitivos. "Los deseos más primitivos o las formas
más primitivas de satisfacer deseos dados, son también más agresivos o destructivos." Durante el desarrollo individual, disminuye el carácter primitivo
—y por tanto el agresivo— de los deseos, pero al mismo
tiempo el comportamiento que da armas a los deseos agresivos se torna más eficiente y también más
variado y complejo. Si no son obedecidos los deseos
agresivos, hay contracatexia o defensa contra ellos.
Esto se describe como un proceso de "desaprendiza-
je" de formas de comportamiento que ya no satisfacen
tales deseos, y de su sustitución por otras formas de
comportamiento. Éstas pueden ser biológicamente útiles y socialmente aceptables o pueden no serlo. Sea
cual fuere la consecuencia, sin embargo, tales formas

sustitutivas de comportamiento tienen por función disminuir la angustia del individuo. La angustia y la agresión en esta teoría general se consideran "hermanas gemelas". Mientras más primitivos son los deseos, mayor es la agresividad, y mayor la angustia. "La angustia es un estado de la psique en el cual prevalecen deseos más primitivos, y por tanto agresivos, que de ordinario" (Toman, 1960). El aspecto económico de todas las teorías psicológicas de este tipo debe subrayarse. Si el primer derrame de energía es contenido por frustración, la energía no se pierde sino que ha de desviarse en uno u otro sentido y las formas de su expresión pueden o no ser saludables para el individuo mismo o para la sociedad en que vive.

El segundo grupo de teorías concernientes a la naturaleza de la agresión proviene de la obra de Dollard *et al.* (1939); conciben la agresión no como un *quantum* de energía inherente, genéticamente determinado, que intenta expresarse, sino más bien como un subproducto de la frustración, inicialmente la respuesta invariable a ella. Como en nuestra especie la frustración de impulsos básicos es universal, las respuestas agresivas al principio de la vida son universales también. En esta teoría la intensidad de la tendencia al comportamiento agresivo varía con la cantidad de frustración, y hay testimonios experimentales a favor de esto. Pero las respuestas agresivas a la frustración están ellas mismas sujetas a frustración, y en la crianza de la mayoría de los niños reciben castigo y dolor, y no recompensas. Por lo tanto, la inhibición de todo acto de agresión depende de la cantidad prevista de dolor y castigo que seguirían si el acto no fuera inhibido. Los efectos de la frustración en animales y niños de distintas edades han sido objeto de abundante investigación, observaciones y experimentos. Las maneras en que el niño al madurar aprende a adquirir formas de comportamiento que le causan gusto, le traen recompensas y son socialmente aceptables, y evita formas de comportamiento que traigan castigo y dolor, son los temas de toda la psicología del desarrollo.

El estudio del hombre, y particularmente de los

enfermos mentales, nos ofrece cada día experiencia de que es cierto que, en condiciones de frustración, pueden pasar tres cosas como resultado de la agresión. Puede dirigirse abiertamente hacia el frustrador o la circunstancia que frustra, en forma de cólera, hostilidad verbal o violencia física; puede sufrir desplazamiento hacia un no agresor u objeto inanimado (chivo expiatorio), o puede ser inhibida, con posibles consecuencias adversas para la persona frustrada. La elección del camino para la agresión despertada, si decidimos mirarlo así, es determinada por gran variedad de factores complejos, que no sólo implican la experiencia personal pasada —es decir el aprendizaje y los factores innatos y adquiridos, constitucionales, de la personalidad del individuo— sino también la ocasión, el medio social y las normas culturales de la sociedad en que el individuo vive.

EFECTO DE LA ENFERMEDAD CEREBRAL

Una hipótesis común práctica que emplean casi todos los psiquiatras es que el colapso mental, ya sea en forma de enfermedad neurótica, ruptura psicótica con la realidad o conducta psicopática antisocial, es consecuencia de una tensión emocional creciente, cuyas causas pueden ser complejas, variadas, específicas del individuo, pero siempre múltiples. La tensión emocional es desagradable, trae angustia y conflicto de motivos y adquiere tal gravedad que el paciente pierde la esperanza y se siente abandonado. La frustración de necesidades, con el consiguiente despertar de la agresión y todas las fuerzas opuestas que la dominan, está siempre presente. No· puede haber duda de que hay gran variabilidad individual en nuestra tolerancia a sufrir este estado de cosas, en el grado de que podemos tener en jaque los sentimientos agresivos, inhibirlos sin destruirnos ni enfermar. Tiene interés, por lo tanto, considerar los efectos de la enfermedad y la maduración cerebral sobre este proceso. Poco se sabe acerca del segundo de estos temas. Una observación que no tardó en hacerse después de la pandemia de encefalitis letárgica en 1920 fue la profunda alteración de conducta que se apreciaba muchas veces en quienes sanaban de esta enfermedad. En unos meses, particularmente en niños de tres a diez años, con frecuencia se manifestaban marcadas destructividad e impulsividad. Impulsos primitivos agresivos y sexuales entraban inmediatamente en acción, con los consiguientes ataques —peligrosos y hasta criminales— hacia otros u ocasionalmente hacia los afectados, que se automutilaban atrozmente. Niños que hasta entonces habían exhibido conducta normal mentían, robaban, destruían la propiedad, incendiaban y cometían diferentes delitos sexuales, sin pensar en el castigo. No obstante, más tarde parecían conservar la capacidad de remordimiento (Brill, 1959). En el mundo entero se dedicaron instituciones especiales al cuidado y protección de estos niños. Las áreas cerebrales principalmente afectadas por la enfermedad eran los ganglios basales, el hipotálamo y la materia gris del tallo cerebral, alrededor del acueducto, pero jamás se logró vincular patología localizada y formas específicas de trastorno de la conducta. En años recientes, sin embargo, se ha aclarado algo esto, tanto mediante estudios experimentales en animales, empezando por la obra de Bard (1928) y la de Klüver y Bucy (1939), como observando los efectos de lesiones cerebrales en el hombre y su supresión quirúrgica. La investigación en animales, sin embargo, ha puesto en claro por ahora que sistemas cerebrales particulares se encargan del comportamiento adaptativo cuando el animal es estimulado por un "requerimiento motivacional" —por usar la expresión del fisiólogo— o una "necesidad" o "impulso" —como diría el psicólogo. Estas áreas, conocidas como "cerebro visceral", residen en el antiguo rinencéfalo —o cerebro olfativo— y ocupan el hilo de cada hemisferio cerebral, parte del cerebro en que se reúnen cortezas filogenéticamente nueva y vieja. Los resultados contradictorios de la estimulación eléctrica y de causar lesiones quirúrgicas en estas partes del cerebro de ratas, gatos y monos indican que debe haber diferencias entre especies. Las lesiones en un área, en una especie pueden dar un animal dócil, nada agresivo, y en otra una bestia muy feroz, con bajo umbral en la manifestación de reacciones de rabia. Olds y Milner (1954) han demostrado que dentro de este "cerebro visceral" hay áreas que cuando se estimulan eléctricamente pueden usarse como estímulos de reforzamiento para el aprendizaje en la rata. Más aún: cuando se dejan implantados los electrodos en el animal, que se mueve libremente, puede aprender a recompensarse a sí mismo apretando una palanca que hace que el circuito administre la autoestimulación. Olds ha mostrado que la autoestimulación eléctrica del propio "cerebro visceral" en la rata representa una recompensa tan considerable como lo es la obtención de alimento para el animal hambriento. Es interesante que los puntos de autoestimulación cerebral grata resultasen ser muchos, en tanto que los productores del efecto opuesto —no reforzamiento en una situación de aprendizaje, que equivale tal vez al castigo— son muy pocos, y apartados. De acuerdo con Olds (1958), hay testimonios de que diferentes partes del "cerebro visceral" son afectadas de manera diferencial por ciertas necesidades del organismo. Bajo la influencia de una necesidad, un área dada provocará una pauta compleja de comportamiento adaptativo orientada a satisfacer la necesidad. Logra esto haciendo intervenir respuestas innatas automáticas en el sistema nervioso autónomo y el sistema endocrino, y también respuestas menos automáticas y previamente aprendidas a través del sistema músculo-esquelético. Las salidas del "cerebro visceral" pasan por el hipotálamo y el sistema reticular del tallo cerebral, por una parte, y por otra probablemente por los nexos hipotálamo-hipófisis.

Desde hace años se sabe que tanto estimular eléctricamente de manera adecuada como causar lesiones quirúrgicas discretas son cosas que modificarán grandemente el umbral de agresión de animales de variadas especies. Hace más de treinta años, Bard (1928) mostró que el gato con "falsa rabia" —fenómeno conocido en el perro descorticado desde hace más de sesenta años— debe tener intacta la parte caudal del hipotálamo. Estos animales exhiben gran estimulación del simpático, pelo erizado, pupilas dilatadas, ritmo cardiaco apresurado, bufidos y movimientos de la cola, todo lo cual son señales de rabia, pero no les impide beber leche al mismo tiempo. Hay, por tanto, un mecanismo innato para despertar comportamiento agresivo, y parece probable que resida en la porción caudal del "cerebro visceral", cuyas porciones más cefálicas ejercen sobre él una función inhibidora, como lo hace, de hecho, la corteza cerebral.

Cuando pasamos a las observaciones hechas en pacientes humanos cuyos cerebros hayan sido alterados por la cirugía o por padecer enfermedades cerebrales localizadas, lo que se halla es en gran parte lo que esperaríamos. Un umbral bajo para el comportamiento agresivo, intolerancia a la frustración, impulsividad e irritabilidad y variados trastornos de la personalidad se descubren en aproximadamente el 50 por ciento de los pacientes con lesiones en el "cerebro visceral" o que lo afectan. Esto es particularmente evidente en el grupo de los pacientes con "epilepsia del lóbulo temporal", en la que se descubren lesiones cerebrales localizadas en las profundidades del lóbulo temporal, las áreas amígdala-uncus-hipocampo. Tales lesiones, ya sean atróficas, debidas a interferencia del suministro de sangre, o neoplásicas, pueden transformar la personalidad. Esto ocurre ya se presente epilepsia o no. Un ejemplo común de esta enfermedad es el que se inicia en la infancia, probablemente a causa de lesiones atróficas del rinencéfalo causadas en un nacimiento difícil. Estos niños con frecuencia plantean un grave problema en virtud de su comportamiento, ya que están crónicamente insatisfechos, tienen irritabilidad impulsiva y mal carácter, son egoístas y no consiguen aprender por experiencia. Posteriormente pueden presentarse cambios de temperamento, con angustia o depresión y casi cualquier forma de comportamiento neurótico o perversión sexual. En la vida adulta aparecen psicosis en cosa de la cuarta parte de los pacientes: ya una grave depresión o un padecimiento paranoide con alucinaciones e ideas de persecución, análogo a la esquizofrenia.

Si bien la modificación agresiva de la personalidad es menos común, en el hombre, después de lesiones de otras partes del "cerebro visceral", se ha descrito luego de destrucción aguda de la corteza frontal medial —que está cerca del *gyrus cinguli*—, de la corteza orbital del lóbulo frontal y del hipotálamo anterior. Debemos mencionar aquí también los efectos de la cirugía efectuada para aliviar la enfermedad mental, los llamados procedimientos psicoquirúrgicos. Jacobsen (1936) ha mostrado que en los chimpancés, después de interferencia quirúrgica en la corteza de los dos lóbulos frontales, se manifiesta una tolerancia muy elevada a la frustración, y no hay respuestas de rabia en una situación cuyo objeto es provocar neurosis. En la leucotomía humana, las conexiones cortadas son las aferentes del tálamo a la corteza cerebral, con lo cual parte de la excitación del primero no llega a la corteza. Como resultado los pacientes se vuelven menos angustiados, menos preocupados por su experiencia interna y más interesados por el medio. Los efectos sobre el comportamiento agresivo son interesantes. La violencia dirigida hacia el paciente mismo —suicidio, mutilación, ayuno— responde mejor a la operación que la violencia externamente dirigida, como la irritabilidad, la beligerancia y el desafío (Freeman, 1959). Inclusive la propensión a atacar de un psicótico o psicópata ha sido siempre una contraindicación para este procedimiento quirúrgico.

EFECTO DE LA EDAD

La expresión abierta del comportamiento agresivo alcanza probablemente su máximo potencial al empezar la vida, se reduce más tarde durante la infancia y reaparece, en menor grado, en la adolescencia, para disminuir después. Las rabietas del niño normal de cinco años no vuelven a verse, a menos que el cerebro sea dañado gravemente más tarde por atrofia senil o arteriosclerosis, y aun en tales casos rara vez hay mucha violencia. La enfermedad cerebral y las heridas graves en la cabeza durante la infancia propenden en especial a ir seguidas de irritabilidad, temperamento violento, combatividad e intratabilidad. Es común la conducta antisocial, con mentira, robo y destructividad. A diferencia de los casos posencefalíticos, estos pacientes tienden a mejorar con el tiempo. En la vida adulta la proporción de la población que exhibe comportamiento abiertamente agresivo o destructivo a consecuencia de enfermedad mental, en comparación con la proporción de niños emocionalmente enfermos, es muy exigua. En realidad los trastornos del comportamiento con "acción externa", en los niños, parecen ser mucho más comunes que los niños llevados al psiquiatra con síntomas de depresión, angustia o manifiesta perturbación emocional. En la infancia, los métodos de vérselas con la frustración y el desencadenamiento de agresión son inmaduros, las medidas de oposición están poco desarrolladas y, en particular, la inhibición y el retiro, que a menudo se ven en el adulto, son raras, como no sea en el niño gravemente enfermo. Un ejemplo de actividad de desplazamiento, el comportamiento paranoide, es extremadamente raro antes de la pubertad. Una importante excepción a la regla general de que las manifestaciones abiertas de comportamiento agresivo en los enfermos mentales disminuyen con la edad es el caso de los trastornos psicopáticos, ese grupo de pacientes cuya anormalidad se torna manifiesta en la pubertad o la primera adolescencia. Estos pacientes, cuyo comportamiento está dominado por sus deseos, caracteres "dominados por sus instintos", actúan en función de sus necesidades y frustraciones sin consideración para los demás. Como carecen de sentido de culpa, son inmunes a la angustia y a las tensiones y no aprenden con el castigo. Aparece toda suerte de comportamientos antisociales, incluyendo ataques peligrosos, agresividad sexual y hasta homicidio. Aproximadamente el 10 por ciento de los asesinos pertenece probablemente a esta categoría. Es interesante que la pauta de actividad eléctrica espontánea de la corteza cerebral de psicópatas agresivos sea a menudo inmadura, parecida a las pautas de la infancia. La incidencia de tales electroencefalogramas inmaduros en los psicópatas, sin embargo, disminuye al aumentar la edad, y tam-

bién lo hace la violencia de su comportamiento. Con
el tiempo el psicópata agresivo se hace manejable.

AGRESIÓN VUELTA HACIA EL SUJETO MISMO

Tiene considerables implicaciones la idea de que la
agresión, apartada de la expresión directa por fuerzas contrarias dentro de la personalidad y no dirigida hacia otra parte con auxilio de un chivo expiatorio, puede volverse hacia el individuo. El fenómeno
es aceptado generalmente por los psicopatólogos, y los
etólogos han ofrecido ejemplos del comportamiento
de animales, como ciertas aves, que son más que análogos. El comportamiento autodestructivo, tanto en
sentido literal como por implicación, es muy común
en muchas formas de enfermedad mental. El ejemplo
más obvio se aprecia todos los días en los pacientes
gravemente deprimidos en los que la preocupación
central tiene la naturaleza de un autorreproche y puede sustentarse mediante una serie de ilusiones sobre
la enormidad de pecados pasados o la esencial carencia de valor de la persona. En otro tipo la autodes-
tructividad adopta las formas de figuraciones de padecer enfermedades incurables, cáncer y así por el
estilo. En la depresión el paciente se acusa a sí mismo
de actos y actitudes que en realidad achaca a otro. El
suicidio es el acto final de la agresión vuelta hacia
el yo, y por supuesto no es raro en la enfermedad
depresiva. Es más común conforme avanza la edad, y
cuatro veces más frecuente en los hombres que en las
mujeres; la edad en que se dan más casos es, en la
mayor parte de los países, superior a los setenta años.
Los intentos fallidos de suicidio son más comunes en
las mujeres que en los hombres. La mayoría de estos
pacientes o están enfermos mentalmente o son per-
sonalidades inmaduras en situaciones de conflicto
emocional. Muchos intentos fallidos son de personas
en estado de rabia impulsiva y desbocada (Yap,
1958).

Hasta dónde puede llevarse el mecanismo de la
agresión vuelta hacia el individuo es cosa disputada.
Hay un número considerable de personas con caracte-

res asociales raros, cuyas vidas pueden juzgarse dominadas por masoquismo moral, abnegación dañina, ascetismo llevado hasta el punto en que se manifiesta desnutrición, pero en estos casos hay muchas veces pruebas de que tales actividades son placenteras y emocionalmente satisfactorias. Los impulsos a que se enfrentan estas personas probablemente son sexuales en la mayoría de los casos. Sin embargo, es un lugar común que muchas personas neuróticas parecen repetidas veces exhibir comportamiento que a fin de cuentas no es lo que más les conviene, y cometer tantos errores de juicio que inevitable y predeciblemente llevan a su propia infelicidad. Muchos actos criminales envuelven un comportamiento que hace seguro el descubrimiento e inevitable el castigo del culpable. La dermatitis artefacta, condición que aparece casi siempre en muchachas neuróticas y que consiste en una autoescoriación y mutilación de la piel, sobre todo de la cara, que las hace menos atractivas, suele presentarse en situaciones de tensión, hostilidad inexpresada y sentimientos de culpa. El dolor psicógeno, sentido en un miembro o en un área limitada del cuerpo, surge a menudo con la depresión y la hostilidad intensa hacia alguna persona amada pero de quien depende el paciente emocionalmente. Se diría que impera la ley del talión: el paciente tiene que sufrir en el mismo grado en que quisiera hacer sufrir a la persona amada. Estas cuestiones, y muchas otras, se discuten en el bien conocido libro de Karl Menninger *Man Against Himself*.

DESPLAZAMIENTO DE LA AGRESIÓN

El prototipo del desplazamiento de agresión es, por supuesto, la selección de un chivo expiatorio. Puede ser un individuo inofensivo, una institución, un sistema de ideas o creencias o un objeto inanimado. En episodios de rabia, niños perturbados, adultos psicópatas y psicóticos se entregan a una destrucción aparentemente sin sentido, incendian o atacan a personas que apenas conocen y ante la más mínima provocación. En el paciente psicópata, el alcoholismo es muchas veces un factor que precipita estas cosas. También se aprecia desplazamiento como mecanismo mental en la producción de síntomas en otros grupos de pacientes. Es una maniobra defensiva esencial en las enfermedades obsesivas o paranoides. En las primeras, objetos, ideas o lugares se revisten de peligro, se evitan fóbicamente, y se idean rituales para seguirlos evitando. En las segundas, una intensa suspicacia e ideas de persecución se deben a personas conocidas o desconocidas que se consideran peligrosas y empeñadas en perjudicar o destruir al paciente. Según se mencionó ya, los síntomas paranoides son muy raros en la infancia. Su incidencia en todas las enfermedades mentales aumenta con la edad.

INHIBICIÓN Y RETIRO

Ante fuerzas contrarias intensas dentro de la personalidad, opuesta a la expresión de impulsos agresivos y sexuales, en ausencia de métodos que compensen su expresión —sanos, neuróticos o perversos—, y de ordinario en presencia de un medio desfavorable, pueden presentarse inhibición y retiro. Suele sostenerse que la esquizofrenia es el prototipo de enfermedad mental en que se ve este proceso. Hay, no obstante, muchos individuos excéntricos no psicóticos que se apartan del contacto de sus semejantes y viven recluidos. En la esquizofrenia los deseos e impulsos que no pueden realizarse de veras se trasladan a la fantasía y a un soñar despierto introvertido extremo. Las fantasías y hasta ideas delusorias de omnisciencia y omnipotencia, acerca de la destrucción y aniquilación del mundo, demuestran que la agresividad no se ha perdido. Ocasionalmente, sin embargo, semejantes impulsos súbitamente escapan al control y el paciente mudo, casi sumido en estupor, comete un acto repentino de violencia grande o pequeña. Gracias al cambio de actitud hacia los enfermos mentales y a los modernos tratamientos farmacológicos, estos episodios son raros hoy en día. Sin embargo, los esquizofrénicos crónicos por desgracia siguen entre nosotros, y en los departamentos que se les destinan en los grandes sa-

natorios de psiquiatría no es raro hallar pacientes
parcialmente deteriorados, de tipo paranoide, que,
si bien se vinculan de muy mala manera a los demás
seres humanos, reciben a todo mundo con intensa
hostilidad y un torrente de insultos verbales incohe-
rentes.

EL MEDIO

Durante siglos los enfermos mentales se considera-
ron potencialmente peligrosos y moralmente malos.
Se les trataba con la mayor brutalidad y crueldad y
eran, de hecho, un grupo de víctimas inocentes de
una sociedad agresiva, atemorizada e insegura. La historia del tratamiento de los enfermos mentales (ver,
por ejemplo, Zilboorg, 1941) es horripilante, y parte
de la dureza, de los miedos y de la hostilidad hacia
ellos persiste hasta la fecha. Calabozos, cadenas, esposas, instrumentos de tortura, camisas de fuerza, lá-
tigos y chapuzones empezaron a desaparecer en tiempos de la Revolución francesa, pero las medidas de
seguridad, las puertas cerradas, la mala alimentación
y la ropa miserable, junto con diversas medidas de
constreñimiento, duraron hasta la segunda Guerra
Mundial. Donde persisten actualmente, se consideran
los males de la atención psiquiátrica. Ahora hemos
aprendido la lección de que, en el mismo grado en
que se traten agresivamente estos enfermos, les será
difícil vencer sus propias tendencias agresivas.

CONCLUSIONES

Poca duda cabe de que la agresividad es resultado
de la frustración, y de que la última es fundamental
para la vida humana. Pero la agresividad es en sí
misma frustrada casi siempre, y puede desplazarse o
inhibirse. El estudio de la enfermedad mental demuestra distintas maneras de manejar la agresividad.
No son exclusivas de los enfermos mentales, pero difieren de las funciones normales en la intensidad y
gravedad con que se producen. En vista de que experimentos en animales han demostrado un mecanismo

fisiológico inherente para la organización y expresión del comportamiento agresivo, esto apoya la teoría de la primacía de la agresión como "instinto" innato, como lo propuso Freud. A este respecto, se ve que la agresión está de acuerdo con otros impulsos que sirven para preservar el individuo y perpetuar la especie. Para cada uno de ellos puede describirse una organización orgánica en la estructura corporal, modificable por acción química o quirúrgica, o por enfermedad física. Los aspectos económicos de la hipótesis freudiana no pueden —y acaso no puedan nunca— validarse. Tal vez sea impropio intentar tratar la energía psíquica en los términos aplicados a la energía física. La metapsicología no biológica de Freud, que atribuía una destructividad primaria hacia el yo, es también una causa de gran confusión, y no es una cuestión a la que pueda responderse. Con todo, el comportamiento autodestructivo, en una u otra forma, es un fenómeno de lo más común entre los enfermos mentales. Hay algunas indicaciones de que los modos de vérselas con la frustración y la agresión cambian con la edad. La agresión abierta directa, verbal y física, es común sobre todo en la infancia y la adolescencia; el desplazamiento, que se ve sobre todo en los trastornos paranoides, se vuelve más común al terminar la edad madura, y la tendencia a la autodestrucción, cuyo tipo es el suicidio, aumenta al aumentar la edad, hasta alcanzar un máximo alrededor de los setenta años.

BIBLIOGRAFÍA

Bard, P. 1928. "A Diencephalic Mechanism for the Expression of Rage with Special Reference to the Sympathetic Nervous System." Amer. J. Physiol., 84, 490.
Brill, H. 1959. "Postencephalitic Psychiatric Conditions." Cap. 56 del vol. 2 del American Handbook of Psychiatry. Nueva York: Basic Books.
Dollard, J., Doob, L., Miller, N., Mowrer, O., y Sears, R. 1939. Frustration and Aggression. New Haven.
Freeman, W. 1959. "Psychosurgery." Cap. 76, p. 1521 del vol. 2 del American Handbook of Psychiatry. Nueva York: Basic Books.

Freud, S. 1968. *Esquema del psicoanálisis*, Biblioteca Nueva. Madrid. t. II.

Jacobsen, C. F. 1936. "Studies of Cerebral Function in Primates." *Comp. Psychol. Monogr., 13,* nº 63, 3.

Klüver, H., y Bucy, P. C. 1939. "Preliminary Analysis of Functions of the Temporal Lobes in Monkeys." *Arch. Neurol. Psychiat., 42,* 979.

Olds, J., y Milner, P. 1954. "Positive Reinforcement Produced by Electrical Stimulation of Septal Area and Other Regions of Rat Brain." *J. Comp. Physiol. Psychol., 47,* 419.

Olds, J. 1958. "Adaptive Function of Paleocortical and Related Structures." En: *Biological and Biochemical Bases of Behaviour,* Harlow y Woolsey, reds. Univ. Wisconsin Press.

Toman, W. 1960. *Psychoanalytic Theory of Motivation.* Londres.

Yap, P. M. 1958. *Suicide in Hong Kong.* Londres.

Zilboorg, G. 1941. *A History of Medical Psychology.* Londres.

La indumentaria como medio de agresión social

por JAMES LAVER

En el momento de aparecer, *Homo sapiens* no llevaba ropas; el Hombre Industrial, en el mundo igualitario de hipotético Comunismo, es de suponerse que no tendrá distinciones de clase. Pero entre estos dos puntos está toda la historia de la moda, una historia en la que las distinciones de clase han desempeñado un papel muy importante. Desde el principio, o casi, ha habido diferencia entre ropa para usarse y ropa de adorno, ropa de trabajo y ropa fina; y puede decirse que surge la diferencia de clase cuando un grupo de gente se pone ropas finas todo el tiempo y otro lleva ropas de trabajo continuamente.

El individuo no tardó en empezar a darse cuenta de que llevar ropas, aunque sea en forma muy primitiva, origina ciertas reacciones mentales agradables. Lo distinguían de sus compañeros, aumentaban el sentimiento de su propia importancia, cosquilleaban su sentido estético naciente. Los que triunfaban pudieron desde el principio adornarse (y adornar a sus mujeres) con más riqueza que los que no triunfaban: ya estaba presente el germen de la distinción de clases. Pronto se dio por sabido que el jefe tenía *derecho* a más adornos que los simples guerreros. Con el tiempo, el sistema cristalizó, primero, en una ley suntuaria no escrita, y después en las insignias de rango. Es el Principio Jerárquico, que sigue haciendo que parezca natural que la banda roja que lleva alrededor la gorra del general esté fuera de lugar en el sombrero del civil.

Por lo tanto el Principio Jerárquico es uno de los principios permanentes del vestido. En la historia de la Moda, se ha aplicado sobre todo a los hombres, y esto porque los hombres son principalmente admirados por su *posición*. En tiempos primitivos, esto quería decir su fuerza, pero semejante situación no duró mucho. El macho magnífico (que no es otra cosa) ha caído hoy día en el estado de *gigolo,* y las mujeres que admiran a los *gigolos* representan retrocesos a tipos más primitivos.

Con las mujeres la situación es algo diferente. En tiempos primitivos (dejando aparte problemas complicados como la exogamia y cosas por el estilo) el jefe poderoso elegía sus mujeres, al menos en parte, por su atractivo sexual, y así ha seguido ocurriendo durante la mayor parte de la historia social. En las mujeres, por lo tanto, el Principio Jerárquico se expresa en otra forma, que pudiéramos llamar Principio de Seducción.

Queda el Principio de Utilidad. La importancia de este elemento suele exagerarse, pero no puede desdeñarse del todo. Es el lastre del navío, o —mejor— el contrapeso de los otros dos principios, el Jerárquico en el caso de los hombres, el de Seducción entre las mujeres. El atavío masculino, durante casi toda su historia, se atiene al Principio Jerárquico, levemente modificado por el de Utilidad. Sin embargo, aunque el papel del Principio de Seducción se reduce a proporciones muy reducidas, no está del todo ausente.

Todo el atuendo masculino tiende a convertirse en uniforme, lo cual no quiere decir que sea algo que llevan todos, sino algo que sólo pueden llevar algunos. En cuanto se ha establecido cualquier clase de civilización, hallamos todo un sistema de uniformes. El Rey tiene un atavío especial, y también el Sacerdote. En este sentido, la ropa de todos los hombres de determinada categoría social es un uniforme. Cuando Europa salió de la Edad Oscura, encontramos que todos los que podían llevaban lo que conviene denominar ropas "aristocráticas". Eran, en primer lugar, extremadamente ricas, y lo fueron más aún después de las Cruzadas, que abrieron el comercio con el Oriente. Sedas, brocados, damascos (la palabra misma indica de dónde venían estos tejidos en un principio) se tornaron accesibles para quien pudiese adquirirlos, y llevar ropas hechas con ellos era una afirmación de *status*, o sea un medio de agresión social.

Sin embargo, con la prosperidad creciente de las ciudades y la aparición de una rica clase comerciante surgió una nueva complicación. La pura riqueza, carente (aún) del correspondiente *status*, planteó a la aristocracia el problema de cómo impedir al burgués próspero (y a la burguesa) vestirse tan ricamente como ellos mismos.

Su respuesta fue hacer que el gobierno promulgase leyes suntuarias. Felipe el Hermoso de Francia impuso en 1292 la que es acaso la primera de éstas; regulaba el número de prendas y el valor de los materiales de que estaban hechas, para cada clase diferente de la sociedad. Las providencias de esta ley son no poco curiosas: ni los hombres ni las mujeres de la burguesía llevarían *vair*, ni *gris*, ni armiño; tampoco se les permitiría llevar oro, ni piedras preciosas, ni coronas de oro o plata. Las consortes de duques, condes o barones de seis mil libras de tierra, o más, podrían hacerse cuatro trajes nuevos al año, y no más. La misma regulación se aplicaba al otro sexo. Los caballeros —y sus damas, por supuesto— consiguieron dos trajes al año, ya obsequiados, comprados o adquiridos de otra manera. Ninguna damisela, a menos que fuese una castellana, o una dama de dos mil libras de tierra, tendría más de un traje al año. También se impusieron límites a los valores de los materiales. Las esposas de los barones no habrían de poseer un traje hecho de un material que valiese más —de acuerdo con el valor en París— de 25 *sols tournois* la yarda; las mujeres de los mesnaderos y los castellanos estaban limitadas a 18 *sols* la yarda; y las cónyuges de burgueses con 2 000 *livres tournois* o más se veían limitadas a 16 *sols* la yarda; la clase más pobre a 12 *sols*.

Esta actitud recibió gran apoyo de los moralistas que ponían peros, con fundamento religioso, a todas las cosas finas, pero se sentían obligados a hacer alguna excepción en el caso de las clases superiores. Aun Philip Stubbes, puritano avinagrado que escribía en tiempos de Isabel I, se siente obligado a agregar a sus diatribas contra la vanidad del vestido el siguiente pasaje significativo:

"No dudo que sea legítimo para la nobleza, la gente de calidad y el magisterio llevar ricos atuendos, cada uno según le cuadre. La nobleza y la gente de calidad, para exaltar, adornar y lucir sus nacimientos, dignidades y propiedades. Los magistrados, para dignificar su ejercicio y demostrar la excelencia, majestad y mérito de sus oficios y funciones, inspirando así terror y temor en los corazones de la gente, porque no ofendan su oficio y autoridad... y por lo que toda a los sujetos comunes, no es legítimo en modo alguno que lleven sedas, terciopelos, satenes, damascos, oro, plata y lo que quieran (aunque no puedan mantenerlo), a no ser que, por desempeñar alguna clase de oficio en la Comunidad, lo hagan para dignificar y ennoblecer a éste... pero hay hoy tan grande confusión de atavíos, y en él tan absurdos excesos, por permitirse a cada quien pavonearse llevando lo que se le antoja o puede obtener por cualquier método. De manera que es muy difícil saber quién es noble, quién venerable, quién es caballero y quién no; pues veréis a quienes no son ni de la nobleza, ni de los gentileshombres, ni de los hacendados, ni son magistrados ni oficiales de ninguna clase en la Comunidad, llevar todos los días sedas, terciopelos, satenes, damascos, tafeta y cosas así, con todo y ser bajos por nacimiento, de mezquino caudal y condición servil, y es esto gran confusión y desorden general en una Comunidad Cristiana."

A nadie tendré que recordar que "todo intento de guiar, controlar o modificar la libertad de la moda ha sido un rotundo fracaso. Las únicas leyes que nunca han tenido el menor éxito, que siempre se han visto obligadas a retirar sus pretensiones y han sido letra muerta casi antes que se secara la tinta con que se escribieron, han sido las leyes suntuarias... la moda ha sido siempre más fuerte que la legislación".

Los hombres y mujeres de las clases medias si-

guieron imitando a la aristocracia y a veces hasta la
superaron en finura. La auténtica distinción era entre
quienes se dedicaban al trabajo manual y quienes
no lo hacían. La indumentaria aristocrática pregona:
"Yo no trabajo." El deseo de protección contra los
elementos y de comodidad al trabajar actúan, por supuesto, entre las clases trabajadoras de todos los períodos. Entre las clases superiores ha habido una inversión para dar el Principio de Antiutilidad. En
cuanto el atavío masculino de la clase alta deja de
servir en actividades militares, se empeña en mostrar
que, si el portador no combate, desde luego no tra-
baja.

Puede verse el comienzo de esta tendencia en los
fantásticos atavíos masculinos del siglo xv, pero alcanza el punto más interesante de su desarrollo en
el xvi, en forma de un símbolo. El paño limpio alrededor del cuello es un signo de que el individuo
no hace trabajo manual. Seguimos llevando tela lim-
pia alrededor de las muñecas y de la garganta —es
decir, en los dos sitios que con mayor facilidad se
ensucian— a fin de demostrar que no realizamos trabajo manual. La gorguera del período Tudor fue una
exageración fantástica de esta idea. Algunas gorgueras
eran tan grandes que debe de haberles resultado difícil comer a los portadores. La gorguera servía, de
hecho, al mismo propósito que las largas uñas de los
mandarines chinos. Era señal específica del cortesano,
y puede decirse que la ropa del cortesano dominó la
moda masculina hasta fines del *Ancien Régime* en
Francia, a fines del siglo xviii.

La revuelta de la *grande bourgeoisie* que denomi-
namos Revolución francesa eliminó al cortesano, y
con él la distinción entre noble y caballero ordinario. Esto, ni qué decir tiene, no fue la victoria de la
democracia sino el triunfo de la gente bien nacida,
de distinción.

La gente bien nacida se ha definido como cons-
piradora contra la aristocracia. Consiguió hacer que
se aceptase generalmente que en la práctica no había
sino dos clases: gente bien nacida, y la demás gente.
Cualquier hombre por encima de cierto nivel social,

que se ajustase a determinadas reglas y tabúes era
una persona de distinción, bien nacida *(gentleman)*.
Un duque no era más, y en el siglo xix no se hubiese
atrevido a llevar su estrella y su jarretera por la calle,
como lo habría hecho sin discusión cien años antes.
Gente bien nacida quería decir ropa sencilla (mientras más sencilla, mejor), y estos caballeros ya no se
enorgullecían de sus mangas floreadas y bordadas,
sino del nombre del sastre bordado en un bolsillo
interior.

Los hombres que hicieron la Revolución francesa
sentían una enorme admiración por todo lo inglés, y
la indumentaria masculina del siglo pasado derivó
originalmente de la del hacendado inglés de la segunda mitad del siglo xviii. El sombrero alto es esencialmente un sombrero de montar (hasta podría llamarse un yelmo primitivo contra las caídas), la levita
es una prenda para montar. Lo que todo hombre
por encima de cierto nivel social intentaba decir
durante todo el siglo xix era: "Soy un hacendado
inglés; monto a caballo". Tan intensa era la presión
del clima que la misma indumentaria fue adoptada
aun por debajo del nivel de la gente de distinción, y
frecuentemente se abandonaron las ropas razonables
de trabajo de los niveles inferiores. La diferencia entre
las clases en que insistía la noción de "gente bien nacida" se volvió un asunto sutil de estilo y corte y menudas marcas distintivas. No obstante, la ropa de hombre estaba fundada en el Principio Jerárquico, aunque mitigado y modificado por la gente bien nacida
y las "buenas formas". Seguía diciendo: "No trabajo."
Como observa Thorsten Veblen en su *Teoría de la
clase ociosa:* "Gran parte del encanto que envuelve
a los zapatos de charol, la ropa blanca inmaculada,
el sombrero cilíndrico lustroso y el bastón, que tanto
aumentan la natural dignidad de un caballero, proviene de que sugieren sutilmente que un individuo
así ataviado no puede dedicarse a ninguna ocupación
que tenga, directa o indirectamente, ninguna utilidad
humana." El tipo de caballero descrito por Veblen
se ha extinguido ya, pero el Principio sigue operando. Es evidente que las características de la gente

de distinción por lo que toca a la ropa representaban
un tipo de agresión social menos obvio que las ropas
"aristocráticas", aunque no por ello menos real.

Ya hemos señalado que todas las ropas de hombre
tienden a volverse uniformes. Sufren un proceso de
fosilización que tiende a hacerlas cada vez más incó-
modas. Pero aun los caballeros desean entregarse a
algunas ocupaciones activas, con tal que se mantengan
limpias del estigma del trabajo. Toda ocupación activa libre de tal estigma se denomina deporte.

Vimos ya que las ropas del cortesano francés die-
ciochesco fueron remplazadas por las del hacendado
inglés; la indumentaria de éste era en un principio
razonablemente confortable. Pero gradualmente se
hizo más tiesa y formal y, a mediados del siglo xix, la
vieja levita de faldones sueltos se había transformado
en una rígida chaqueta negra. Ya no era posible más
evolución, y precisamente como la indumentaria del
noble del siglo xviii había pasado a ser atuendo de
criados (el lacayo de peluca empolvada), la levita fue
adoptada por los camareros. Cuando los hombres ne-
cesitaban ropas *confortables,* tenían que recurrir a
nuevas ropas del campo. Fueron ahora los trajes a
cuadros y los sombreros blandos, que luego se trans-
formarían en el sombrero hongo y el traje de calle
de una época más reciente. La indumentaria masculina, en general, parece sufrir una inevitable evolución; primero es ropa deportiva, luego ropa llevada
ordinariamente en la ciudad, después atuendo formal
o de noche y finalmente atavío de criado, después
de lo cual pasa a ser mera curiosidad histórica.

En otro tiempo el cambio se realizaba al adop-
tarse una nueva indumentaria deportiva como atavío
ordinario, y el Principio sigue operando. Pero hoy en
día deporte no quiere ya decir nada más las actividades campestres británicas que nos dieron primero
ropa de montar modificada y más tarde *tweeds.* En el
período comprendido entre las guerras mundiales
salieron a la palestra dos elementos nuevos. La moda
de los deportes invernales en Suiza nos dio el atuendo
de esquiador, del cual derivan el moderno traje de
batalla y sus equivalentes civiles. La boga de las va-

caciones en la Riviera durante la temporada más ca-
lurosa del año hizo que se empezaran a usar toda
clase de pantalones cortos, camisas y *sweaters*, ins-
pirados en los de los pescadores de la costa. Éstas son
las nuevas "prendas deportivas" cuya influencia mo-
dificará la indumentaria ordinaria. Han afectado de
modo ostensible las ropas estadounidenses, que son
notablemente menos convencionales y más confortables que las inglesas.

 ¿Cómo encajan las mujeres en este cuadro? Es cierto que las ropas de las reinas y grandes damas han
sido gobernadas en gran medida por el Principio Jerárquico, pero en el atavío femenino interviene siempre otro elemento, el que hemos llamado Principio
de Seducción, y es la operación de este Principio lo
que propiamente se llama Moda.

 En el antiguo Egipto las clases más pobres y las
esclavas de los palacios iban desnudas. El mero hecho
de llevar ropa era ya una distinción de clase, pero
semejante sistema no deja mucho campo a nada que
pudiéramos reconocer como Moda. Las ropas de la
civilización minoica de Creta, por el contrario, estaban "a la moda" casi en sentido moderno. En cambio
las indumentarias de los tiempos clásicos eran de severidad casi puritana. Todos los intentos de explotar
el Principio de Seducción parecen haber estado confinados a las hetairas; y no fue hasta fines del siglo xiv cuando el Principio de Seducción floreció
realmente por vez primera en las cortes opulentas de
Francia y Burgundia. Allí se descubrió el *décolletage*
y se explotó, allí se cultivó esta novedad por ella misma y allí, por lo tanto, puede decirse que empezó la
auténtica Moda.

 La influencia de las cortes, sin embargo, no era
exclusivamente unilateral. Servían de escenario para la
Moda, pero tenían al mismo tiempo raíces en el Principio Jerárquico, por su naturaleza. Es posible estudiar el conflicto y la interacción de estas dos tendencias durante siglos enteros y las formas de vestido
que resultaron. Bastará un ejemplo. Ya se han mencionado las grandes gorgueras de la segunda mitad
del siglo xvi, como ejemplos del Principio Jerárquico

(de Antiutilidad). En los hombres este Principio era
completo, y las gorgueras eran círculos perfectos. Pero
las mujeres eran gobernadas también por el Principio
de Seducción (es decir, trataban de aprovechar el
décolletage), de modo que la gorguera se interrumpió
para exponer la garganta. Las gorgueras que llevaban las damas de la corte de Isabel I exhiben esta
curiosa combinación.

El dominio de los Principios Jerárquico y de Seducción en una corte dada era cosa que dependía en
gran medida del carácter personal del monarca. En
cortes austeras, como la española, la Jerarquía casi
se fosilizó, y el resultado fue que las ropas de corte
de 1600 no se modificaron durante casi todo el siglo.
Cuando Luis XIV vio a su prometida española, ésta
llevaba todavía guardainfante. Pero en la corte de
Luis XIV había triunfado el Principio de Seducción,
pues era siempre posible que una dama ganase el favor del monarca.

La Moda empezó a descender por la escala social,
pero al principio lo hizo despacio: hasta bien entrado
el siglo XVIII las mujeres e hijas de la burguesía tenían que trabajar y estaban por ello obligadas, como
sus hermanas más pobres, a vestirse más o menos de
acuerdo con el Principio de Utilidad. Hasta la Revolución industrial la *bourgeoise* no se vio libre en gran
medida de deberes como hacer pan y cerveza, coser
o hilar, que habían sido cosas de mujeres desde tiempo inmemorial, y el período de indolencia de la clase
media abrió un mundo nuevo entero para que la
Moda lo conquistara. No es un accidente que al final del siglo XVIII se inventara el figurín y aparecieran publicaciones periódicas dedicadas casi exclusivamente a los cambios de las modas femeninas.

El mundo inaugurado por la Revolución industrial no dejó exteriormente de ser un mundo de privilegios y distinciones de clase, pero en realidad era
un mundo en el que no había más que dos clases:
ricos y pobres. La única Jerarquía auténtica era la
de la riqueza, y en un mundo plutocrático necesariamente era supremo el imperio del Principio de Se-

ducción en el vestido femenino. De ahí la marcada aceleración de los cambios en la moda.

Entre los hombres, sin embargo, la idea de la "gente bien nacida" evitó admitir francamente los dioses del momento, y ningún millonario del siglo pasado pensó lucir en su persona su fortuna, como lo hubiera hecho sin vacilación cualquier isabelino. En lugar de esto, le compró a su mujer los vestidos más de moda (o sea los más recientes), y le puso en el cuello y en las muñecas símbolos de sus riquezas: piedras preciosas. Es divertido advertir que actualmente en los Estados Unidos los brazaletes simbólicos tienen casi tanta significación ritual como las franjas doradas en las mangas de los almirantes. Aparte de esto, el Principio Jerárquico se ha hecho vestigial en el vestido femenino —número de bandas de armiño en el vestido para una coronación, y cosas por el estilo— y la aparición de mujeres jóvenes emancipadas, dueñas de su propio dinero, ha introducido un elemento por completo nuevo. No tienen nombre estas jóvenes emancipadas, pero ciertamente dominan la moda en el mundo de hoy. A sus ojos, apoyan el Principio de Utilidad (todas las mujeres jóvenes parecen convencidas de que sus prendas son prácticas además de cómodas), pero el Principio de Seducción es su verdadero resorte. Se oponen al Principio Jerárquico; de ahí que la Moda que dictan tienda a confundir las distinciones de clase.

La mujer ha tenido más éxito en esto que el hombre de su misma posición social. A menudo es imposible decir a qué clase pertenece una muchacha mientras no abre la boca o llega su amigo. Sutiles y oscuras como son, las distinciones sociales en la indumentaria masculina resultan mucho más difíciles de eliminar.

A las mujeres las han ayudado en esto las actividades de los grandes popularizadores de la Moda: las revistas de modas y los productores cinematográficos. En otros tiempos —aun tan recientes como el período del rey Eduardo de Inglaterra—, eran los ricos ociosos los que imponían la moda. Podían hacerlo porque tenían un lugar donde lucirse, un verdadero escaparate, en el parque y hasta en las calles tranquilas del West End de Londres. Ahora no tienen un sitio así, y el teatro, que otrora sirviera en cierto modo de escaparate para lanzar nuevas modas, ha sido absolutamente vencido por el cine.

Tal influencia, con todo, habría sido ineficaz, si no fuera por los fabricantes de ropa en escala industrial, que ahora se esfuerzan grandemente por seguir la moda tan de cerca y tan pronto como sea posible. Los diseñadores de modas han sido auxiliados por el abastecimiento directo del nuevo e inmenso mercado abierto a ellos: las jóvenes de cualquier clase social con dinero suficiente para comprarse lindos vestidos, si están a precios razonables.

Durante la última generación ha ido en aumento el margen de capacidad de gasto entre las masas, particularmente el grupo de menor edad. Hasta los muchachos que trabajan gastan más en ropa que antes; las muchachas gastan mucho más. Y probablemente hacen bien, en vista de que la apariencia personal cuenta tanto para el prestigio en el trabajo, el prestigio social general, y para hallar pareja.

La industrialización incrementada ha significado un vasto aumento en la proporción de oficinistas y distribuidores, en comparación con los trabajadores de la industria pesada y la agricultura. Y para encargarse de las máquinas en una fábrica para producción en masa, es posible llevar buena ropa y estar bien presentado aun durante el trabajo. Cuando se requieren indumentarias especiales, tienden a convertirse en uniformes, sin afectar las formas ordinarias de vestido.

Poco después de la primera Guerra Mundial hubo un enorme perfeccionamiento en la producción de materiales sintéticos, particularmente medias de seda artificial, y esto ha contribuido grandemente a mejorar la apariencia de las trabajadoras y a minimizar la distancia que las separa de las clases más adineradas. En verdad casi no hay lujo que no esté hoy en día a la disposición de las mujeres de todas las posiciones sociales *en alguna forma,* como no sea el lujo absoluto de una estola de nuevo tipo. En otras palabras,

la única ventaja de la rica es adelantarse un poco
a las pobres. Hasta los peinados complicados, que en
el siglo xviii abrían un abismo entre quienes podían
darse el lujo de llevarlos y quienes no, casi se han
puesto al alcance de todas. También el arreglo ha me-
jorado mucho, y la joven emancipada no ha vacilado
en imitar a su rival en otro tiempo formidable pero
hoy casi extinta: la *grande cocotte.*

Que todo esto tiende a fomentar el matrimonio
entre miembros de diferentes clases, y así a la progresiva decadencia de las distinciones de clase, es cosa
obvia; que siga habiendo siempre gente excesivamente
rica parece, por su parte, más que dudoso. Por lo que
a las mujeres toca, la democratización de la Moda es
al tiempo una causa y un efecto.

En resumen: el atuendo femenino ha abandonado
hoy por completo el Principio Jerárquico. Representa un equilibrio bastante estable entre el Principio
de Seducción y el Principio de Utilidad. Los hombres
no han recuperado nada del Principio de Seducción
en su ropa, que representa la acción final del Principio Jerárquico contra el avance incesante del Principio de Utilidad. Posiblemente veamos algunos interesantes resultados en pocos años.

Mientras tanto, sería una equivocación suponer
que el problema se ha resuelto definitivamente, o que
algún día lo será. El hombre (y la mujer) de Marx
pudiera desear vestirse sólo de acuerdo con el Principio de Utilidad; pero el hombre (y la mujer) de
Freud seguirá obedeciendo al Principio de Seducción.
Bien puede dudarse de que el hombre de Adler (o de
Nietzsche) haya sido vencido definitivamente, y el
hombre adleriano construye nuevas Jerarquías a medida que las viejas y anticuadas son abolidas. Los Tres
Principios (y con ellos la indumentaria usada como
medio de Agresión Social) seguirán operando, en
nuestra opinión, hasta en el *Mundo feliz.**

* Alusión a la obra de Aldous Huxley titulada en inglés *Brave New
World.* [T.]

La agresión humana en perspectiva antropológica

por DEREK FREEMAN

E. J. Dillon, en 1896, después de describir en un artículo aparecido en *Contemporary Review* la salvaje destructividad y las terribles crueldades que acompañaron a las matanzas de armenios en Anatolia durante la última década del siglo XIX, observó que aquellos sucesos revelaban "estratos inimaginados de malignidad en el corazón humano".

Desde aquel tiempo la historia nos ha proporcionado otras muchas pruebas de la destructividad del hombre, y también, por usar las palabras de Sir Carleton Kemp Allen (1957), de "crueldad en una escala grande y aterradora", con "la infamia a sangre fría del 'genocidio'" y "tormentos psicológicos de refinamiento sin precedentes" sumados a "todos los crudos horrores físicos antiguos".

Pero durante el mismo período los "estratos inimaginados de malignidad", que comentaba Dillon, por primera vez en la historia han sido explorados sistemáticamente, en particular por la ciencia del psicoanálisis.

No obstante, el reconocimiento psicoanalítico de la naturaleza de la agresión fue gradual. Pues, aunque Freud (1905) pronto reconoció el origen de impulsos crueles en fuentes independientes de la sexualidad, al principio tales fuentes se vincularon a los instintos de propia preservación, y en aquel período de sus investigaciones no aceptó Freud (1909) la existencia de "un instinto de agresión especial". De hecho, hasta que no se exploró sistemáticamente la estructura de la psique humana y se analizaron muchos más testimonios, clínicos e históricos, no llegó Freud a su conclusión final de que "la tendencia a la agresión es una propensión innata, independiente, instintiva, en el hombre". Esta conclusión, que ha sido confirmada por posteriores estudios, es ahora uno de los postulados básicos de la teoría psicoanalítica.

Mi intención es pasar revista, lo mejor que pueda en el marco limitado del presente trabajo, a las pruebas históricas y antropológicas de la agresión humana y, en particular, a los descubrimientos paleoantropológicos de las últimas dos décadas, que han llevado a nuevas interpretaciones de la evolución humana y a conclusiones directamente pertinentes a propósito de las alcanzadas por Freud.

En años recientes se han realizado muchos importantes estudios experimentales sobre la agresión, resumidos, por ejemplo, por J. P. Scott (1958). Esta labor ha ampliado considerablemente nuestro conocimiento; sin embargo, si se trata de comprender como es debido las realidades de la agresión humana, se impone examinar de cerca los hechos de la historia, pues en ellos descubrimos, en abundancia, acontecimientos que no es probable que se observen en el laboratorio, y tales son los fenómenos que, con nuestras teorías, debemos intentar abarcar y explicar.

Lewis Richardson, en su libro *Statistics of Deadly Quarrels* (1960), ha reunido algunos testimonios históricos referentes al período 1820-1945. Richardson calcula (p. 153) que durante esos 126 años 59 millones de seres humanos fueron muertos en guerras, ataques homicidas y otras luchas fatales. Este inmenso total (que, casi con seguridad, peca por defecto) es una indicación de la magnitud del fenómeno natural que estamos considerando. Pero para comprender la naturaleza de la agresión humana debemos ir más allá de las estadísticas, hasta detalles del comportamiento.

Quisiera hacer hincapié aquí en que mucho comportamiento agresivo es controlado por el ego; puede ser, por ejemplo, una reacción a una amenaza a la autopreservación. En semejantes casos, como ha apun-

tado Waelder (1960), la agresión es accesoria en las
actividades del ego; en otras palabras, aquí destrucción y crueldad no son fines en sí mismas, sino más
bien tienen naturaleza incidental al satisfacer los propósitos del ego.

"Sin embargo —continúa Waelder—, hay también
manifestaciones destructivas que, en virtud de su carácter o intensidad, caen fuera de esta área; manifestaciones de agresión que no pueden considerarse
reacciones a provocación, pues son tan considerables
su intensidad y duración que sería difícil encajarlas
en cualquier esquema de estímulo y reacción. . ."

Buena parte de los testimonios de esta "destructividad esencial" o "agresión primaria" provienen
de la psicopatología. Así, Waelder alude al hecho de
que ·un psicótico puede darse un hachazo en la cabeza con todas sus fuerzas y... repetir el acto si le
quedan energías"; y a "los súbitos estallidos de los
catatónicos, que pasan sin motivo aparente de lo que
parecía un estado indiferente a la agresión súbita. . ."
En la conducta perturbada de estos géneros, que se
observa con frecuencia en los psicóticos, la agresión
es muy manifiesta y, en opinión de Federn, proporciona el genuino fundamento para suponer un impulso destructor.

Comportamiento análogo se encuentra también,
en gran abundancia, en los anales del crimen; asimismo, la crueldad humana se despliega de manera pro-
minente en las torturas, mutilaciones y otros castigos
de excesiva severidad que en otro tiempo eran rasgo
sobresaliente de los procesos judiciales y que, en al-
·gunas comarcas, perduran aún (Vidal-Naquet, 1963).
L. O. Pike, en su *A History of Crime in England*
(1873 y 1876) ha relatado con todo detalle parte del
historial humano a este respecto.

De análoga manera, abundan testimonios pertinentes en los hechos de la historia política. Por ejemplo, T. A. Walker, en *A History of the Law of Nations*
(1899), presenta un sabio examen de las prácticas
que caracterizaron la guerra desde "los tiempos más
antiguos hasta la Paz de Westfalia, 1648". Estas prácticas, con muy contadas excepciones, exhiben extre-

mos de destructividad y crueldad y, por cierto, las épocas consideradas abundan en acontecimientos que difícilmente difieren de los de la psicopatología.

En un trabajo tan breve no puedo pasar revista debidamente a los hechos históricos, pero alguna indicación sobre su naturaleza se extraerá de un pasaje típico de la obra histórica de Walker (p. 124), referente a la Edad Media: "Como Basilio II (1014) cegó a 15 mil búlgaros, dejando un ojo al jefe de cada cien, no se sorprende uno de que los merodeadores sarracenos treinta años después fueran empalados por oficiales bizantinos, que los griegos de Adramyttium en tiempos de Malek Shah (1106-16) ahogasen niños turcos en agua hirviente, que el emperador Nicéforo (961) disparase contra una ciudad cretense las cabezas de los sarracenos muertos al intentar escapar del sitio, o que un cruzado, príncipe de Antioquía (1097), asara cuerpos humanos atravesados con espetones, a fin de que sus hombres adquirieran terrorífica reputación de caníbales."

Los años transcurridos desde la Paz de Westfalia no han carecido de progresos, pero el curso de la historia humana no ha dejado de ser señalado por guerras, revoluciones, matanzas, rebeliones y motines caracterizados por destructividad y crueldad no menos extremas que en épocas anteriores. Al final de este trabajo se hallarán citas bibliográficas que contienen detalles de algunos de estos sucesos. Mayores datos aparecen en las *Statistics of Deadly Quarrels* (1960) de Richardson.

Todo estudioso que esté dispuesto a examinar objetivamente las pruebas de la historia llegará, creo yo, a la misma opinión que Durbin y Bowlby (1938): ningún grupo de animales es "más agresivo y despiadado en la agresión que los representantes adultos de la especie humana".

De hecho, la naturaleza exacerbada de la destructividad y la crueldad humanas se cuenta entre las principales características que, por el lado del comportamiento, distinguen al hombre de otros animales. Este punto ha sido expresado de manera convincente por el biólogo Adolf Portman: "...cuando se ven

entre los hombres cosas terribles, crueldades apenas
concebibles, muchos hablan irreflexivamente de 'brutalidad', de bestialidad o de un retorno a niveles
animales... Como si hubiera animales que hicieran
a sus congéneres lo que los hombres se hacen unos a
otros. Precisamente aquí tiene el zoólogo que trazar
una clara línea divisoria: estas cosas malas, horribles,
no son una supervivencia animal que fuese transpor-
tada en la transición imperceptible del animal al
hombre; este mal pertenece por entero a este lado de
la línea divisoria, es puramente humano..." (Waelder, p. 147.)

Permítaseme observar en este punto que, pese a la
ubicuidad de la agresión humana, carecemos de nada
que se aproxime a una historia adecuada de la crueldad y la destructividad humanas. No hay, por ejemplo, ninguna clase de compilación científica de los
hechos esenciales ni, en resumidas cuentas, se ha descrito y analizado cabalmente la fenomenología del
comportamiento que realmente se presenta en las matanzas y otras ocasiones de violencia en masa. Las
realidades cabales, en verdad, son de un género que
de ordinario es impublicable, y quienes las observan
reprimen con gran facilidad el horror que experimen-
taron. Dillon, por ejemplo, en su relato de las matanzas de armenios, luego de dar detalles acerca de crueldades y mutilaciones toscas, añade que otras "no
pueden describirse, ni siquiera insinuarse". Y en efecto, en las descripciones de comportamiento agresivo
se tropieza de continuo con epítetos como "increíble",
"indescriptible", "inimaginable". En mi opinión, hacen mucha falta estudios desapasionados de la fenomenología del comportamiento agresivo del animal
humano, pues mientras no veamos sus realidades
como son, no alcanzaremos una comprensión científica de estas realidades ni conseguiremos dar con caminos para dominarlas.

La historia de los pueblos más primitivos confir-
ma las conclusiones a las que he llegado a propósito
de los parcialmente civilizados. Davie (1929), luego de repasar los datos etnográficos, llegó a la conclusión de que "la guerra desempeña un papel promi-

nente en las vidas de casi todos los pueblos primitivos, y suele ser asunto sanguinario". Hay algunos pueblos, verdad es, en los que son relativamente raros el comportamiento agresivo y la guerra; semejantes casos son, sin embargo, "muy excepcionales" en los anales de la etnografía. Además, se trata, en general, de grupos menudos y técnicamente retrasados que viven bajo el dominio de sociedades vecinas extrañas, poderosas y abiertamente agresivas. En otras palabras, se trata de formas especiales de adaptación sumisa. Sin embargo, como ha indicado Ginsberg (1934), en la existencia dentro de los grupos de estos pueblos sumisos, "están presentes la violencia y el miedo a la violencia, y hay lucha, si bien —obvia y necesariamente— en reducida escala".

Con estas pocas excepciones, los testimonios etnográficos revelan que entre los pueblos primitivos la agresión ha sido endémica y, en ocasiones, mortal. En algunas de las más primitivas poblaciones, de hecho, el comportamiento agresivo es tan endémico entre los grupos, que domina todos los aspectos de su existencia. Pueblos así son los Willigiman-Wallalua, del valle de Baliem, en Nueva Guinea occidental, cuya vida es "una serie inacabable de muertes y venganzas", y que recientemente estudió, en su estado sin control, una expedición de la Universidad de Harvard. En este caso sugeriría yo que hemos revelado lo esencial del prístino estado del hombre.

Las culturas primitivas también exhiben muchas expresiones extrañas de crueldad y agresión humanas, en ritos de sacrificio, ceremonias de iniciación, mutilaciones rituales, cacería de cabezas y cultos caníbales, así como en sociedades homicidas como los *thugs* de la India histórica y los "hombres-leopardo" del África. Estas diversas formas de comportamiento simbólico tienen un paralelo en las fantasías sumamente agresivas que se descubren en mitologías de todas partes del mundo, y en los atroces tormentos de los distintos infiernos de las religiones humanas. Son éstas creencias delusorias que se han vuelto compartidas y tradicionales; es indudable, sin embargo, que todas son, en última instancia, de origen endopsíquico y, por lo tanto, productos del inconsciente humano. El carácter violento de estas fantasías, y el hecho de que con tanta frecuencia se representen en comportamientos rituales, atestiguan gráficamente la naturaleza dinámica del impulso agresivo en el animal humano.

Pruebas parecidas (según demuestra la investigación psicoanalítica) se descubren en los sueños, fantasías y juegos de los niños. Asimismo, como puede hacer constar quienquiera que se dedique a estudiar la historia de los deportes sanguinarios o las producciones de la industria cinematográfica, los espectáculos de violencia son un elemento predominante en los entretenimientos difundidos entre los hombres. De hecho, la observación de campo revela que se asocian básicamente expresiones de placer con la contemplación de destrucciones y de la producción de daños; la más común de estas expresiones es la risa involuntaria y catéctica.

William James (1911), discutiendo "la arraigada belicosidad de la naturaleza humana", describió al hombre como, "biológicamente considerado..., la más formidable bestia de presa y, de hecho, la única que hace presa sistemáticamente en su propia especie". Aquí James apuntaba a una de las formas de comportamiento, el canibalismo, que puede servir para distinguir rotundamente el animal humano de otros primates. El canibalismo, que no es sino una expresión de la naturaleza carnívora del hombre, se ha descubierto en casi todas las partes del mundo y, según los testimonios de la paleoantropología, probablemente fue en un tiempo práctica universal. Blanc (1961) ha mostrado que una serie de cráneos fósiles, del Pleistoceno medio en adelante, se caracterizan por "una incisión cuidadosa y simétrica de la periferia del *foramen magnum*", con intención de agrandar el agujero a fin de sacar el cerebro para comerlo, de acuerdo con testimonios comparativos. Blanc observa también que la teofagia ritual (como en la antigua Grecia, donde se comía una cabra que simbolizaba a Dionisos) evidentemente tuvo su origen en un canibalismo ritual anterior, y señala que San Pablo, en

su Epístola a los Corintios, hace especial hincapié
en "la real presencia de la sangre y la carne de Cristo
en el ritual eucarístico"; se trata de "un medio poderoso de promover la penetración y aceptación del
Cristianismo y su principal ritual en Grecia, donde
la tradición del festín ritual simbólico dionisiaco era
particularmente intensa y sentida hondamente". Como
complemento de este comentario acerca del origen de
la teofagia y su carácter tan atractivo para el animal
humano, permítaseme llamar la atención hacia la inmemorial asociación de fanatismo y agresión, y señalar que en la Inglaterra del siglo. xvi negar la presencia real era una de las ofensas por las que los
heréticos eran castigados, según la ley, quemándolos
vivos públicamente (Pike, 1876). Por cierto que la
agresión humana nunca es tan aterradora como cuando está al servicio de las dogmáticas y engañosas ideo-
logías de grupo características de *Homo sapiens:* los
hombres "morirán como moscas por teorías, y se ex-
terminarán entre sí, usando todos los instrumentos de
destrucción, por abstracciones" (Durbin y Bowlby,
1938).

He esbozado así, de modo muy sumario, algunas
de las principales manifestaciones de la agresión humana. En otro tiempo estos aspectos básicos del comportamiento humano se han atribuido (así por Rous-
seau, Eliot Smith y otros) al estado de civilización,
pretendiéndose que el hombre era "un ser natural-
mente bueno" y que "las primeras formas de hombre
deben de haber sido, en general, animales inofensi-
vos y frugívoros" (Eisler, 1951).

Sin embargo, ha pasado la época en que semejantes puntos de vista podían ser aceptados por estu-
diosos enterados, pues los descubrimientos de la
paleoantropología en las dos últimas décadas han
transformado, de maneras fundamentales, nuestra
comprensión del origen del hombre y del curso probable de la evolución humana.

Darwin, en 1871, expresó la opinión de que era
"algo más probable que nuestros primeros progenito-
res viviesen en el continente africano y no en cualquier otra parte"; esta especulación ha recibido du-

rante el presente siglo el apoyo del descubrimiento de primates fósiles como *Propliopithecus* (del Oligoceno de Egipto), *Proconsul* y *Limnopithecus* (del Mioceno de Kenya) y los homínidos del Pleistoceno inferior descubiertos al oriente y el sur de África, a los que me referiré en conjunto con el nombre de australopitecos.

El primer australopiteco fósil, *Australopithecus africanus*, fue descubierto en Taungs, en Bechuanaland, en 1924, y descrito por Raymond Dart. Desde entonces han hecho descubrimientos fundamentales Broom, Robinson y Dart, en Sudáfrica, y Leakey (en 1959) en la garganta de Olduvai, en Tangañica (se trataba de *Zinjanthropus boisei;* el cráneo y otros huesos se encontraron en el suelo de un antiguo lugar de acampamiento, asociados a herramientas de piedra, un martillo de piedra y lascas).

Los huesos de las piernas y la pelvis de los australopitecos indicaron que estos homínidos marchaban erguidos. Es un hecho importante, pues, como Darwin y otros han subrayado, que la obtención de locomoción bípeda es una etapa decisiva en la transición del mono al hombre, ya que, al liberar las manos, permite que evolucionen el uso y manufactura de armas y herramientas.

Un proceso concomitante en este desenvolvimiento evolutivo es una reducción de las dimensiones de los dientes y del esqueleto facial. Hallamos también esta condición en los australopitecos, cuyos dientes son pequeños y de conformación humana. Además, los austrolopitecos se hallaron, de modo típico (Bartholomew y Birdsell, 1953), asociados a la fauna de mamíferos habitantes de las praderas abiertas del África meridional, fauna que atacaban, como carnívoros.

Las pruebas de la adaptación carnívora de los australopitecos, y de su uso de armas letales (pese a la relativa pequeñez de su cerebro: de 450 a 600 ml), fueron expuestas brevemente, por vez primera por Raymond Dart en 1953, en su artículo sobre "La transición predadora del mono al hombre". Siguió, en 1957, la publicación detallada, por el Museo de

Transvaal, de los datos arqueológicos en que se basaban las opiniones de Dart, en un trabajo sobre la cultura osteodontoquerática de *Australopithecus prometheus,* en el que aparecen las herramientas de hueso, diente y cuerno que empleaban estos homínidos del Pleistoceno inferior, descritas en detalle, ilustradas y comentadas, así como las predilecciones predadoras, asesinas y caníbales de aquellos seres.

Los australopitecos, pues, son una innovación evolutiva, una especie de primates que, al bajar al suelo, consiguieron un avance evolutivo sin precedentes merced a una adaptación predadora y carnívora a su nuevo medio, basada en la posición erecta y el empleo de armas de mano, mortíferas.

Son hechos de gran trascendencia para entender la naturaleza del hombre y su transformación en la especie dominante de este planeta.

La adaptación predadora alcanzada por los australopitecos envolvía —podemos inferir— "una transición de comportamiento, de una pauta de retiro a una de ataque" (Freedman y Roe, 1958) y cambios filogenéticos afines. El hombre prehistórico era cazador y puede distinguirse de todos los demás primates vivientes por sus hábitos predadores, bien establecidos en los restos de *Pithecanthropus* y durante el resto del período paleolítico. Con el descubrimiento de los australopitecos y de la naturaleza de su adaptación cultural altamente especializada a la vida predadora, los testimonios paleoantropológicos presentan un panorama de la evolución humana en el cual posiblemente desde el Pleistoceno inferior "se han agregado curiosidad y agresión carnívoras a la inquisitividad y empeño por la dominancia que se ven en el mono" (Washburn y Avis, 1958).

Ha escrito Washburn (1959): "El hombre tiene una psicología de carnívoro. Es fácil enseñar a los hombres a matar y difícil imponer costumbres que eviten hacerlo. Muchos seres humanos disfrutan viendo sufrir a otros, o gozan matando animales... las palizas y torturas públicas son comunes en muchas culturas."

A la luz de los recientes descubrimientos de la paleoantropología se aprecia que estas características humanas son filogenéticas: la perpetua agresión y crueldad del hombre histórico, por lo cual se diferencia de otros primates, se explica sólo, en palabras de Raymond Dart (1953), "en términos de sus orígenes carnívoros y caníbales".

Es significativo —haría yo notar— que la paleoantropología haya revelado, durante la última década, un fundamento filogenético de las conclusiones acerca de la agresión humana alcanzadas por indagación psicoanalítica de la naturaleza del hombre. La actitud adoptada por estas dos ciencias, además, es sustanciada por testimonios históricos y etnográficos generales.

No puedo pretender pasar revista a todas las implicaciones de los restos de australopitecos para la teoría de la evolución, pero desearía indicar muy brevemente una o dos de las más importantes. Como vimos, los australopitecos eran homínidos con cerebro pequeños (de 450 a 600 ml), que, con todo, utilizaban artefactos de mano. Las principales inferencias que se han de extraer de estos hechos (Washburn, 1959) son que la evolución de la mano humana, tan útil, fue resultado de nuevas presiones de selección iniciadas por la adopción de armas y herramientas, y que el verdadero incremento —triplicación, aproximadamente— del volumen del cerebro, durante el Pleistoceno, fue también resultado de esta nueva adaptación cultural.

Se hallan pruebas que confirman esta hipótesis en los estudios de Penfield y sus colaboradores (1952, 1959) sobre la localización de las funciones en la corteza cerebral del hombre. En la corteza motora de los monos (Woolsey y Settlage, 1950), son de casi igual tamaño las áreas asociadas a la mano y al pie. En el cerebro humano, sin embargo, el área correspondiente a la mano es, relativamente, mucho mayor. Como ha advertido Washburn (1959), esto apoya la noción de que "el incremento de tamaño del cerebro ocurrió después de que se usaron herramientas, cuando la selección a favor del uso más hábil de éstas condujo a cambios en las proporciones de la mano (incluyendo las áreas motoras y sensoriales primarias, y las encargadas de elaborar habilidades) ".

Desde un punto de vista antropológico amplio, por lo tanto, puede argüirse que la naturaleza y habilidades humanas y, en resumidas cuentas, toda la civilización humana, deben la existencia al tipo de adaptación predadora logrado inicialmente por los australopitecos carnívoros en las praderas africanas meridionales en el Pleistoceno inferior.

En la presente etapa de la civilización humana, sin embargo, la disposición agresiva que sirvió al desenvolvimiento evolutivo repetidas veces en el pasado plantea acaso el más fundamental y difícil problema humano. No pretendo en esta contribución discutir los métodos con los que pudiera contenerse la agresión humana; baste, en esta ocasión, afirmar una vez más mi convencimiento de que sólo enfrentándonos a las realidades de la naturaleza del hombre y de nuestra extraordinaria historia como género zoológico conseguiremos obtener métodos que tengan alguna probabilidad de ser eficaces.

BIBLIOGRAFÍA

Alexander, F. 1941. "The Psychiatric Aspects of War and Peace." *American Journal of Sociology*, 46, 504-520.
Allen, C. K. 1958. *Aspects of Justice*. Londres: Stevens and Sons.
Anón. 1896. "The Constantinople Massacre." *Contemporary Review*, 70, 457-465.
Ardrey, R. 1961. *African Genesis*. Londres: Collins.
Astor, D. 1962. "Towards a Study of the Scourge." *Encounter*, agosto.
Bartholomew, G. A., y Birdsell, J. B. 1953. "Ecology and the Protohominids." *American Anthropologist*, 55, 481-498.
Blanc, A. C. 1961. "Some Evidence for the Ideologies of Early Man", en *Social Life of Early Man*, S. L. Washburn, red. Chicago: Viking Fund Publications in Anthropology, nº 31.
Broom, R., y Schepers, G. W. H. 1946. *The South-African Fossil Ape-Men, the Australopithecinae*. Pretoria: Transvaal Museum Memoir nº 2.
Clark, W. E. LeGros. 1958. *History of the Primates: An Introduction to the Study of Fossil Man*. 6ª ed. Londres: British Museum (Natural History).
Corfield, F. D. 1960. *Historical Survey of the Origins and*

Growth of Mau Mau. Londres: Her Majesty's Stationery Office.

Dart, R. 1925. *"Australopithecus africanus:* The Man-Ape of South Africa." *Nature, 115,* 195-199.

Dart, R. 1953. "The Predatory Transition from Ape to Man." *International Anthropological and Linguistic Review, 1,* 201-219.

Dart, R. 1957. *The Osteodontokeratic Culture of "Australopithecus prometheus."* Pretoria: Transvaal Museum Memoir nº 10.

Dart, R. 1959. *Adventures with the Missing Link.* Nueva York: Harper and Brothers. [Hay traducción española].

Darwin, C. 1871. *The Descent of Man.* Nueva York: Modern Library Edition (1949). [Hay traducción española.]

Davie, M. R. 1929. *The Evolution of War.* New Haven: Yale University Press.

Dillon, E. J. 1896. "Armenia: An Appeal." *Contemporary Review, 69,* 1-19.

Dollard, J., Doob, L. W., Miller, N. E., Mowrer, O. H., y Sears, R. R. 1939. *Frustration and Aggression.* New Haven: Yale University Press.

Durbin, E. F. M., y Bowlby, J. 1938. "Personal Aggressiveness and War", en *War and Democracy: Essays on the Causes and Prevention of War,* E. F. M. Durbin y George Catlin, reds. Londres: Routledge and Kegan Paul.

East, W. N. 1948. "Sexual Crime." *The Journal of Criminal Science, 1,* 45-83.

Eisler, R. 1951. *Man into Wolf.* Londres: Routledge and Kegan Paul.

Federn, P. 1952. *Ego Psychology and the Psychoses.* Nueva York: Basic Books.

Freedman, L. Z., y Roe, A. 1958. "Evolution and Human Behaviour", en: *Behaviour and Evolution,* A. Roe y G. G. Simpson, reds. New Haven: Yale University Press.

Freud, Anna. 1953. 'The Bearing of the Psychoanalytic Theory of Instinctual Drives on Certain Aspects of Human Behaviour", en: *Drives, Affects, Behaviour,* Rudolph M. Loewenstein, red. Nueva York: International Universities Press.

Freud, Sigmund. 1967. *Una teoría sexual,* Biblioteca Nueva, Madrid, t. I.

Freud, Sigmund. 1968. "Análisis de la fobia de un niño de cinco años", en *Historiales clínicos,* Biblioteca Nueva, Madrid, t. II.

Freud, Sigmund. 1968. *El malestar en la cultura,* Biblioteca Nueva, Madrid, t. III.

Freud, Sigmund. 1967. "Consideraciones de actualidad sobre la guerra y la muerte", en *Psicoanálisis aplicado.* Biblioteca Nueva, Madrid, t. I.

Ginsberg, M., y Glover, E. 1934. "A Symposium on the Psychology of Peace and War." *The British Journal of Medical Psychology, 14,* 274-293.

Glover, E. 1946. *War, Sadism and Pacifism.* Londres: George Allen and Unwin.

Goya, F. de. 1808. *Desastres de la Guerra,* en *Goya: Complete Etchings, Aquatints and Lithographs,* E. L. Ferrari, red. Londres: Thames and Hudson (1962).

Hartmann, H., Kris, E., y Lowenstein, R. M. 1950. "Notes on the Theory of Aggression." *The Psychoanalytic Study of Child, 3-4,* 9-36.

Hogg, G. 1958. *Cannibalism and Human Sacrifice.* Londres: Robert Hale.

James, W. 1911. *Memories and Studies.* Londres: Longmans, Green and Co., p. 301.

Klein, Melanie. 1949. *The Psychoanalysis of Children.* Londres: Hogarth Press.

Kroeber, A. L. 1928. "Sub-Human Culture Beginnings." *The Quarterly Review of Biology, 3,* 325-342.

Langer, W. L. 1951. *The Diplomacy of Imperialism, 1890-1902.* Nueva York: Knopf.

Leaky, L. S. W. 1960. "The Origin of the Genus *Homo*", en: *The Evolution of Man.* Sol Tax, red. Chicago: University of Chicago Press.

LeBon, G. 1913. *The Psychology of Revolution.* Londres: Fisher Unwin.

Lissagaray. 1898. *History of the Commune of 1871.* Nueva York: International Publishing Co.

McClintock, F. H., y Gibson, Evelyn. 1961. *Robbery in London.* Londres: Macmillan.

Menninger, K. 1938. *Man Against Himself.* Nueva York: Harcourt, Brace and Co.

Montagu, M. F. Ashley. 1960. *An Introduction to Physical Anthropology.* 3ª ed. Springfield: Charles C. Thomas.

Moon, P. 1962. *Divide and Quit.* Londres: Chatto and Windus.

Ooakley, K. 1957. "Tools Makyth Man." *Antiquity, 31,* 199-209.

Pelham, C. 1887. *The Chronicles of Crime, or The New Newgate Calendar.* 2 vols. Londres: T. Miles and Co.

Penfield, W., y Rasmussen, T. 1952. *The Cerebral Cortex of Man: A Clinical Study of Localization of Function.* Nueva York: Macmillan.

Penfield, W., y Roberts, L. 1959. *Speech and Brain Mechanism.* Princeton: Princeton University Press.

Phillips, R. 1949. *Trial of Josef Kramer and Forty-four Others* (The Belsen Trial). Londres: William Hodge and Co.

Pike, L. O. 1873 y 1876. *A History of Crime in England.* 2 vols. Londres: Smith, Elder, and Co.

Portman, A. 1942. *Grenzen des Lebens.* Basilea: Friederich Reinhardt.

Redl, F., y Wineman, D. 1957. *The Aggressive Child.* Glencoe: Free Press.

Reel, A. F. 1949. *The Case of General Yamashita.* Chicago: University of Chicago Press.

Richardson, L. F. 1960. *Statistics of Deadly Quarrels.* Londres: Stevens and Sons.

Rifkin, A. H. 1963. "Violence in Human Behaviour" (Report on Symposium at the A. A. A. S. Meeting, December, 1962). *Science, 40,* 904-906.
Russell, Lord (of Liverpool). 1954. *The Scourge of the Swastika.* Londres: Cassell.
Scott, J. P. 1958. *Aggression.* Chicago: University of Chicago Press.
Schilder, P. 1951. *Psychoanalysis, Man and Society.* Nueva York: Norton.
Sears, Pauline S. 1951. "Doll Play Aggression in Normal Young Children: Influence of Sex, Age, Sibling Status, Father's Absence." *Psychological Monographs, 65* (6), 1-42.
Sleeman, C., y Silkin, S. C. 1951. *Trial of Sumida Haruzo and Twenty Others (The "Double Tenth" Trial).* Londres: William Hodge.
Sleeman, W. H. 1836. *Ramaseena.* Calcuta: Military Orphan Press.
Stekel, W. 1953. *Sadism and Masochism: The Psychology of Hatred and Cruelty.* 2 vols. Nueva York: Liveright. [Hay traducción española.]
Strachey, A. 1957. *The Unconscious Motives of War.* Londres: Allen and Unwin.
Taylor, M. 1839. *Confessions of a Thug.* Londres: Oxford University Press (World Classics, 1916).
Thrasher, F. M. 1936. *The Gang.* Chicago: University of Chicago Press.
Tuker, F. 1950. *While Memory Serves.* Londres: Cassell.
Turberville, A. S. 1949. *The Spanish Inquisition.* Londres: Oxford University Press. [Hay traducción española.]
Vidal-Naquet, P. 1963. *Torture: Cancer of Democracy, France and Algeria, 1954-1962.* Londres: Penguin Books.
Von Bertalanffy, L. 1958. "Comments on Aggression." *Bulletin of the Menninger Clinic, 22,* 50-57.
Waelder, R. 1960. *Basic Theory of Psychoanalysis.* Nueva York: International Universities Press. Pp. 141-142.
Walker, T. A. 1899. *A History of the Law of Nations,* vol. i: *From the Earliest Times to the Peace of Westphalia, 1648.* Cambridge: Cambridge University Press.
Washburn, S. L., y Avis, V. 1958. "Evolution of Human Behaviour", en: *Behaviour and Evolution,* A. Roe y G. G. Simpson, reds. New Haven: Yale University Press.
Washburn, S. L. 1959. "Speculations on the Inter-relations of the History of Tools and Biological Evolution", en: *The Evolution of Man's Capacity for Culture,* J. N. Spuhler, red. Detroit: Wayne State University Press.
Washburn, S. L., y Howell, F. C. 1960. "Human Evolution and Culture", en: *The Evolution of Man,* Sol Tax, red. Chicago: University of Chicago Press.
Washburn, S. L., y DeVore, I. 1961. "Social Behaviour of Baboons and Early Men", en: *Social Life of Early Man,* S. L. Washburn, red. Chicago: Viking Fund Publications in Anthropology, nº 31.

Whitman, H. 1951. *Terror in the Streets*. Nueva York: Dial
Press.
Woolsey, C. N., and Settlage, P. H. 1950. "Pattern of Localization in the Precentral Cortex of *Macaca mulatta*." *Fed. Proc. Amer. Soc. Exp. Biol.*, *9*, 140.
Wright, Q. 1942. *A Study of War*. 2 vols. Chicago: University of Chicago Press.
Zuckerman, S. 1932. *The Social Life of Monkeys and Apes*. Londres: Routledge and Kegan Paul.

Discusión

HARRISON: He advertido, en este y otros trabajos de naturaleza psicológica, de los que han circulado separatas para este coloquio, que parece haber divergencia de opiniones entre psicólogos y biólogos en la interpretación de las distintas clases de comportamiento. Como biólogo, puedo reconocer en diferentes organismos, cuando se encuentran individuos, por un lado un impulso de ataque, o agresivo, o acción, y por otro un impulso de huida, un impulso de sumisión, o reacción. Parece tratarse de tendencias opuestas. Puede estar presente un impulso sexual como tercer componente que cree una tendencia, en los dos individuos, a permanecer juntos, y provoque conflictos entre los impulsos de ataque y huida por una parte, y por otra el sexual. Me parece que los psicólogos han reconocido la existencia del impulso agresivo, pero parecen oponerlo a lo que describen mediante términos bastante vagos, como "amor" y "afecto". Parecen asimilar los impulsos de huida y sexuales, y el conflicto de los impulsos sexuales con el ataque y la huida, y utilizar sólo este último nombre, sin distinguir, lo cual parece haber causado cierta confusión en la interpretación del comportamiento agresivo y las respuestas a él.

LORENZ: Creo que, durante esta discusión, hemos ampliado imperceptiblemente el concepto de lo que llamamos agresión. Me parece que debiéramos retornar a la definición funcional de agresión intraespecífica, como lo intentamos el doctor Storr y yo en nuestras contribuciones.

STORR: El profesor Hill afirmó que las manifestaciones agresivas contra el propio sujeto aumentaban con la edad, pero que no ocurre esto con todo el comportamiento agresivo. ¿No considera que el comerse las uñas y tirarse de los cabellos, mucho más comunes en los niños, son también manifestaciones agresivas dirigidas contra el propio sujeto, y que disminuyen con la edad?

HILL: Verdad es que automutilaciones menudas son más comunes en los niños que en los adultos, pero hay que recordar que la excoriación de la piel y el raspado vuelven a ser muy comunes en la vejez. No obstante, las formas graves de agresión vueltas hacia la enfermedad autodepresiva, y el suicidio también son más comunes conforme la edad aumenta.

LORENZ: La constante estimulación de la agresión, como por ejemplo la frustración, puede ayudar a mantener al individuo en condiciones de lucha. Uno de mis discípulos, Walter Heiligenberg, ha mostrado recientemente, de manera cuantitativa, que es necesaria constante activación para mantener el comportamiento agresivo "en forma". En otras palabras, sufre atrofia si se mantiene inactivo demasiado tiempo. Esto, sin embargo, no modifica el hecho de que los impulsos se generen endógenamente y de que se necesite energía para reprimirlos. El punto de acuerdo principal —y, en mi concepto, más importante— entre el psicoanálisis y la etología se refiere a este lado dinámico de la fisiología de los instintos.

HARRISON: ¿Considera el profesor Hill que el suicidio es siempre una forma de comportamiento agresivo y nunca una forma de escape?

HILL: Sí. Opino que el suicidio, fallido o no, es siempre una forma de comportamiento agresivo, pero puede interpretarse también en muchas ocasiones como una forma de escape.

HARRISON: Me gustó el trabajo del señor Laver, pero quisiera poner en tela de juicio el "Principio de Seducción". Yo sugeriría que las mujeres no se visten para atraer al sexo opuesto sino para estar "a la par" de otras mujeres. (En cualquier caso, sin duda el reconocimiento sexual funcionaría sin que tuviera nada que ver la ropa.) La función de la moda acaso fuera establecer para un individuo una posición de dominancia dentro de un gran grupo subor-

dinado que compite por la atención de un grupo dominante menor. Ha existido una singular oportunidad
de estudiar esto en años recientes en grupos de adolescentes, en los que las proporciones de sexos de otro
tiempo se han invertido, de modo que hay ahora más
muchachos que muchachas. Al mismo tiempo que ha
ocurrido este cambio, se ha modificado el comportamiento: los muchachos muestran tendencia a dar gran
importancia al atuendo complicado y también a exhibir otros rasgos de conducta que otrora se consideraban femeninos. Además, ha aparecido a la vez un
carácter improvisado y libre en el atavío de las muchachas. He tenido oportunidad de observar grupos
de muchachos de esta clase y he encontrado que la
ropa que llevaban no era para atraer a las muchachas
sino para establecer una posición de superioridad y
dominancia dentro del grupo. Esto, por supuesto, da-
ría una ventaja selectiva para atraer reconocimiento
sexual. En tales circunstancias, podemos sospechar que
la importancia de la moda dependerá de la posición
relativa de los dos sexos en lo tocante a número, y
no será cosa peculiar de uno de ellos.

LAVER: El motivo de las mujeres en cuestión de
atavío ha sido siempre origen de controversias. La
mayoría de las mujeres niegan con indignación que
se visten para atraer al sexo opuesto. Dicen que se
atavían para su propio gusto. Sin embargo, se me ha
ocurrido una fórmula que ojalá deje a todo mundo
satisfecho: "Las mujeres se visten compitiendo con
otras mujeres, para complacerse a sí mismas atrayen-
do a los hombres." La idea de dominancia dentro de
un grupo (pandillas de adolescentes, por ejemplo)
sólo opera en sociedades semibárbaras. El "caballero"
no quiere más que indicar su pertenencia a una clase.
Repudiaría la idea de distinguirse, dentro de ella, por
su atuendo. No creo que las proporciones de sexos
sean el factor dominante más que en semejantes grupos. El factor erótico (el Principio de Seducción)
aplicado a la ropa masculina está visiblemente ausente en otros casos.

OAKLEY: ¿Aplicaría el señor Laver la misma clasi-
ficación, o una parecida, a los atuendos de noche que

a los de día? Me refiero a la ropa de dormir. ¿No
es cierto que no se conocía en Inglaterra antes de
1800, aproximadamente, y que empezó a usarse casi
al mismo tiempo que las paredes empapeladas? ¿Estaría de acuerdo en que las modas en la ropa de
dormir podrían servir de índice de cambios sociales
habidos en el último par de siglos?

LAVER: Las prendas nocturnas son de un campo especializado. Como dice el señor Oakley, eran casi
desconocidas antes de 1800, más o menos. En la Edad
Media las personas de ambos sexos dormían desnudas. Más tarde hombres y mujeres dormían en cami-
sa. No entiendo qué tenga que ver el papel para paredes, que en forma bastante primitiva se conocía
en el siglo XVI. Los pijamas son en gran parte del siglo XX, pero hasta 1914 no los usaron más que hombres de las clases más altas. Durante la primera Guerra
Mundial sólo se daban a los oficiales. Las mujeres
empezaron a usarlos en la tercera década del siglo.
Recientemente las mujeres están usando otras ropas
de dormir, algunas muy cortas, de las que llaman
baby doll.

CARTHY: Me pregunto si la aparición de armas usa-
das a distancia pudo incrementar la agresión al separar a los dos hombres de modo que los gestos de
sumisión resultaran ineficaces. ¿Qué testimonios hay
de que los australopitecos utilizaran armas arrojadi-
zas? Creo que se ha sugerido que tiraban piedras a
los papiones.

FREEMAN: Opino que la sugestión del doctor Carthy es interesantísima. Hay buenos testimonios etológicos de que en muchas especies los gestos de sumisión ayudan a inhibir la agresión, y la invención
de armas que podían usarse a distancia (lo cual ha
sido una tendencia constante en la evolución de las
armas) se opone ciertamente a cualquier proceso inhibidor natural de este género. Se trata de un problema que pudiera ser estudiado por etólogos y an-
tropólogos. Los hombres primitivos tiran piedras con
gran puntería, en la caza y en la guerra; se dice, por
ejemplo, que los hotentotes de otros tiempos tiraban
"granizadas de piedras" en la guerra, y que "cuando

se manifiesta de manera más asombrosa la destreza del hotentote es cuando tira una piedra" (Clark, 1959). Kortlandt y Kooij (1963) han examinado recientemente el lanzamiento agonístico entre los primates infrahumanos. De acuerdo con estas y con otras pruebas, me inclinaría a creer que los primeros homínidos, como los australopitecos, sabían tirar piedras. Una de las tarjetas postales que se venden en el Museo Británico (Historia Natural) muestra, si mal no recuerdo, un australopiteco que se adelanta, amenazante, con una piedra en la mano levantada. Dart (1957) ha propuesto que algunos de los huesos largos hallados junto con los restos de australopitecos se usaban como porras, y produjeron casi con certidumbre las fracturas dentadas, cuyas partes casan, que se aprecian en los cráneos de papiones hallados en los mismos lugares. No es improbable que se usaran piedras también.

HUXLEY: Parece probable que un paso decisivo en la recurrente dominancia de los homínidos fuese el uso de armas (porras y especialmente lanzas), tanto para matar a las presas como para defenderse de fieras y especialmente de rivales.

FREEMAN: Ciertamente estaría de acuerdo en la importancia decisiva de las armas, pero las había de muchos tipos, aparte de porras y lanzas.

HUXLEY: Lanzas y garrotes, por ser de madera, no sobrevivirían, en tanto que los artefactos (no agresivos) de piedra característicos de los australopitecos sí perduran.

FREEMAN: Cierto es que las armas de madera no durarían, pero no que los artefactos de piedra fuesen característicos de los australopitecos (Clark, 1959). Las pruebas reunidas por Dart (1957) indican que las armas de los australopitecos eran de hueso, diente y cuerno, y que tales armas representan una etapa evolutiva anterior al trabajo de la piedra. Seguramente se usaban también porras rudimentarias de madera (como ramas, etc.). Kortlandt y Kooij (1963) han discutido recientemente los porrazos agonísticos de los chimpancés.

LORENZ: Puede hacerse que los animales se comporten como hombres y maten a sus compañeros de especie. Si se apiña una docena de ciervos capreolinos en un corral de zoológico, el resultado es la más sanguinaria matanza. Creo que el profesor Washburn, en la frase citada por el doctor Freeman ("el hombre tiene una psicología de carnívoro"), comete una grave injusticia con los carnívoros. Los que pueden herir mejor mediante sus armas de caza suelen tener mecanismos inhibidores de correspondiente eficacia, cue les impiden hacer daño a individuos de su misma especie. Los lobos y leones no arman matanzas ordinariamente, aun en condiciones de apiñamiento anormal.

FREEMAN: Acepto gustoso lo que acaba de decir el profesor Lorenz en defensa de los leones, los lobos y otros carnívoros. No me es posible responder por el profesor Washburn, cuyas palabras cité, pero estoy seguro de que lamentaría, conmigo, la injusticia cometida con tan nobles criaturas. Mi propia opinión es que el término "carnívoro", cuando se aplica al comportamiento de los *Hominidae,* adquiere un sentido bien distinto del que tiene al usarse a propósito de especies de otros grupos del orden *Carnivora.*

HUXLEY: Los animales de presa carnívoros no son agresivos en el sentido habitual cuando cazan: sólo cuando se les ataca. Herbívoros como el rinoceronte, el búfalo africano y el elefante se cuentan entre los animales más agresivos. No hay correlación entre dieta y agresividad.

FREEMAN: Acepto las palabras de Sir Julian Huxley acerca de los carnívoros y herbívoros que la zoología conoce, pero no estoy seguro de si tales datos pueden aplicarse automáticamente al animal humano. Parece que aquí nos tiende una trampa el término "carnívoro", que tendría sentidos algo distintos para el zoólogo y el antropólogo. Para el primero, es un epíteto que se aplica a cualquier carnívoro. Literalmente quiere decir "que come carne" y por lo tanto es una palabra apropiada para describir el animal humano que la come. Comer carne fue un rasgo fundamental en la adaptación de los homínidos durante el millón o dos de años del Pleistoceno, y (en la mayoría de las culturas) sigue siendo hábito del hombre contemporáneo, con la innovación de que la carne que el hombre come es de animales domesticados más que de animales cazados. No obstante, cuando me refiero, como antropólogo, al hecho de que los *Hominidae* son carnívoros, no los clasifico entre representantes del orden *Carnivora*. Según las pruebas que tenemos hoy día, el hábito carnívoro característico de los homínidos 'apareció durante el Pleistoceno, con la evolución de las armas de mano y una adaptación basada en la caza. Es posible, sin embargo, que la predilección por comer carne y la capacidad de cazar algunas presas haya existido antes que evolucionaran auténticas armas, de modo que aquellas características tal vez hayan sido de las presiones de selección que llevaron a que los australopitecos inventaran armas de mano rudimentarias; tal vez lo mismo hicieron otros miembros tempranos del género *Homo,* como (posiblemente) *H. habilis* (Leakey, Tobias y Napier, 1964). Se hallan pruebas de esta hipótesis en las investigaciones recientemente publicadas de la señorita Jane Goodall (del Newham College, Cambridge) acerca del comportamiento de los chimpancés silvestres *(Pan satyrus schweinfurthi)* en Tangañica. La señorita Goodall informa haber observado la captura, la muerte y el consumo de un mono *Colobus* rojo, por uno de estos chimpancés (Goodall, 1963a), y, en otras ocasiones, vio que se comían "un cerdillo silvestre muy joven" y "un antílope como de un mes" (Goodall, 1963b). Las adaptaciones predadoras de los homínidos durante el Pleistoceno fueron sin discusión de tipo marcadamente distinto de las que han aparecido, por procesos filogenéticamente diferentes, entre los *Carnivora*. Además, en el caso de los homínidos posiblemente se trata de animales que empezaron a usar armas de mano letales y se hicieron predadores y carnívoros, pero que carecían de los eficaces mecanismos inhibidores, filogenéticamente obtenidos, de los *Carnivora*. Así, a la luz de los recientes descubrimientos paleoantropológicos se ha propuesto la hipótesis de que ciertos aspectos de la naturaleza humana (incluyendo acaso la agresividad y la crueldad) bien pudieran vincu-

agresión. Merced a un accidente de la historia, Freud, que ha tenido más influencia que nadie sobre la idea que el hombre se hace de su propia naturaleza, no admitió la existencia de un impulso agresivo separado hasta que fue ya viejo, y tropezó entonces con tal dificultad para encajarlo en su esquema, que tuvo que entrar por el callejón sin salida del concepto de instinto de la muerte. Otros psicólogos, sin embargo, sobre todo Alfred Adler, reconocieron siempre que existe un empeño de superioridad o necesidad urgente de poder, o deseo de autoafirmación, y el sentido común pide que a algún instinto así se le conceda igual importancia que al instinto sexual.

Se admite generalmente que mientras más hacia atrás se rastreen las fantasías de los niños, más agresión se encontrará, y es imposible creer que todo este potencial agresivo provenga de la frustración del lactante. Aun en los niños criados con más cariño hay generalmente una fase de rebelión, hacia los tres años de edad, en la que afirman su individualidad en términos poderosamente agresivos. Los adolescentes repiten la pauta más tarde. De hecho los adolescentes necesitan rebelarse, y cuando no tienen contra qué, inventan figuras imaginarias para desahogar en ellas su ira. El notable incremento en la criminalidad juvenil durante los últimos veinte años acaso se vincule en realidad a la reducción de la frustración externa. Si no puede tratarse a los padres como a chivos expiatorios, la agresión halla otros objetos que atacar.

Es importante, además, darse cuenta de que no se haría ningún descubrimiento si los hombres no fuesen intolerantes hacia lo viejo y afirmasen violentamente lo nuevo. La agresión y la creación van de la mano y, como dijo una vez Bernard Berenson, 'el genio es la capacidad de reacción productiva contra el adiestramiento recibido".

Al considerar la guerra y la oportunidad que ofrecía de expresar el lado agresivo de nuestra naturaleza, la mayoría de los autores o bien han caído en la trampa del pacifismo milenarista o han exaltado la guerra con una especie de patriotería de colegial que me resulta muy repulsiva. La guerra es un mal grande y apremiante que hay que eliminar, pero de nada sirve suponer que podemos cambiar la naturaleza humana haciéndola pacífica y mansa. Pues en nuestros esfuerzos por realizar todo nuestro potencial, la lucha y la oposición son necesarias absolutamente. Si no existen enemigos, los inventamos en seguida, como debe de saber todo aquel que haya pertenecido a un comité. Nuestro error es creer que todo termina con la destrucción de nuestros enemigos. Por el contrario: debemos luchar por preservarlos.

La sociedad rica amortigua para nosotros el hambre, la enfermedad y la destrucción, y haciendo esto nos quita toda oportunidad de ponernos a prueba hasta el límite, de luchar o morir. Nada de raro tiene que la forma anticuada de guerra fuese popular. Pues en nuestro tonto tránsito de los cochecillos infantiles a los ataúdes decorosos, ¿qué oportunidades tenemos para el heroísmo, el sacrificio propio o la identificación con causas que trasciendan nuestro mezquino cuidado por el reconocimiento, el *status* o la dominancia en el orden de picoteo humano? Hasta que las armas nucleares impidieron definitivamente el heroísmo, la guerra fue un campo en el que los hombres realizaban potencialidades de valentía y resistencia que raras veces estaban a su alcance en tiempo de paz. Esperar que la decreptitud senil ponga fin a la prolongada existencia de uno no es una perspectiva necesariamente agradable, y muchas naturalezas sólo se sienten consumadas en circunstancias en que están expuestas a riesgos o, al menos, a incomodidades.

La tendencia humana a dar la bienvenida a dificultades y peligros es muy interesante. En mi opinión no es cabalmente explicada por la teoría psicoanalítica del masoquismo. Hay, por supuesto, personas que se atormentan y castigan ellas mismas, consciente o inconscientemente, por ofensas pasadas. Hay, por supuesto, personas que nunca se pueden conceder placer alguno, y que convierten aun la más mínima tarea en un examen difícil, doloroso, que no aprueban jamás. Por otra parte, no cualquier tarea que un hombre se imponga a sí mismo pertenecerá a esta categoría, y no puede suponerse que acoger cierta can-

tidad de dificultad y peligro sea cosa invariablemente patológica. Intentar escalar la cara norte del Eiger tal vez sea una locura masoquista, pero no todo el que disfruta el ejercicio físico seguido de relajamiento intenta fortalecer una masculinidad precaria. "La fuerza —dijo Leonardo da Vinci— nace del constreñimiento y muere en libertad", y sin algún constreñimiento ¿cómo va un hombre a descubrir su propia fuerza? Me parece que una actitud hacia la vida que halle algún placer en superar obstáculos o haciendo frente a riesgos es preferible a aquella en que se evita todo lo desagradable y se prefiere invariablemente el camino más fácil, y en el pasado la guerra ha ofrecido a los hombres oportunidades de esforzarse hasta el límite, no sólo probando su fuerza, sino evocando potencialidades ni siquiera imaginadas en condiciones de paz.

Las potencialidades humanas que no se usan tienden a causar trastornos a su dueño. El talento oculto no yace en reposo: provoca perturbaciones subterráneas que se manifiestan en forma de angustia y otros síntomas. Freud nos enseñó cómo la represión de la sexualidad puede llevar a síntomas neuróticos que tienen efectos de largo alcance sobre la felicidad y la salud del individuo entero. Negar expresión a una parte tan importante de la naturaleza humana es arriesgarse a que esta naturaleza proteste.

Del mismo modo, parece probable que la negación o represión de nuestros impulsos agresivos tienda a causar falta de armonía dentro de nosotros mismos, por muy deseable que fuera deshacernos de ellos. A juzgar por la popularidad de la violencia en la pantalla cinematográfica y de televisión, el entusiasmo con que contemplamos el boxeo o la lucha y la delicia con que leemos acerca de los asesinatos, parece cierto que, automática e inevitablemente, buscamos de continuo oportunidades para la expresión vicaria de impulsos agresivos. ¿Acaso tendrá la culpa la forma de nuestra civilización? Erich Fromm ha señalado que las máximas tasas de suicidio y alcoholismo se dan en países que suelen considerarse los más democráticos, pacíficos y prósperos. Encabezan la lista

Dinamarca, Suiza, Finlandia, Suecia y los Estados Unidos. Evidentemente el suicidio es una vuelta de la agresión hacia el propio individuo, y el alcoholismo es igualmente una expresión de la manera en que los hombres se destruyen a sí mismos. En Inglaterra, cada año se suicidan 5 mil personas, y 30 mil lo intentan; y si bien no se cometen muchos homicidios, la triplicación de la población de las cárceles de 1938 a la fecha, y los trastornos raciales en Notting Hill y otras partes, atestiguan rotundamente la presencia de violentos impulsos destructores que contenemos con dificultad en nuestro interior. En la guerra estos impulsos acostumbraban encontrar un canal aceptable para descargarse. Ya no pueden hacerlo, como no sea en guerras entre naciones que no posean armas nucleares. Cualquier satisfacción que obtenga un estadista megalómano al enviar un cohete nuclear probablemente será pronto borrada por su propia aniquilación; y aunque otro Hitler prefiriera destruir a la vez el mundo y a él mismo, no nos proporcionaría con ello un escape para nuestros impulsos agresivos.

Me parece posible que logremos evitar el holocausto —opinión apoyada por los acontecimientos de la crisis cubana. Pero declarar ilegal la guerra nuclear, o aun la abolición total de la guerra, no resolvería el problema de nuestra propia agresividad. En algunos sentidos lo volvería más difícil; de ahí que debamos considerar posibles sucedáneos de la guerra.

En un libro reciente, el profesor Rapoport, de la Universidad de Michigan, investigador del Centro para el Estudio de la Resolución de Conflictos, ha discutido varias maneras en que la teoría matemática podría aplicarse al estudio del conflicto humano. Su libro se llama *Fights, Games and Debates*, y declara en él su esperanza de que nuestras luchas puedan transformarse en juegos, y los juegos en debates. Su opinión tiene la señalada virtud de que reconoce que, fuera de la guerra, no es la paz necesariamente lo que queda. Clausewitz definió la guerra como "la continuación de la política por otros medios". Nuestra única esperanza es que podamos continuar la gue-

rra por medios que no sean el primitivo del exterminio.

No es una tarea imposible, pues la han cumplido otros miembros del reino animal. Como escribió recientemente el profesor Eckhard Hess acerca de la lucha entre miembros de la misma especie: "Las acciones que dañan al oponente han sido trasladadas hasta el final de la secuencia del comportamiento de lucha, elevando mucho el umbral para su desencadenamiento. Esto hizo que aparecieran torneos en que era muy poco probable el daño corporal real, lo cual es un desenvolvimiento con claro valor de supervivencia para la especie, ya que el comportamiento de lucha conservará su función de tener apartados los miembros de la misma especie sin causarles daño."

Tal vez parezca estúpidamente ingenuo pensar que se pueda sustituir la guerra por luchas rituales, pero en mi opinión ya ha ocurrido tal cosa. Hasta no hace mucho, los ingleses consideraban que sus vecinos del norte eran una amenaza grave, que ameritaba expediciones punitivas. Ahora los derrotan, o son derrotados por ellos, en el estadio de Twickenham; la lucha perdura, pero su forma es distinta. No soy ingenuo hasta el punto de suponer que puedan resolverse los conflictos graves de intereses entre Estados soberanos mediante partidos de fútbol o encuentros de gladiadores. Pero creo que los conflictos graves de intereses entre Estados soberanos no son ahora el auténtico problema, como no sea, tal vez, en las partes del mundo que están muy sobrepobladas. Indiscutiblemente pasaron ya los días en que las grandes potencias podían entrar en conflicto compitiendo ávidamente para obtener ricas tajadas de África. Ahora nos las tenemos que ver con los problemas de los conflictos ideológicos; en otras palabras: aún más con psicología que con economía. Si bien no hemos resuelto todavía el problema de los países subdesarrollados, sabemos más o menos qué hacer con ellos, y no parece probable que la guerra nuclear estalle como una forma de conflicto entre los que tienen y los que no, sobre todo si se logra evitar la difusión de las armas nucleares.

Los conflictos ideológicos durarán mientras la naturaleza humana siga siendo la que es; lo que tenemos que resolver es el problema de enfrentarnos a ellos sin recurrir a violencia destructora. Recientemente defendí las grandes cantidades de dinero gastadas en la carrera del espacio, fundándome en que pudiera estar sirviendo de conflicto ritual entre Oriente y Occidente. Quienes creen que el conflicto puede abolirse preferirían que el dinero se dedicase a vivir mejor, y simpatizo con tal deseo. Pero mientras existan Estados soberanos, habrá entre ellos luchas de competencia. El anhelo de prestigio y poder es más fuerte que el deseo de ver a todo mundo atendido. Y, al considerar la naturaleza humana, hay que tomarlo en cuenta. ¿Recuerdan ustedes cómo, cuando lo de Cuba, los periódicos se preocupaban por el orgullo del señor Jrushchiov? ¿Podría o no descender sin demasiada pérdida de prestigio? Es absurdo pensar que millones de vidas puedan depender de que se dañe o no la propia estimación de un individuo solo, pero tal es la naturaleza humana. Si tengo razón al suponer que la carrera del espacio tiene una función valiosa, no lamentaremos gastar en ella.

No creo que puedan resolverse los conflictos ideológicos usando deliberadamente sucedáneos. Pero, en virtud de la agresión humana innata, tales sucedáneos surgen automáticamente si es imposible el conflicto en forma de guerra. Siempre habrá muchos modos de que compitan las naciones, mediante la carrera del espacio, la educación, la tecnología o hasta el bienestar. Debemos estimular la competencia en estos campos tanto como podamos.

Pero hay que dar un paso vital para estar seguros de que el ritual y otras formas de lucha se vuelvan sucedáneos de la guerra. Este paso es lo que el profesor Rapoport ha denominado "supuesto de similaridad". Cuando jugamos a algo, suponemos por lo general que nuestro oponente es un hombre como nosotros, que pensará más o menos del mismo modo, dará con los mismos objetivos y hará elecciones análogas. En la guerra la propaganda juega con la tendencia paranoide, latente en todos nosotros, que nos permite mirar a otros miembros de nuestra especie como si fueran totalmente distintos. No es difícil convencer a la gente de que si un hombre tiene la piel de otro color y profesa una fe diferente, es tan radicalmente extraño que merece ser destruido. Puede no matarse al vecino, pero aquel otro hombre, el enemigo, no merece más que la muerte. Pues ¿no es un estuprador, un verdugo de niños, un individuo que bombardea a los civiles? Pero más me valdrá no continuar. Pensando en el bombardeo de Dresden, en el asunto de Suez, en Hola, en Chipre y hasta en Adén, estará bien que me detenga. Pues lo que deseo destruir en mi enemigo es lo que yo no puedo tragar, y matarlo es suicidarme. Sólo cuando nos damos cuenta cabal de esta verdad aprendemos a valorar a nuestro enemigo, y aprendemos a luchar con él sin destruirlo. "La muerte de cualquier hombre me disminuye, porque pertenezco a la humanidad; por eso, nunca quieras saber por quién dobla la campana: dobla por ti."

Cómo se revela la naturaleza de la agresión en la edad atómica

por JOHN BURTON

INTRODUCCIÓN

Se diría que las circunstancias del mundo de la posguerra exhiben la naturaleza del conflicto. En los tiempos de las armas de siempre, las situaciones de aparente agresión tendían a desarrollarse con rapidez y a provocar inmediatas respuestas políticas y militares, por lo que sus causas resultaban inanalizables. En la historia abundan noticias de guerras que comenzaron con lo que parecían ser agresiones no provocadas. En nuestra memoria están las agresiones de Italia, Alemania y Japón. Lo que condujo a la agresión no se percibió con claridad en aquel momento, y además no habría sido políticamente apropiado contradecir las explicaciones políticas y populares que acompañaban al esfuerzo de guerra de los países.

En la edad nuclear, en la que por primera vez se dispone de un inmenso poder destructor cuyo uso no le resulta fácil considerar a ningún Estado, y en la que, en segundo lugar, existe un foro mundial en el que muchos pueblos independientes se pueden expresar con libertad, se dispone de tiempo y de ocasiones para analizar las situaciones de agresión a medida que se van formando. En los días anteriores a la Organización del Tratado del Asia del Sureste (SEATO), cuando hubo trastornos en los territorios que eran antes la Indochina francesa, los Estados Unidos tenían un virtual monopolio del poderío nuclear.

[214]

En 1953, el señor Dulles amenazó con lanzar fuerzas arrolladoras contra un lugar elegido por los estado-unidenses, en el momento que quisieran, si continua-ba la agresión comunista. Empleaba la táctica ortodo-xa de la política del poder de la edad pre-nuclear, pero con armas nucleares. Hubo vigorosa reacción, inclu-sive en los Estados Unidos, y la vacilación en el cum-plimiento de tan grave amenaza dio oportunidad de hacer algunas apreciaciones objetivas del nacionalis-mo como movimiento muy distinto del comunismo. Luego de discusiones y debates meditados en la pren-sa, los parlamentos y las tribunas populares, no pudo cumplirse la amenaza, so pena de atraerse la hosti-lidad activa de la opinión pública en Asia, África y grandes porciones del mundo occidental. Los reparos no se debieron sencillamente al uso de armas nuclea-res sino —lo cual es mucho más importante— a las graves dudas despertadas acerca del mérito de la ar-gumentación estadounidense. El prolongado tira y afloja entre regímenes existentes y opuestos en el Asia del Sureste dura todavía, y ahora, después de unos diez años de debate público, empiezan a manifestarse graves dudas en los círculos occidentales acerca de la prudencia y justicia de sostener regímenes impopu-lares y represivos y de tildar de "agresión comunista" a quienes se oponen a ellos. Si no hubiera sido por la potencia de las armas modernas y por las vacila-ciones que permitieron el debate, tal vez hubiese ac-tuado el señor Dulles: China habría sido destruida y se habrían reprimido los movimientos llamados co-munistas en el sureste de Asia; la historia haría cons-tar el episodio como un ejemplo más de réplica a la agresión —pero, gracias a las armas nucleares y al de-bate público mundial, hay por lo menos algunas du-das acerca de la culpabilidad del acusado.

Tal era la posición cuando los Estados Unidos tenían el monopolio virtual del poderío nuclear. Hoy por hoy, la aparición del mutuo temor provoca va-cilaciones aún mayores, y ocasiona retrasos más con-siderables, con lo cual se da ocasión al enjuiciamiento mundial de situaciones complicadas. Acaso Suez re-presente para el historiador un punto de viraje en

los negocios internacionales tan importante como Cuba; en tiempos pre-nucleares, en tales casos habría
completado rápida y eficazmente la invasión la potencia cuyos intereses parecían amenazados. La inti-
midación mutua de la era termonuclear ha dado
oportunidad para reflexionar, precisamente cuando
los intereses y opiniones de las naciones más pequeñas tienen gran trascendencia en la política del poder. La ley, la justicia, las consecuencias estratégicas,
la moralidad, el papel de los intereses creados, son
cosas que se discuten mucho en cualquier situación
de crisis. La consecuencia es que se va obteniendo
una visión más clara de lo que constituye la agresión.

Lo que está revelando esta especie de película en
cámara lenta de la agresión en la edad nuclear parece diferir grandemente de la noción consagrada y
ordinaria. En este trabajo quisiera sostener, primero,
que no hay fundamento teórico para la noción de
agresión por Estados soberanos; en segundo lugar,
que aunque lo hubiera, no hay hoy en día testimonios de agresión entre Estados soberanos.

AGRESIVIDAD

Tal vez al fin y al cabo se demuestre que es válida la noción de agresividad en los animales; sin
embargo, no hay que perder de vista el hecho de que
en el estado presente de nuestros conocimientos no
tenemos pruebas concluyentes sobre el particular. La
gallina es un ave de lo más dichosa una vez metida
en una jaula en la que pueda disfrutar la compañía
de otras máquinas del mismo sexo sin temerlas, y la
vaca agresiva del establo lechero parece sufrir un cambio de carácter en cuanto se le cortan los cuernos.
Pero aunque los biólogos puedan demostrar que la
agresión en las formas inferiores de vida es una motivación esencial, no por ello queda establecida la
agresividad humana. Acaso haya un continuo de evolución cortical, pero esto no habla contra la efectiva
dominancia cortical del comportamiento en determinada etapa. De hecho, sea el que sea el caso con los
animales, los psicólogos parecen generalmente de

acuerdo en que "no hay fundamento directo de la
agresión, si bien el organismo bloqueado, frustrado
o despojado puede emplearse para mostrar los cambios fisiológicos que acompañan a la emoción... No
puede citarse la inherente agresividad del hombre
como un factor que haga inevitable la guerra" (Sanford, 1961). La agresividad es descrita y comprendida
por los psicólogos en términos de frustración, temor,
desplazamiento, elección de chivos expiatorios, racionalización, proyección, compensación, identificación
y una multitud de otros conceptos pertinentes, y esto
parece indicar que la agresividad es un estado mental emergente o dependiente.

Esta concepción académica de la agresión, como
motivación secundaria o derivada, no impide que la
agresividad sea tratada por la ley, y por la sociedad
en general, como cosa primaria de la que es responsable el individuo mismo. Seguimos empeñados en
dominar y suprimir la agresión del individuo sin tomar en consideración la causación en el medio. Lo
mismo que los vagabundos eran perseguidos en otro
tiempo como gente ociosa, y no se consideraban productos de un sistema que incluía el desempleo, los
individuos agresivos siguen siendo condenados socialmente y sometidos a leyes destinadas a suprimirlos.

La brecha que existe en una sociedad entre la
teoría académica y la práctica social es muy pequeña
si se compara con la que existe entre la misma teoría
y su práctica dentro de la comunidad internacional.
No nos detuvimos a considerar en qué grado las
naciones occidentales eran directa e indirectamente
responsables de las agresiones italianas, alemanas y
japonesas, y de todas las atrocidades ligadas a ellas.

No sólo la brecha entre teoría y práctica es más
grande en nuestro enfoque de la agresión internacional, sino que las consecuencias son mayores. Encar-
celar o ejecutar al individuo agresivo no destruye la
sociedad. Pero en el terreno internacional, cualquier
intento de reprimir la agresividad aparente, por no
suprimir tempranamente las causas que sustentan la
agresión, tiene vital importancia para la civilización
entera. En el mejor de los casos se obtiene una paz

temporal; en el peor, hay guerra mundial. Estamos preparados, sin embargo, para dejar abierta la mencionada brecha; en un sistema de política del poder, es más cómodo para un Estado crear una imagen de agresión no provocada que entregarse a un poco de autocrítica de su propia política.

UNA DIFICULTAD LÓGICA

Hasta aquí he estado arguyendo que no hay testimonios positivos de agresividad como motivación primordial en el individuo, y por analogía, no hay razón para suponer que una nación sea agresiva. Ahora deseo sugerir que aunque la noción popular de agresividad en el individuo, como motivación primordial, fuese válida, tampoco podría argüirse lógicamente que los Estados fuesen agresivos.

En tanto que algunos aspectos de conducta en los asuntos internacionales resultan evidentes, no hay aplicación válida de términos y conceptos, nacidos en una sociedad cerrada, a las relaciones entre Estados. En años recientes han aparecido repetidas veces extensiones peligrosas, a la comunidad internacional, de conceptos ideados en la sociedad cerrada. Los asuntos internacionales han atraído el estudio "interdisciplinario". Terminologías precisas y pertinentes en disciplinas particulares se han infiltrado en la discusión de los asuntos internacionales, y estamos construyendo presurosos una serie de convenientes imágenes del mundo para conveniencia de psicólogos, psiquiatras, expertos en educación, biólogos, físicos y otros, y analizamos y recetamos para los defectos descubiertos, creyendo que nos ocupamos del mundo real.

Una de las imágenes más comunes —y más peligrosas, según espero demostrar— es la de una sociedad internacional en la que las naciones tienen todos los atributos de las personas en una comunidad. Entonces la psicología anormal, la teoría de los juegos, los juicios de valor y las respuestas morales parecen inmediatamente pertinentes en los estudios internacionales. En realidad, el Estado-nación no pertenece a este orden; si es indispensable una analogía (y no

veo razón alguna para ello), sería al menos igualmente apropiado recurrir a la mecánica y la electró-
nica que a la sociología. Sólo describiendo cómo opera el sistema mundial de la política del poder podrá
empezar a entendérselo; resultará claro entonces por
qué líderes mentalmente sanos parecen responder
anormalmente en el sistema internacional, por qué
hombres morales toman decisiones inmorales, por
qué la *élite* conductora, blanda y humilde, aparece
como agresiva. Cierto es que las naciones son dirigidas por humanos, sometidos a presiones por otros
individuos, y es verdad, por lo tanto, que hay importantes problemas vinculados a la percepción y comprensión de las políticas y motivos de otros; pero
defender la existencia de un continuo que va de la
familia a la tribu, de ahí a la comunidad y por último a la sociedad internacional, es falso. Las familias podrán tener algunas características y respuestas
describibles en términos apropiados para sus miembros, pero el Estado y su maquinaria de gobierno no
puede recibir los mismos atributos psicológicos.

Cualquier teoría que postule el continuo desarrollo de la organización social, desde formas primitivas
hasta una sociedad internacional, conduce lógicamente al gobierno mundial como meta final por alcanzar.
En realidad no hay continuo, la meta puede ser inal-
canzable, aun en teoría, y las energías se habrán
dirigido equivocadamente y conducirán al fracaso y
al desastre, aparte del desencanto y la desesperación
académicos y populares. En realidad los peligros de
la actitud errada son mayores que el mero desencanto. Cuando biólogos y psicólogos afirman que hay
tendencias agresivas entre los individuos dentro de
las naciones, con la implicación de que los Estados-
nación tienden a actuar agresivamente, animan a todos los Estados a esperar la agresión, aun cuando no
haya enemigo discernible. La política defensiva del
Estado tenderá precisamente a producir los resultados que intenta evitar, y la responsabilidad última
de esto podría ser del intelectual en la sociedad. Se
pregunta uno hasta qué punto los filósofos del pasado habrán sido directamente responsables de las

ideas de paz-por-la-fuerza y de la noción de que la independencia nacional es función de la capacidad defensiva.

Es difícil, aun para el estudioso académico, desprenderse de las nociones populares. Por ejemplo, Hans Morgenthau (1960), a pesar de que se refiere en un pasaje a los elementos de temor y frustración en la agresión, tropieza con dificultades para salvar la brecha entre las concepciones científica y popular de ésta. Se halla dispuesto a afirmar que es posible la predicción fundada en lo pasado, gracias a "esos impulsos bio-psicológicos elementales por los que a su vez es creada la sociedad". Y continúa: "La esencia de la política internacional es idéntica a la de su equivalente doméstico." Según esto, todo gobierno responsable está plenamente justificado en recurrir a medidas defensivas extremas y provocativas. Los estudios sobre las relaciones internacionales, como, por ejemplo, *Power Politics* del profesor Schwarzenberger (1964), basados en el enfoque del poder, parecen suponer una naturaleza agresiva del Hombre y el Estado, si bien no siempre discuten tales supuestos. El profesor Waltz (1959), en su útil libro *Man, the State and War,* ha demolido eficazmente —en mi opinión— varias de estas nociones preconcebidas, en particular las actitudes que sólo consideran una causa y sugieren que el hombre o el Estado son responsables de la guerra. Mediante un análisis cuidadoso, el profesor Claude (1961) ha destruido toda razón de refugiarse en equilibrios de poder, seguridad colectiva o gobierno mundial. Sospecho que si se prolongaran las investigaciones por este camino se descubriría que el pensamiento político moderno, oriental y occidental, está lleno de supuestos implicados, falsas premisas, y causas y curas provenientes del folklore del pasado, trasmitidas, sin ponerse casi nunca en tela de juicio, durante cientos de años.

AGRESIÓN Y CAMBIO

No debe suponerse que estos comentarios se hagan pretendiendo que las ciencias sociales y naturales no tengan contribución que hacer a las relaciones internacionales y al estudio de la política del poder. "Agresión" es un término empleado muy comúnmente por quienes están satisfechos con el *status quo* y se oponen a trastornar el orden existente. Año tras año, los estudios de las relaciones internacionales han tendido a concentrarse en la conservación de un orden existente; equilibrio de poder, seguridad colectiva y gobierno mundial: todo tiende a actuar a favor de quienes están satisfechos. El mecanismo del cambio pacífico no es cosa que haya recibido atención adecuada. Si hubiera que suponer que toda acción aparentemente agresiva se debía a algún sentimiento de injusticia o sentido de frustración, y si hubiera que buscar la causa de esto, aparecería la agresión bajo una luz diferente. Lo que se pide al científico social es más estudio del cambio; la percepción del cambio, los diferentes efectos, sobre las partes interesadas, del cambio introducido por agentes objetivos —como el clima— en contraste con agentes subjetivos —como los Estados o monopolios—; los modos de ajustarse pasivamente al cambio, de tal modo que el ajuste no lleve a más respuestas agresivas por parte de otros: la maquinaria internacional que asegure que la percepción del cambio no es deformada volviéndola percepción de un acto deliberado de agresión. La incapacidad del Occidente —y en particular de los Estados Unidos de América— para aceptar los cambios en las instituciones políticas de otros países —especialmente la República Popular China—, y para amoldarse a dichos cambios; las respuestas de China y la imagen que se hace de los Estados Unidos; las nuevas respuestas, no pasivas, de los Estados Unidos: todo ello ha creado una situación grave, aunque objetivamente semejante tensión no tiene razón de ser. Se necesita investigación sobre el mal entendimiento y el fracaso de la comunicación, y también acerca de multitud de cuestiones que no pertenecen a los temas tradicionales de la disciplina establecida de las relaciones internacionales. Pero la utilidad de semejante investigación tiene límites. Parte de los datos de los estudios internacionales deben ser hombres buenos y malos, buenas y malas instituciones, y otros muchos rasgos estáticos de un sistema internacional, en el mismo sentido en que la geografía, el clima, el crecimiento de la población y cosas así deben considerarse fijos.

EL MUNDO REAL

Hasta aquí me he conformado con afirmar que no hay certidumbre, ni mucho menos, de que la agresión sea una motivación fundamental en los animales y el hombre, y que, aunque lo fuera, no se seguiría por necesidad que la agresividad pudiera atribuirse a los Estados-nación. Esto es sólo razonamiento negativo: todo lo que he dicho es que no hay prueba de que la agresión exista. Es de lo más importante —vital, diría yo, en sentido literal— determinar positivamente si existe o no agresividad internacional. Si puede demostrarse que algunos de los supuestos básicos que sustentan la política son inválidos, por ejemplo si se pudiera demostrar que los Estados no son inherentemente agresivos en el empeño de asegurar sus intereses, podemos reflexionar razonablemente acerca de programas y políticas independientes de tal supuesto —programas y políticas que pudieran evitar la multiplicación de las defensas, en competencia, y finalmente el empleo de la guerra nuclear. El enfoque ortodoxo de los asuntos internacionales en que se fundan hoy por hoy nuestras políticas exteriores se volvería del revés si el miedo, la frustración y la privación se aceptasen popular y oficialmente como motivaciones primarias de las políticas de defensa, y no alguna inevitable urgencia agresiva. Las políticas aparentemente agresivas de los Estados se percibirían entonces no como una lucha por el poder en sí mismo, sino como una lucha de poder destinada a evitar las consecuencias de la agresividad de otros, la existencia de la cual se ha supuesto injustificadamente.

Volvamos al mundo real, en el que hoy puede observarse agresión, con cámara lenta, en el tablero nuclear. Deseo tomar mis ejemplos del Asia y del Asia sudoriental, que es un centro de actual agresión aparente. En esta región, la espera tradicional de agresión ha llevado a políticas que han parecido agresivas a los líderes tanto comunistas como occidentales. Ha habido encuentros reales, y la actitud de espera ha acabado por hacerse autosuficiente. En Vietnam y Tailandia, en Formosa y Corea, el apoyo occidental de regímenes impopulares y a veces represivos ha parecido a los chinos un cercamiento deliberado, y se han deducido intenciones agresivas de afirmaciones frecuentes, aunque no oficiales sino irresponsables, hechas en los Estados Unidos. Las respuestas chinas en cada una de estas áreas, a su vez, han parecido agresivas y se ha considerado que justifican las políticas occidentales.

Una vez que se mantienen gobiernos impopulares mediante apoyo exterior, en el contexto de la oposición de los Estados Unidos y el comunismo, cualesquiera oposiciones locales, aun las genuinamente nacionales, pueden designarse convenientemente como subversivas y tratarse como tales. Esto ha ocurrido tanto en naciones comunistas como en naciones dominadas por el Occidente. Por este camino se ha desarrollado la apariencia de una agresión comunista activa en Asia sudoriental, aun en ausencia de pruebas tangibles de tal agresión. No hay ni que decir que la existencia de inquietud interior, debida a un sistema feudal de propiedad y a privilegios extremos, no demuestra la ausencia de subversión extraña. Pero puede decirse que todo gobierno que carezca de apoyo popular y cuya perduración tenga valor estratégico para una gran potencia pretenderá que las amenazas interiores a su seguridad son inspiradas por una potencia extranjera. Puede decirse también que la intervención extranjera la interpretará una nación del bloque opuesto de poderes como de intención agresiva. Es deber de cualquier gobierno, en el sistema de la política del poder, prepararse para lo peor, y tomar medidas para contrarrestar el tipo de cercamiento militar que el Occidente ha impuesto a China.

El elemento de temor en la política china es comprensible: la mayor parte de los países de aquella región, por razones diversas, parecen tener el propó-

sito de contener —si no de dañar— a China. Luego
de verse aislada durante diez años de los consejos
mundiales, es también inevitable el elemento de frustración. China, lo mismo que Japón antes de la guerra, después de intentar por todos los medios rom-
per las barreras opuestas a las relaciones políticas y
económicas normales, si se mantiene el aislamiento
no tendrá casi otro remedio que atacar; pero esto no
demostrará que China sea un país agresivo, ni que
se haya visto obligada a expandirse por presiones de
población, ni que los líderes revolucionarios la hayan arrastrado al conflicto. Demostrará sólo que las
respuestas occidentales al cambio en China habrán
provocado miedo y frustración en China.

No es apropiado examinar aquí en detalle ni el
conflicto de Corea ni la disputa entre la China y la
India a propósito de su frontera. Sólo quisiera comentar que en ningún caso los hechos accesibles a los
observadores occidentales apoyan ninguna noción de
agresividad no provocada o de expansionismo por
parte de China. En ambos casos la espera de la agresión china, proveniente de falsa percepción, procesos
de proyección y estado de tensión elevada por causa de la propaganda, llevó a políticas y acciones que
provocaron respuestas chinas fáciles de describir como
agresivas. En ambos casos, consideraciones políticas
domésticas de naturaleza muy apremiante en los países opuestos a China —los Estados Unidos y la India-
resultaron pertinentes en las políticas que precedie-
ron a las relaciones tensas con China.

NO ALINEAMIENTO Y AGRESIÓN

En este ejercicio de inversión de papeles acaso haya
sido demasiado favorable a China y opuesto al Occidente, en mi empeño por describir un punto de
vista. Como efecto no buscado del no alineamiento,
ha surgido apoyo para la opinión de que la agresión
no es una motivación primordial en las relaciones
internacionales. Las naciones no alineadas compren-
den diferentes países, entre los cuales los hay capi-
talistas, feudales y comunistas. Algunos, como Birma-

nia y Cambodia, son vecinos de China pero parecen considerarse más seguros con respecto a esta nación que respecto a otros de sus vecinos. Tailandia y Vietnam, por otro lado, aunque no estén tan cerca de China, están del lado de una gran potencia, a la que permiten establecer bases y de la que dependen para su seguridad. Temen más a la agresión china que Birmania y Cambodia, no alineadas. Parece que el no alineamiento está demostrando que es posible la seguridad incluso para una nación pequeña que tenga frontera con una gran potencia, con tal, primero, que posea sostén político interno, y en segundo lugar que no represente una amenaza para la mencionada gran potencia a causa de la presencia de bases de una potencia opuesta. De este modo el no alineamiento parece haber mostrado que la agresión aparente es una política fundada en falsa percepción, en miedo a la agresión, y no en ningún instinto agresivo, innàto o no, ni en ningún deseo de poder de los Estados soberanos. Parece mostrar, por añadidura, que el tipo de sistema, comunista o capitalista, carece de importancia en la política del poder: un Estado no es agresivo en sentido primario, sin importar sus instituciones internas. No es ésta la ocasión de hablar del no alineamiento como tal, pero es pertinente observar que evitar las alianzas militares puede ser una política estratégica más de acuerdo tanto con la realidad política como con nuestro conocimiento académico de la naturaleza de la agresión, que las políticas tradicionales de alianza que durante toda la historia han acabado por producir los resultados que pretendían evitar.

BÚSQUEDA CIENTÍFICA DE LA PAZ

Recientemente se ha hecho publicidad a las búsquedas científicas de la paz, y sin referencias especiales a las disciplinas sociales. Poca duda hay de que casi todas las ramas del saber tienen alguna contribución que hacer al vasto estudio de las relaciones pacíficas entre Estados soberanos. No obstante, el exagerado entusiasmo en la búsqueda de un puesto para una disciplina particular pudiera destruir la paz. Me he referido a los preparativos de defensa emanados de la idea de que la agresión por el hombre y por los Estados es inevitable. La contribución científica del biólogo pudiera ser insistir en que no tiene contribu-ción que hacer, en que la causa de la guerra no se vincula directamente a la agresividad, y en que de hecho no tiene razón para creer que la agresividad sea un atributo de un Estado soberano. La extensión de los descubrimientos de la biología y la psicología a las relaciones internacionales es probablemente fal-sa; pero a modo de analogía podría ser útil señalar que en los animales y en el hombre la agresión es una respuesta no pasiva a la percepción de amenaza o a la experiencia de una frustración. Los dirigentes políticos de Estados que acusan a otros de ser agre-sivos sabrían entonces dónde reside, a fin de cuen-tas, la responsabilidad de la agresión.

BIBLIOGRAFÍA

Claude, I. L. 1961. *Power and International Relations.* Random House.
Morgenthau, H. 1960. *Politics Among Nations.* Knopf.
Sanford, F. H. 1961. *Psychology — A Scientific Study of Man.* Wadsworth Publishing Co., Inc.
Schwarzenberger, G. 1964. *Power Politics.* Stevens. [Hay traduc-ción española.]
Waltz, K. N. 1959. *Man, the State and War.* Columbia.

Discusión

LORENZ: No niego que los gobiernos puedan causar guerras sin que los motive nada comparable al impulso instintivo de la agresión intraespecífica. Obviamente, consideraciones de negocios han resultado ser un motivo más que suficiente. Pero la cosa está en que ningún político podría nunca hacer que los hombres combatieran realmente si no fuera por reacciones muy arcaicas, instintivas, de la multitud, sobre las que se puede influir. Una de esas reacciones es lo que se llama entusiasmo. En mi libro he ofrecido de él una descripción detallada. La palabra alemana *Begeisterung* implica que ha descendido el espíritu sobre un hombre en este estado mental; la palabra griega correspondiente llega hasta a indicar que es un dios el que ha tomado posesión de él, lo cual muestra claramente en ambos casos qué fenómenos subjetivos excepcionales son inherentes a la respuesta en cuestión. Objetivamente, es menos divina, pero recuerda mucho las pautas de conducta que exhiben los chimpancés al actuar a favor de la defensa social de la horda. Con los hombros levantados, la barbilla adelantada y los pelos de la parte superior de la espalda y de la región externa de los antebrazos erizados —subjetivamente, un leve escalofrío—, tanto el chimpancé como el hombre están dispuestos a arriesgar su vida por bien de la comunidad. Con el carácter predecible de un reflejo, esta reacción puede ser desencadenada por una situación estimulante estrictamente definida. Ante todo, la comunidad a la cual pertenece el individuo, y también —en el hombre— los valores que la representan, deben parecer amenazados por un enemigo exterior. La familia, la nación, viejas amistades de colegio, un club de fútbol

o la integridad de la ética científica pueden ser los
valores que, cuando amenazados, despierten defensa
entusiasta. Menciono intencionalmente cosas que me
parecen valores, junto a otras que no me lo parecen,
a fin de demostrar que no es selectiva la respuesta. El
papel del "enemigo" lo puede desempeñar una variedad mayor aún de cosas concretas y concepciones
abstractas. "Los" tiranos, burgueses, explotadores,
bolcheviques, hunos, judíos, *boches,* etc., han demostrado ser figuras igualmente apropiadas para desencadenar la respuesta discutida. Un líder que inspire
—aun en los regímenes más antifascistas—, sirve como
estímulo adicional. Inclusive se observa en los chimpancés ruido rítmico producido a coro, como recurso
en el ataque comunal, y todo el mundo conoce el efecto estimulante de los cánticos, las marchas y los him-
nos nacionales.

Ruego que no se entienda mal lo que quiero decir. No es el *entusiasmo* lo malo, sino el llevarlo por
mal camino. No es la *agresión* —ni, puestas así las
cosas, ningún otro instinto— lo que es malo, sino la
perturbación de su función acarreada por el cambio
cultural en la sociología humana, por cambios demasiado veloces para la adaptación lenta, filogenética, de
los instintos. La agresión y su forma comunal especial —el "entusiasmo"— es tan indispensable para la
estructura social del género humano como cualquier
otro instinto, y más indispensable que ningún otro
para alcanzar metas altas, específicamente humanas.
Un hombre incapaz de entusiasmo es un baldado
emocional y de nada vale para la humanidad. Uno
que sea susceptible a él pero que no aprecie la compulsión estilo reflejo que acarrea, es un peligro para
la humanidad, ya que es presa fácil de demagogos
cínicos que desatan entusiasmo combativo de modo
muy análogo a como lo hacemos nosotros con nuestros animales experimentales, y que, en la época presente, parecen ser los únicos hombres vivientes que
poseen al menos un conocimiento práctico de los instintos humanos, que aplican a sus propios fines anti-
humanitarios. Los políticos honrados, que trabajan
para bien de la humanidad, debieran arrancar una

página del libro de los demagogos y usar el conocimiento subyacente a los métodos del que trafica con la guerra, con intención de evitarla. Nuestra intención al participar en este coloquio sobre la historia natural de la agresión es demostrar, si se puede, la pertinencia de este tema para ampliar aquel conocimiento.

BERG: ¿Ha descontado usted el aprendizaje? Creo que estamos todos de acuerdo en que la agresión es innata en el sentido de que todos tenemos un mecanismo para exhibirla. A los monos les asustan, de manera innata, las serpientes, pero pueden aprender a no tenerles miedo. Se ha dicho que la cantidad de material agresivo mostrado por la televisión revela nuestra necesidad de expresar impulsos agresivos, pero recientes trabajos han demostrado que estas exhibiciones agresivas en películas infantiles hacen que los niños se conduzcan agresivamente. Me refiero a las investigaciones de Bandura. La más reciente "utopía" se la debemos a un psicólogo, el profesor Skinner, de Harvard. Muestra cómo podría vivir la gente en paz gracias a una educación apropiada.

STORR: El profesor Norman Cohn, en su libro *The Pursuit of the Millenium*, demuestra que hay una pauta regular en la aparición de líderes paranoides como Hitler. Individuos así surgen de un fundamento de frustración y miseria, porque prometen para lo futuro un milenio de paz y abundancia, y porque ofrecen un enemigo, como los judíos o el Anticristo, contra el que puede dirigirse la agresión del pueblo que conducen.

SOLOMON: Está bien claro que las guerras han servido de salidas para la agresión, y también que las tendencias agresivas de los individuos han sido explotadas con el fin de obtener su apoyo en guerras que ya han estallado. Pero ¿es la agresividad humana una causa importante de guerra? Éste es un asunto muy distinto. Parece importante que historiadores, sociólogos y psicólogos se alíen en una indagación acerca de las causas de la guerra, para poner en claro la parte desempeñada por los impulsos agresivos (y el miedo), aparte de los cálculos de los gobiernos acerca de ventajas económicas o de otro género. La respuesta

sería tal vez distinta para el día de hoy y para períodos anteriores, aun dentro del presente siglo.

RUSSELL: Me parece importante llamar la atención
de los participantes en este coloquio hacia recientes
trabajos del profesor Harry F. Harlow y sus colaboradores, en los Estados Unidos. En el último par de
años han presentado pruebas convincentes de que un
elevado nivel de agresividad en los primates es producto de su crianza. Primero tenemos que distinguir
dos cosas: por un lado, la rabia; por otro, el tipo de
intensa agresividad destructiva que se observa entre
los hombres, en el crimen, la lucha civil o la guerra.

El mecanismo de la rabia es denominado ordinariamente por los etólogos impulso de ataque. Está presente de manera innata en la mayoría de los animales
superiores, incluyéndonos a nosotros, si bien se sabe
que en determinadas especies madura tarde, ciertamente despues que el miedo. Es sencillamente un mecanismo para reaccionar a la frustración de necesidades, incluyendo la necesidad de hacer cosas. En
algunas especies inferiores, la selección natural ha
hecho que este mecanismo actúe a alto nivel durante
prolongados períodos de la existencia del individuo:
así no está relacionado exactamente a la cantidad de
auténtica frustración presente. Esto puede ocurrir,
como nos explicó el profesor Lorenz, porque la defensa contra los predadores o parásitos exige un impulso de ataque extremadamente activo. Tenemos
así una especie con intensa agresividad innata, como
Moris, con desdichadas consecuencias para la vida social, que la selección natural aliviará por otros medios. El mecanismo de la rabia es controlado en la
región del cerebro que se llama hipotálamo, estructura que poseen muchos animales. Pero en los mamíferos superiores hay un circuito especial que pone
este mecanismo bajo el control de la corteza cerebral,
que se sabe que es la sede de la inteligencia en el
hombre. Esto quiere decir que en nosotros la rabia
pudiera ser nada más una señal de la presencia de
frustración, en principio bajo control inteligente.
Cuando la inteligencia no está en condiciones de actuar libremente, el mecanismo de la rabia puede

acerca de la Doctrina de la Lucha de Clases. Y sin embargo esta doctrina es considerada (al menos eso afirman) por uno de los poderosos protagonistas de la peligrosa situación mundial presente como el genuino fundamento histórico de la agresión humana: la lucha de clases y su más moderna manifestación, el imperialismo. Opino, como sin duda la mayoría de los presentes, que es atribuir demasiado a una sola causa y caer en una simplificación excesiva o quizá (lo cual es mucho más peligroso) en una racionalización.

Con todo, es una doctrina creída (o aceptada) por la mayor parte de los habitantes de dos de las naciones actualmente más poderosas y de mayor potencia intelectual: Rusia y China. Es el fundamento de un grupo de doctrinas cuya inevitabilidad y ubicuidad es afirmada por un lado —los marxistas— y negada por otro. Es así (nominalmente al menos) el *casus belli* de la guerra fría, y pudiera serlo de un conflicto atómico. Tal vez sea cosa natural que los naturalistas la hayan ignorado, pero ¿y los sociólogos y nuestro historiador?

HARRISON: El doctor Burton ha sugerido que un organismo como un Estado o nación no puede, por su naturaleza, reaccionar agresivamente, pero es imposible dudar de que toda decisión de un Estado es en última instancia la decisión del individuo particular que ocupa un puesto de responsabilidad. Si bien tales individuos pueden ser capaces de razonamiento racional y abstracto, poseen también reacciones emocionales innatas normales, y sabemos que cuando se establece un conflicto entre el razonamiento y las reacciones emocionales, las últimas derrotarán al primero, con lo cual el individuo será tan capaz como el que más de una reacción agresiva. Si personas así creen que lo que deciden hacer tiene el apoyo de la mayoría de sus compañeros, esto puede conducir a una guerra, lo cual es una reacción individual tan agresiva como cualquier otra que hayamos considerado.

BURTON: Hay que distinguir entre hombres como actores y Estados como actores. El jefe de un Estado, o un político, no puede actuar como persona. Está sometido a toda suerte de presiones y consulta a múltiples consejeros. Puede actuar, en la práctica, de maneras del todo opuestas a su propio juicio o a sus propios deseos, y puede actuar, como jefe del Estado, de maneras perfectamente incompatibles con su personalidad privada propia. El punto que deseo subrayar es que los Estados actúan, en su opinión, de manera responsable en relación con los intereses del Estado. Lo que se antoja una agresión a los otros, no les parece a ellos más que el ejercicio de sus derechos en defensa de sus intereses, o en lgítima búsqueda de sus intereses. La diferencia entre una guerra de defensa y una de agresión está en el lugar desde donde se la mire.

COHN: ¿Considera el doctor Burton que la guerra habría estallado en 1939 si Alemania no hubiese estado gobernada por un megalómano paranoide?

BURTON: La guerra estalló en 1939 no a causa del carácter particular del líder de Alemania. El hecho de que éste ocupase el puesto que ocupaba se debió a circunstancias originadas muchos años atrás, y la verdadera situación de conflicto existía desde mucho tiempo antes de 1939. Cuando los Estados sufren frustración al tratar de alcanzar sus objetivos, como sucedió, por ejemplo, con Japón, que necesitaba materias primas y mercados para desarrollarse, se eligen líderes preparados para buscar dichos objetivos por medios distintos de las negociaciones. No ayuda a ningún análisis de un conflicto empezar en el punto de la auténtica guerra militar.

CROFT: ¿Cuál es la posibilidad de que un individuo desequilibrado que ocupe un puesto en que disponga de poder inicie una guerra atómica?

BURTON: Se sabe de unos pocos casos en que personas desequilibradas han intentado desencadenar la guerra atómica. Sin embargo, se dice que el sistema de verificación es "a prueba de tontos" y éste es, por supuesto, un problema del que tienen perpetua consciencia los técnicos, que mejoran sin descanso los procedimientos de verificación. En mi opinión, los riesgos de guerra nuclear por accidente o irresponsabilidad son cada vez menores.

recibir la influencia de procesos de condicionamiento
y dejar de hallarse bajo control inteligente. De acuerdo con los hechos anatómicos, conocidos desde hace
cosa de una década, debiéramos esperar que la intensa agresividad en los primates fuera producto de
la cultura y la crianza.

Esta predicción es confirmada por las experiencias
de Harlow y sus colaboradores. Criaron monos *rhesus*
aislados de sus madres, pero con acceso entre ellos, en
una especie de sociedad de huérfanos exenta de influencia de adultos. Los huérfanos entablaron relaciones entre ellos con algo menos de rapidez y de facilidad que grupos similares con acceso a sus madres.
Pero cuando hubieron crecido, los huérfanos fueron
monos normales desde el punto de vista de la conducta, con comportamientos sexual y explorador normales, y niveles de rabia normalmente moderados.
Por otro lado, algunos monos jóvenes fueron criados
aislados no solamente de sus madres sino también
unos de otros. Ya crecidos, mostraron graves trastornos del comportamiento. Se parecían algo a los pacientes esquizofrénicos humanos. Cuando se les dio
posteriormente oportunidad, no mostraron respuestas
sociales positivas de ninguna clase. Se estuvieron sen-
tados, mirando fijamente, en sus jaulas, y se mordían
si se acercaba alguna persona. Su conducta sexual
estaba muy trastornada. Pero unas cuantas hembras
criadas así fueron finalmente impregnadas por machos normales excepcionalmente pacientes y persistentes. Tales hembras tuvieron hijos; pueden, pues,
describirse como "madres sin madre".

La conducta de las madres sin madre hacia sus
pequeños fue tremenda e inhumana (o mejor: "no
simiesca"). No mostraron respuesta ni atención positivas. Los monos pequeños intentaban sin cesar entrar
en contacto físico con sus madres, que los tiraban o
pisoteaban como si fueran desperdicios o parásitos. Al
igual que los huérfanos considerados anteriormente,
los monos jóvenes tuvieron acceso unos a otros, y ad-
quirieron cierta capacidad para la conducta social.
Pero evidentemente habían padecido una intolerable
frustración en su infancia. A medida que crecieron,

mostraron *más agresión* que ningún otro de los grupos estudiados, y a veces se diría que se asemejaban a los delincuentes juveniles humanos.

Es obvio que los monos de Harlow, al igual que todos los seres humanos, deben haber tenido mecanismos de rabia. Pero la agresividad intensa, anormal para la especie, sólo apareció en los monos sometidos a la crianza de una "mala" madre. Y debemos recordar que estas "malas" madres lo eran a causa del modo como habían sido criadas. Es claro que un elevado nivel de agresividad en un primate es producto de la tradición cultural.

Sabemos, por las investigaciones japonesas, que la tradición en los monos es trasmitida en gran parte por la crianza maternal. En el hombre, por supuesto, la cultura es trasmitida no sólo por los padres sino también —especialmente en la adolescencia— por iniciación, adoctrinamiento y otras presiones sociales, o —positivamente— por la educación. Todos estos factores se combinan para producir intensa agresividad en los individuos humanos, esto es: niveles de impulso de ataque independientes de la auténtica frustración actual. Si exploramos estos factores podemos confiar en eliminar intensa agresividad del comportamiento social humano, dejando sólo una función normal de rabia, como valiosa señal de frustración real. Tampoco podemos ya desentendernos de la incapacidad de nuestras sociedades para suprimir las frustraciones reales y resolver los problemas económicos, sociales y educativos; no podemos ahora perpetuar la vieja excusa de que los seres humanos son intensamente agresivos de manera innata y requieren disciplina.

FREEMAN: Invito a usted a indicar, mediante una réplica de una sola palabra, si considera que las investigaciones de Harlow se pueden interpretar como indicación de que no hay impulso sexual en el mono *rhesus*.

RUSSELL: No.

ANABEL WILLIAMS-ELLIS: En estas cuatro sesiones de discusión —admirables por lo demás— ha habido una curiosa omisión. Nadie ha dicho ni una palabra

larse a las adaptaciones predadoras y carnívoras especiales que fueron tan fundamentales en la evolución
de los homínidos durante el período Pleistoceno. Ésta,
en mi opinión, es una hipótesis que merece ser in-
vestigada científicamente y de modo desapasionado,
pues toca cuestiones de las que hasta la fecha
ignoramos casi todo.

CHANCE: El doctor Oxnard ha descubierto que
muchos monos trasladados a Inglaterra empezaban a
padecer deficiencia de vitamina B_{12}, por no recibir
alimento animal; puede, por tanto, haber relación
entre los requerimientos de proteínas del animal y
sus hábitos de caza, si lo que es cierto en el caso del
macaco puede decirse también del hombre. Tal vez
nunca sepamos qué fue primero, si la necesidad de
vitamina o la caza.

KALMUS: Afirmó usted en su conferencia que unas
cuatro veces más hombres que mujeres se suicidan, y
que la máxima incidencia es a una edad aproximada
de 70 años. En un aparte durante la discusión describió usted, como cosa típica en un intento fallido
de suicidio, "al hombre esperando angustiado, junto
al lecho de su compañera, que se va recuperando".
Para mí, esto implica que difieren grandemente la
incidencia según los sexos, la distribución por edades
y posiblemente la motivación del suicidio y el intento
de suicidio. ¿Estaría usted de acuerdo con esto, y
podría añadir unas pocas palabras acerca de las diferencias en la motivación?

HILL: Sí; estaría en general de acuerdo con lo
dicho por usted. Hay que distinguir con claridad
entre la mayoría de los suicidios logrados y la mayoría de los fallidos; mientras los primeros corresponden más a menudo a gente de más edad, los últimos
son más comunes en los adultos jóvenes, y probablemente no haya las mismas diferencias según el sexo.
El intento de suicidio muchas veces es claramente
motivado no por el deseo de la propia destrucción
sino a manera de venganza o de intervención en una
situación social desdichada. Muchas personas que
hacen gestos suicidas están muy encolerizadas y frus-
tradas, y a veces, claro está, llegan demasiado lejos.

HARRISON: El doctor Freeman ha sugerido que en cierto período de la evolución el hombre adquirió un comportamiento mucho más agresivo. Esto parecía haber acontecido en el tiempo en que los hombres tendían a agruparse en unidades mayores, y debe de haber existido necesidad de inhibir la conducta agresiva dentro del grupo, y también de una salida para semejante agresión. Ésta podría entonces canalizarse, y un individuo ajeno al grupo recibir la agresión redirigida del grupo entero. En tales circunstancias pudiera no haber un incremento de la cantidad de comportamiento agresivo presente en el hombre, sino gran manifestación de él al ser redirigido por un grupo entero hacia un solo fin.

FREEMAN: Reconozco que el doctor Harrison ha llamado la atención hacia un proceso básico en el comportamiento agresivo entre tribus y naciones que ha caracterizado la historia humana. Es también un proceso —añadiría yo— que se encuentra muchas veces dentro de las sociedades. Muchas veces hay, por ejemplo, considerable inhibición de la agresión bajo la dominancia del padre en la familia, y esto puede conducir a redirección de los impulsos agresivos dentro de la misma sociedad. Considero que el tema de la redirección de la agresión dentro de los grupos humanos, y por ellos, merece mucho más estudio.

CARTHY: Como etólogos, estamos acostumbrados a ver una decoración en un animal y descubrir que es lucida en un despliegue. ¿Cree el señor Laver que el mismo principio se aplica a la gorguera y los puños de encaje, por ejemplo, en la indumentaria civil, opuesta a la militar?

LAVER: Ciertamente la gorguera era una especie de despliegue, un pavoneo, y el nexo entre ella y decoraciones animales similares sería cosa digna de estudio. Los puños de encaje obviamente se prestaban a gestos de lucimiento. No creo que haya en esto distinción alguna entre el atuendo civil y el militar.

LORENZ: El profesor Otto Koenig, en Viena, ha estudiado recientemente los uniformes militares y su relación con las actitudes humanas de amenaza, y ha descubierto muchas interesantes correlaciones.

OAKLEY: El doctor Derek Freeman se ha referido
a la "cultura osteodontoquerática" de los australopitecos como testimonio de la agresividad de los primeros homínidos. Como he tenido oportunidad de
examinar los restos, me doy cuenta de que en este
campo debemos separar los hechos de las inferencias
y especulaciones. Admiro grandemente la contribución del profesor Raymond Dart a la paleoantropología, el descubrimiento de *Australopithecus* y, sobre
todo, el reconocimiento de su condición de homínido, negado con tanto calor, hasta hace poco, por
muchos anatomistas distinguidos. Sin embargo, fui
de los que tardaron en convencerse de que las pilas de
huesos de antílope en Makapansgat y los cráneos frac-
turados de papión en Taung revelaban los hábitos
predadores de *Australopithecus*. Ya no me queda
duda de que los primeros homínidos se habían vuelto
comedores de carne. Los testimonios de Makapansgat
pudieran interpretarse en el sentido de que, con respecto a los mamíferos más grandes, aquellos antiguos
homínidos eran en gran medida "recolectores" de
carne, y no cazadores, para lo cual estaban mal
provistos; pero las pruebas de la "residencia" de *Zinjanthropus,* el australopiteco del África oriental, demuestran que este homínido mataba animales pequeños y mamíferos grandes, cuando jóvenes. Se estaba
volviendo cazador, agregando regularmente carne a
su dieta.

Sin duda los australopitecos sudafricanos adqui-
rieron los mismos hábitos, o no habrían sobrevivido
en el *veldt* seco; pero me parece que es ir más allá
de lo legítimamente inferible interpretar los "huesos de la comida", rotos, como puñales y sierras. Los
huesos fueron rotos para sacarles el tuétano; cosa del
uno por ciento de los huesos del basurero de Makapansgat muestran señales de *uso,* pero no es lo mismo
llegar a la conclusión de que alguno de ellos se convirtió en arma mortífera. Como ha señalado Sir Julian Huxley, si un homínido mata regularmente otros
animales para comérselos, esto no implica necesariamente que sea agresivo o mate otros hombres. Uno
de los húmeros de australopiteco de Makapansgat se

había usado como una especie de cuchara o paleta, pero nada puede inferirse de esto. No cabe duda de que *Pithecanthropus*, que vivía en las cuevas de Pekín hace medio millón de años, comía cerebros de sus semejantes, pero, como indicó uno de los participantes, pueden haber sido hombres de la misma especie pero de grupos vecinos. ¿Cómo saberlo? Aunque sea tan al principio, ¿debemos descartar la posibilidad de comportamiento ritualizado? El uso más antiguo de lo que probablemente eran piedras proyectiles no fue mucho después de que se empezó a cazar, acaso hace un millón o más de años. La más antigua evidencia del empleo de lanzas de madera proviene de depósitos de la segunda edad interglacial (acaso hace un cuarto de millón de años). No hubo guerra organizada antes del período neolítico, que empezó hace menos de 10 mil años.

HUXLEY: He visto recientemente una extraordinaria película debida a Osmond, Hoffer y Fogd, que muestra rotundos cambios de personalidad producidos por cambios en la percepción hipnóticamente. Así, cuando se sugerían colores claros, había tendencia al estado hipnómano, con comportamiento bastante agresivo, en tanto que si se sugería incapacidad para percibir todos los colores se producía un estado depresivo. Los efectos más notables se obtuvieron alterando el sentido temporal. Cuando se aceleró demasiado el tiempo, el sujeto se tornó violentamente agresivo y verdaderamente maniaco. Cuando "se hizo que el tiempo se detuviese" (parando el metrónomo que —según se había informado al sujeto— marcaba los segundos), el sujeto se puso catatónico, con flexibilidad cérea.

Otras experiencias han mostrado que cuando se juntan dos individuos que han recibido la sugestión de que verán todo del mismo color (azul, por ejemplo), tienden a mostrarse amistosos, en tanto que cuando se les han hecho ver, por sugestión, todas las cosas de colores distintos (azules un individuo, rojas el otro), tienden a reñir y a mostrar agresividad uno contra el otro.

BIBLIOGRAFÍA

Clark, J. Desmond. 1959. *The Pre-history of Southern Af-ica.* Penguin, Harmonsworth.

Goodall, Jane. 1963a. "My Life Among Wild Chimpanzees." *National Geographic Magazine, 124,* 272-308 .

Goodall, Jane. 1963b. "Feeding Behaviour of Wild Chimpanzees." *Symposium nº 10,* The Zoological Society of London, 39-48.

Kortlandt, A., y Kooij, M. 1963. "Protohominid Behaviour in Primates." *Symposium nº 10,* The Zoological Society of London, 61-88.

Krohn, P. L., Oxnard, C. E., y Chalmers, J. N. M. 1963. "Vitamin B_{12} in the Serum of the Rhesus Monkey." *Nature, 197,* 186.

Leakey, L. S. B., Tobias, P. V., y Napier, J. R. 1964. "A New Species of the Genus *Homo* form Olduvai George." *Nature, 202,* 7-9.

Oxnard, C. E. 1964. "Some Variations in the Amount of Vitamin B_{12} in the Serum of the Rhesus Monkey." *Nature, 201,* 1188-1191.

Orígenes de la guerra

por STANISLAV ANDRESKI

Todos los tipos de actividad humana tienen que haber aparecido en algún momento del tiempo, pero en tanto que algunos de ellos (como la ciencia y la industria de las máquinas) vinieron a la existencia en épocas acerca de las cuales la historia nos informa prolijamente, los orígenes de otros están envueltos en oscuridad eterna. Los orígenes del capitalismo y hasta del arte de la escritura son temas para discusiones fundadas en testimonios, pero sólo tenues conjeturas pueden ofrecerse sobre los problemas del origen del lenguaje, la religión y la guerra.

La cuestión de los orígenes de la guerra es aún más difícil que la de los orígenes del Estado, porque sabemos mucho acerca de grupos y tribus primitivos que ignoran el Estado, por carecer de cualquier cosa que pudiera llamarse gobierno. Además, hay datos históricos acerca de diversos casos en que ha nacido un Estado.[1] Nada comparable existe en lo concerniente a la guerra. Hay, desde luego, relatos inagotables que narran los orígenes de guerras particulares, pero la guerra como pauta de actividad es muy anterior al arte de la escritura; de ahí que el problema de sus orígenes en sentido estricto sea insoluble. Cuando más, podemos considerar cuáles habrán podido ser las causas de su ubicuidad.

La lucha por la riqueza, el poder y el prestigio es un rasgo constante de la vida de la humanidad. Gústenos o no, el hecho es que nunca se ha tenido noticia de una sociedad o un grupo —por pequeño

---

[1] Sobre este particular, véase S. Andreski, *Military Organization and Society*. Londres: Routledge and Kegan Paul, 1954.

[190]

que fuera— en los que tal lucha estuviera del todo
ausente. Ni siquiera las asociaciones de santos ascetas
son inmunes del todo. No cabe la menor duda de que
este rasgo universal de la vida social de los hombres
se debe a las características imborrables de la naturaleza humana.

Podríamos especular acerca del problema de si
esta tendencia estará relacionada con una propensión
innata a la lucha, si es que existe. A favor de la opinión de que sí existe está el hecho de que los niños
de todo el mundo sean aficionados al pugilismo, inclusive en medios en que semejante comportamiento
es mal visto. Pero otra explicación de este hecho es
igualmente plausible, a saber: que el altercado es la
única manera de satisfacer el deseo de poder y gloria
al nivel de la mentalidad infantil. También es probable que el sentimiento de pertenecer a un grupo,
que parece indispensable para la felicidad humana,
requiera cierta medida de antagonismo hacia otros
grupos. No obstante, aun suponiendo pugnacidad
innata no se explicaría la existencia de la guerra,
porque guerrear significa matar, y no hay pruebas
de que haya en los seres humanos un deseo innato de
matar a sus semejantes; al contrario: parece que, aparte de sadistas relativamente escasos, a la mayoría de
los hombres esto les disgusta. Lo usual es que se mate
por mor de otros fines.

Las propensiones naturales de los hombres no ex-
plican el exterminio sistemático al que se entrega el
género humano, pues tal práctica difiere de lo que
hacen otros mamíferos. Una de las principales razones de esta diferencia es una circunstancia obvia que
rara vez se toma en consideración al discutir este problema: que los hombres usan armas. Las riñas suelen
terminar con palizas o la huida del apaleado; la muerte no es un subproducto de la lucha, aunque puede
seguirla y darse a propósito. Más aún, en semejante
situación el victorioso no tiene que temer la venganza de su oponente débil. Mas no es este el caso si se
usan armas, ya que entonces el que apuñala o tira
primero es el que gana, y en tales circunstancias es
más seguro matar a los enemigos. En cualquier caso,

en todos los combates en que se usan armas, es probable que sean muertos algunos de los participantes. Estamos, pues, justificados para decir que la prevalencia del matar en nuestra especie resultó posible gracias a la adquisición de cultura.

Se ha achacado la guerra a la naturaleza humana, y es perfectamente cierto que si todos los hombres fuesen buenos y sabios no habría guerras. Es claro que la capacidad para la crueldad es necesaria para la guerra y que la propensión a las locuras colectivas facilita siempre las guerras y otras suertes de conflictos sociales. Por fortuna, sin embargo, hay razones para dudar de que la guerra sea una consecuencia absolutamente necesaria de que la naturaleza humana sea como es. En toda política belicosa (lo cual quiere decir en una abrumadora mayoría de formaciones políticas de cualquier clase) hay complejos factores sociales que estimulan el ardor marcial jugando con la vanidad, el temor al desprecio, el deseo sexual, el apego filial y fraternal, la lealtad al grupo y otros sentimientos. Parece razonable suponer que si hubiera una propensión innata a hacer la guerra, semejante estimulación sería innecesaria. Si, de hecho, los seres humanos estuvieran dotados de una proclividad innata a la guerra, no sería necesario adoctrinarlos sobre las virtudes guerreras; y el simple hecho de que en tantas sociedades pasadas y presentes se haya dedicado tanto tiempo a tal adoctrinamiento demuestra que no hay instinto de la guerra.

Otro punto importante es que en muchas naciones, durante décadas y hasta siglos, sólo una minoría muy reducida de hombres participó en las guerras, de modo que las estadísticas dan un cuadro muy exagerado de la belicosidad. Por ejemplo, durante los tres siglos casi que transcurrieron entre la muerte de Cromwell y 1914, la Gran Bretaña hizo docenas de guerras (o hasta centenares, si se incluyen las expediciones coloniales), pero los soldados que participaban en las batallas constituían mucho menos del uno por ciento de la población, y aun ellos pasaban mucho más tiempo en los cuarteles que en los campos de batalla. Tampoco hay muchas muestras de que la mayoría condenada de este modo a la existencia pacífica sintiera un irresistible deseo de participar en guerras, si bien es cierto que muchas comenzaron con un estallido de entusiasmo colectivo.

No hay que olvidar cuántas veces se ha tenido que usar compulsión directa no sólo para reclutar soldados sino para hacerlos combatir. Uno de los maestros de este oficio —Federico II de Prusia— enunció el principio de que un soldado debe temer más a su oficial que al enemigo, y de acuerdo con Trotsky, el soldado deberá elegir entre muerte probable si avanza y muerte cierta si retrocede.

Si los hombres tuvieran una propensión innata a la guerra, similar a su deseo de alimento o satisfacción sexual, no podría darse el caso de numerosas naciones en paz durante más de una generación. Y tampoco puede considerarse la guerra como consecuencia inevitable de la soberanía nacional, ya que hay ejemplos de Estados soberanos que no han guerreado durante más de un siglo —Suiza, Suecia, Noruega y Dinamarca. Pudiera decirse que en el caso de Suiza, rodeada por todas partes de vecinos mucho más poderosos que ella, el pacifismo es cuestión más de necesidad que de elección, pero en lo tocante a las naciones escandinavas es evidente que, aunque fuesen demasiado débiles para combatir a sus vecinos del Sur, podrían haber luchado entre ellas, como lo han hecho tantos otros Estados pequeños. Hay otros pocos ejemplos de pacifismo en casos en que una conquista sería muy fácil. Los Estados Unidos, por ejemplo, podrían conquistar el Canadá sin mucho esfuerzo o temor de represalias; sin embargo, los canadienses no temen semejante posibilidad. Con todo y ser excepcionales, estos ejemplos muestran que es posible la coexistencia verdaderamente pacífica.

Muchas veces se pretende que el remedio contra la guerra es instituir un gobierno mundial, pero es fácil refutar esta opinión. En primer lugar, la unificación política con harta frecuencia sólo quiere decir que en lugar de guerras entre Estados habrá guerras civiles, igual de malas y hasta peores. Por mencionar uno de los muchos ejemplos posibles: no bien los ro-

manos derrotaron a sus enemigos peligrosos, empezaron a luchar entre ellos, con lo cual las tierras que
habían "pacificado" padecieron condiciones mucho
peores que cuando estaban divididas en multitud de
Estados independientes y en guerra. Durante el último
siglo, los países que han hecho menos guerras —España, Portugal y las repúblicas de Latinoamérica—
han sufrido más sangrientas discordias intestinas y revoluciones. Por esta razón no podemos suponer que
se eliminaría el derramamiento de sangre sencillamente instituyendo un gobierno mundial, pues el resultado dependería de la eliminación de las fuentes
de discordia y violencia.

Más aún: se diría que hay una relación inversa
entre las guerras violentas y el pretorianismo. En
Roma empezaron las guerras civiles cuando Cartago
—el último enemigo que podía amenazar la existencia misma del Imperio— fue destruido.

En la Europa moderna, la nación más atormen-
tada por las revoluciones —España— no ha participa-
do en ninguna guerra de consideración desde los
tiempos de Napoleón. Lo que es más instructivo aún
es que adquirió tal propensión cuando cesó de conquistar y de enviar expediciones coloniales. Por otra
parte, en Rusia, que casi siempre estaba en guerra y
conquistando, el ejército se mantuvo notablemente
obediente. Los japoneses, confinados en las islas casi
durante toda su historia, por el poder abrumador del
imperio chino, tienen una historia nada envidiable
de guerras civiles. La América Latina, donde hubo
muy pocas guerras, padeció más revueltas militares
durante el último siglo y medio que todo el resto del
mundo. La relación inversa entre actividad militar
externa y propensión a las revueltas, de acuerdo con
los anteriores testimonios, se explica por el hecho de
que las guerras externas y civiles son las dos posibles
salidas para la presión ejercida por la población sobre los recursos.

Debe recordarse que las guerras contra rebeldes
constituían, después de las guerras externas, la ocupación principal de los gobiernos durante toda la historia. Por otra parte, la única área realmente pacífica

del mundo —Escandinavia— carece de autoridad suprema, y la causa real de su pacifismo es que está libre de pobreza y despotismo. Lo mismo vale para la paz interna: sólo los países en que no hay ni pobreza ni despotismo no sufren violencia interna.

En condiciones miserables, la vida —ya la propia o la de otros— no es valorada, lo cual facilita grandemente la propaganda guerrera. En una sociedad industrial el desempleo no solamente acarrea pobreza sino que también rompe los vínculos sociales y crea una gran masa de hombres desarraigados cuyo deseo frustrado de un puesto en la sociedad puede llevarlos a favorecer medidas de regimentación colectiva. Además, cuando no hay lo suficiente para satisfacer las necesidades elementales de la población, la lucha por las buenas cosas de la vida se vuelve tan encarnizada que el gobierno democrático, que siempre pide autorrestricción y tolerancia, se torna imposible, y el despotismo es el único tipo de gobierno que puede funcionar. Pero el poder absoluto crea el peligro de que el déspota lleve a su país a la guerra, para satisfacer su anhelo de poder y gloria.

Los gobernantes que lanzan agresiones por su propia iniciativa son empujados sobre todo por su deseo de más poder y gloria, por el deseo de estar encima de quienes se les oponen, y dirigir una guerra puede divertir a un déspota endurecido. Luis XIV —por mencionar uno de los innumerables ejemplos posibles— solía iniciar una guerra cuando se sentía aburrido, sin exponerse él mismo —claro está— a peligros ni privaciones de ninguna clase. A diferencia de los déspotas contemporáneos, era muy franco sobre el particular. Se sigue que una condición para abolir la guerra es la eliminación de situaciones que permitan a los gobernantes divertirse de esta manera, a expensas de atroces sufrimientos de sus sometidos: en una palabra, la abolición del despotismo. Es bien claro, por desgracia, que los Estados despóticos que existen no pueden transformarse desde afuera, y nuestra sola esperanza es que evolucionen gradualmente hacia formas de gobierno más humanas.

La discrepancia entre el ingenio mecánico y el re-

traso moral, que puede resultar fatal para la especie
humana, se vincula al hecho de que en tanto que el
nivel técnico es fijado por los logros de los inventores
más dotados, el nivel ético es determinado menos
por los hombres más benévolos que por sus opuestos, en vista del modo como los procesos de selección para puestos de autoridad favorecen a los bus-
cadores inmisericordes de poder. Parece que siempre
ha sido así, pero vale la pena notar que la disminución del papel desempeñado por la herencia no ha
traído mejoría a este respecto. Cuando los tronos y
dignidades eran hereditarios, les tocaban a menudo
a imbéciles o locos sanguinarios, pero en ocasiones estaban en manos de hombres o mujeres benévolos.
Cuando los puestos de mando se abren a la competencia, los perezosos y los imbéciles no tienen posibilidades, pero tampoco los mansos ni quienes son
demasiado escrupulosos, en tanto que los locos sanguinarios no quedan en modo alguno excluidos. Puede
proponerse como generalización sociológica que mientras más determinada está una selección por la capacidad de manejar hombres, más despiadados y astutos
serán los gobernantes. Para ganar en tal competencia
hay que desearlo mucho, de ahí que no sea probable
que adquiera el poder quien no lo anhele. Por esta
razón no hay duda de que las circunstancias de que
depende la supervivencia de la humanidad seguirán
tratándose como jugadas en la búsqueda de poder.
   Las armas nucleares pudieran aniquilar al género
humano o resultar una bendición, pero ciertamente
impiden a la humanidad continuar por su curso habitual de brutalidad continua: los hombres tendrán
que tratarse mejor, o todos perecerán. Por hacer sui-
cida la guerra, aun para los gobernantes, las armas
atómicas les han quitado las oportunidades de em-
pujar a otros a la carnicería para divertirse y glori-
ficarse. El despotismo representa todavía un gran peligro para la paz en virtud de la posibilidad de que
llegue un loco a una posición en que no se le pueda
impedir que lleve a todo el mundo a la destrucción.
Un déspota racional, sin embargo, no puede hoy día
ser demasiado belicoso.

Incontables tratados de paz y condenaciones de la guerra han demostrado ser inútiles contra las propensiones perniciosas de los gobernantes, pero hay una leve posibilidad de que el peligro inmediato de sus vidas fuera más eficaz. Todo depende, sin embargo, de que se comporten racionalmente.

Aparte de impedimentos generales al comportamiento racional provenientes del carácter atrabiliario al parecer inerradicable de la naturaleza humana, la irracionalidad ha sido cultivada asiduamente por varias instituciones, sobre todo los ejércitos. Inculcando la obediencia ciega y la disposición a morir sin preguntar por qué, y elevando semejantes hábitos a la calidad de máximas virtudes, no se puede menos de propagar la irracionalidad. Con la devaluación de las virtudes morales tradicionales, la racionalidad pudiera ser más apreciada. Para ser exactos, este proceso viene ocurriendo desde hace mucho —en realidad, por lo menos desde que se inventaron las armas de fuego—, pero hasta ahora ha avanzado muy despacio y con numerosas recaídas. En cambio, la transformación a este respecto acarreada por las armas atómicas promete ser rápida y radical. Probablemente disminuirá la probabilidad de que tipos irracionales alcancen posiciones de poder y reducirá así los riesgos de guerra. La burocratización actúa también en el mismo sentido, ya que favorece el ascenso de hombres calculadores y no de demagogos ardientes u hombres violentos.[2]

Por lo que toca a la gente ordinaria, que tiene que soportar todos los sufrimientos, sus motivos más importantes para apoyar la agresión son: 1) frenesí colectivo, o 2) simple obediencia combinada con espíritu de rebaño, o 3) un sentido de desesperación frustrada que les hace codiciar los bienes de otros y dar la bienvenida a cualquier aventura. Los movimientos de masas asumen formas de manía colectiva en respuesta a la frustración extrema de necesidades elementales, incluyendo la necesidad de disponer de un lugar seguro en el orden social. Tal frustración

---

[2] Acerca de este punto, véase S. Andreski, *Elements of Comparative Sociology*, Londres: Weidenfeld and Nicolson. 1964.

es las más de las veces consecuencia de la pobreza o al menos del empobrecimiento en comparación con los niveles acostumbrados. Siendo así, no tenemos por qué sorprendernos de que la guerra fuese una institución permanente y universal, puesto que la pobreza era por doquier —y sigue siéndolo en la mayoría de las partes del mundo— una condición permanente de la gran mayoría. Sólo en tiempos muy recientes, y sólo en los pocos países afortunados de las orillas del Atlántico septentrional, se ha hecho rara la pobreza absoluta.

Es evidente que siempre tiene que haber alguna lucha en las sociedades humanas, pero sólo si es por las necesidades vitales habrá muertes. Pero preguntaremos: ¿por qué los hombres siempre combaten por las necesidades vitales?, ¿por qué no comparten las cosas sencillamente y viven en paz? La respuesta a esto la dio Malthus.

La teoría de Malthus disfruta del privilegio de ser una de las contadísimas generalizaciones sociológicas que poseen un grado de certidumbre igual al de las leyes de la física. De hecho, su verdad no es menos cierta que la afirmación de la redondez de la Tierra. Su esencia es en extremo sencilla. La población humana es biológicamente capaz de duplicarse cada generación, o sea cada veinticinco años. Esto —dice Malthus— no puede durar mucho, pues hay un límite en la cantidad de alimentos que un territorio dado —o la Tierra entera— puede producir. Tiene, por tanto, que ocurrir algo a la tasa de natalidad o a la de mortalidad. O bien se evitan algunos nacimientos biológicamente posibles, o los hombres tendrán que vivir menos de lo que biológicamente podrían. Los factores que están en condiciones de disminuir la tasa de natalidad —restricciones preventivas, como él las llama— se dividen en dos categorías: el vicio y el freno moral. Se equivocó en lo tocante al primero, pues si bien la prostitución y las enfermedades venéreas pueden causar esterilidad, no lo hace así la promiscuidad como tal. También se hizo demasiadas ilusiones sobre la posible adopción de la abstinencia voluntaria, y no tomó en conside-

ración la práctica moderna del control artificial de
la natalidad. No obstante, la idea central es irrefu-
table: o se evitan algunos nacimientos, o las muertes
tienen que ser más frecuentes que lo biológicamente
inevitable. Los factores que acarrean este último resultado —las restricciones positivas— son tres: las guerras, las epidemias y el hambre, y en resumidas cuentas son consecuencias de la miseria, o sea de la escasez
de alimentos. Y el único modo de acabar con ésta es
limitar los nacimientos. En otras palabras, la alta tasa
de natalidad debe producir, a la larga, alta tasa de
mortalidad, ya que la población no puede crecer in-
definidamente.

Un sencillo cálculo muestra que, aunque empe-
záramos con una sola pareja, las capacidades bioló-
gicas de procreación serían suficientes para cubrir de
cuerpos humanos la superficie terrestre en unos cuantos milenios. Inclusive al actual ritmo de crecimiento, que está ciertamente por debajo del máximo biológicamente posible, la población del mundo sería
tan grande antes de dos mil años que no habría sitio
para más gente. Aunque se viviera en casas de muchos
pisos que cubriesen toda la superficie del globo, aun
flotando en los mares, consumiendo píldoras produ-
cidas por transformación directa de la energía solar
—aun así el fin estaría a la vista porque el aumento
de masa del planeta haría que cayese al Sol. Las opiniones de Malthus se han representado erróneamente
—y lo siguen siendo—, pues su teoría toca el tabú sexual, ofrece una verdad ingrata, inutilizable con fines
demagógicos, y revela además las consecuencias inevitables del expansionismo demográfico, tan sugestivo
para la megalomanía de grupo y tan caro a los líderes ansiosos de poder.

Mientras no se introdujeron las modernas prácticas anticonceptivas, fue escasa la importancia de
las restricciones preventivas. Sus efectos en algunas
zonas limitadas eran más que compensados por numerosos nacimientos en otros lugares. Matarse unos
a otros no podría haber seguido siendo una de las
principales ocupaciones de los hombres si no hubiera
existido exceso de hombres disponible. La tendencia

natural de la población a crecer hasta dejar atrás los
medios de subsistencia aseguró la permanencia de
las luchas sanguinarias. Si bien el hambre sola ha
empujado a la batalla a los hombres con frecuencia
mucho mayor que la que se imaginan quienes viven
en naciones opulentas, el crecimiento de la población
puede producir guerra o alguna otra forma de lucha
mucho antes que se llegue al punto de inanición:
basta con que disminuya el nivel habitual de vida
para generar impulsos belicosos. Además, la guerra
intensa puede mantener el nivel de vida muy por
encima del nivel de subsistencia. Malthus, comen-
tando la relativa opulencia de los kirguizes, observa:
"Quien decide ser rico o morir no puede vivir mucho
tiempo pobre" (*Essay*, p. 76). Muchas tribus primitivas empezaron a experimentar estado de hambre
permanente después de la pacificación por los gobiernos coloniales.

El reconocimiento de este hecho nos permite
proponer una hipótesis sobre el origen de la guerra.
Como no existe nada de esta clase entre los mamíferos, esta institución debe ser una creación de la
cultura. Probablemente vino a la existencia cuando
el progreso de la cultura material permitió al hombre defenderse mejor de las fieras que lo devoraban,
y perturbar así el equilibrio natural que mantiene
al mismo nivel, durante períodos prolongados, el
número de individuos de cada especie. Dominadas
las fieras, fue otro hombre el principal obstáculo en
la búsqueda de alimento, y empezaron a darse muerte unos a otros. Una opinión parecida la expresó el
filósofo chino Han Fei-tzu (alrededor del siglo v
a. c.), citado por J. J. L. Duyvendak en la introducción a su traducción de *The Book of Lord Shang*
(Londres, 1928; p. 104): "Los hombres antiguos no
araban los campos sino que como alimento les bas-
taban los frutos de plantas y árboles. Tampoco tejían
las mujeres, pues las pieles de aves y animales bas-
taban para vestirse. Sin trabajar había lo suficiente
para vivir, había poca gente y abundancia de provisiones; de ahí que no se pelease. Por eso no se empleaban ni grandes recompensas ni duros castigos: la

gente se gobernaba a sí misma. Pero ahora no se considera grande una familia con cinco hijos, y si cada hijo tiene cinco antes de que muera el abuelo, habrá veinticinco nietos. El resultado es que hay mucha gente y pocas provisiones, y hay que trabajar mucho para obtener poco. Así se empezó a pelear, y aunque se dupliquen las recompensas y se acumulen los castigos, no se acaba el desorden."

Los remedios de firmar tratados de paz eterna, convocar congresos y predicar la condenación de las guerras se han ensayado innumerables veces, sin mucho efecto. Acaso se necesiten, pero en sí mismos son insuficientes, sin duda. No se ha intentado eliminar la pobreza más que en áreas muy restringidas, y allí ha tenido por consecuencia, de hecho, instilar a la gente una disposición pacífica.

Dadas las propensiones de la naturaleza humana, la tendencia de la población a crecer hasta dejar atrás los recursos ha asegurado la ubicuidad de las guerras, si bien no todas han tenido este factor como causa inmediata. Las guerras tal vez no dejen de ser un rasgo permanente de la vida social mientras no se rectifique el equilibrio demográfico cuya desaparición en una etapa temprana del desarrollo cultural las hizo inevitables.

Posibles sucedáneos de la guerra

por ANTHONY STORR

El psiquiatra que, como yo, se especializa en psicoterapia, tiene por fuerza que sentirse a disgusto al dirigirse a un auditorio como éste, sobre todo cuando su lugar en el programa es tal que lo hace seguir a tantos hombres de ciencia cuyas opiniones están apoyadas por el experimento y la verificación.

El médico que intenta ayudar al individuo humano está siempre en posición desventajosa en comparación con el biólogo, el antropólogo o el historiador. Pues sus conclusiones tienen que estar limitadas por el material humano con el que trata. Su concepción de la naturaleza humana está estrechamente circunscrita por el consultorio, y aunque desde la ventana que da a Harley Street se aprecien las actividades de un tal doctor Ward o de una señorita Keeler que viven en la vecindad, le es imposible abarcar los amplios panoramas que se despliegan ante quienes se ocupan de los destinos de naciones, razas o especies. Téngase en cuenta, pues, que lo que tengo que decir es limitado, por ser limitada mi experiencia, y que al discutir la historia natural de la agresión mis observaciones se fundan en mi experiencia, obtenida tratando un número relativamente pequeño de seres humanos, que pueden no ser representativos ni de la sociedad occidental en general.

Mi tema es "Posibles sucedáneos de la guerra", título que implica que la guerra no siempre se ha considerado enteramente mala. Pues si una cosa es del todo mala, sin duda trataríamos sencillamente de abolirla, y no de buscarle sucedáneos. El hecho mismo de que pudiéramos necesitarlos implica que la

[202]

guerra satisface una necesidad en nuestra naturaleza humana y tiene así algo de valioso. No buscamos sucedáneos del cólera o de la peste, si bien supongo que algunos grupos de personas considerarán que el uso de anticonceptivos constituye un mal comparable o por ventura mayor que las mencionadas epidemias. Sin embargo, mientras no se inventaron las armas nucleares no cabe duda de que la guerra satisfizo necesidades hondamente sentidas, y por esto los hombres se han mostrado tan renuentes a abandonarla. A fin de discutir posibles sucedáneos de la guerra es importante empezar por examinar las satisfacciones que la guerra acostumbraba ofrecer.

Ciertamente una de estas satisfacciones era un sentido incrementado de identidad con otros. Investigaciones estadounidenses sobre las reacciones humanas a los desastres han demostrado que, bajo amenazas extremas, los seres humanos se aferran más unos a otros. Todas las distinciones —de clase, de edad, de condición social— tienden a desaparecer. Al vernos ante un enemigo común, sea el agua, el fuego o un agresor humano, nos hacemos hermanos de una manera que nunca se da en la vida ordinaria. Es una gran cosa tener un enemigo, pues sólo entonces descubrimos a nuestro vecino; sólo entonces podemos trascender las barreras de clase, educación o credo que ordinariamente nos separan, y que vuelven a aparecer en cuanto deja de amenazarnos el peligro exterior. La camaradería de guerra, el hecho de que, en condiciones de tensión, aumente nuestra capacidad de identificación con nuestros semejantes, ha sido una de las razones de la continua popularidad de la guerra. Pocas personas habrá que no recuerden algo del calor que manifestaron hacia los demás, y que de ellos recibieron, luego de estar expuestos a algún peligro común, como un bombardeo nocturno en Londres; y hay muchos individuos que recuerdan con nostalgia los días del *Blitz,* como demuestran las ganas que manifiestan, veinte años después, de evocar aquellas noches de insomnio y amaneceres velados de humo. Al lado de este sentimiento aumentado de compañerismo, de identidad con el grupo, va un sentido disminuido de la responsabilidad individual. Todo psiquiatra está familiarizado con casos de hombres que sufrieron colapsos nerviosos bajo la tensión de la paz, por no poder aceptar individualmente otra vez la responsabilidad de sus vidas o de tomar decisiones que durante la guerra se habían solido tomar por ellos. En una sociedad democrática tendemos a suponer que todo individuo adulto es capaz de independencia y decisión racional. Pero en tiempo de guerra innumerables individuos dejan con gusto la carga de la elección consciente, para sumergir su individualidad en una multitud y recibir de arriba las órdenes. Ser alimentado, vestido y liberado de la angustia inmediata representa un alivio tal, para muchos caracteres, que tales ventajas compensan con creces la pérdida de libertad que invariablemente las acompaña.

Tampoco se limita este alivio a los débiles o neuróticos: tomar decisiones es una carga para todos nosotros, y por eso tendemos a recompensar con elevadas sumas a quienes toman decisiones en nuestra sociedad. En tiempo de guerra se simplifica la vida de cada uno, pues se ha tomado la decisión colectiva de que hay que derrotar al enemigo, y todas las demás decisiones son secundarias ante ésta. Quienes tienen dificultad para encontrar algún propósito directo al que dedicar sus vidas y que están insatisfechos con los incentivos mundanos que motivan a la persona media, hallan una satisfacción casi religiosa al dedicarse a un objetivo principal y al orientar sus vidas sometiéndolas a la única meta de tiempo de guerra: la victoria.

Las ventajas psicológicas del sentimiento de solidaridad de grupo del alivio de la responsabilidad personal y del incentivo dado por un sentido de propósito merecen mayor discusión; pero esta conferencia se refiere ante todo a la agresión, y poca duda cabe de que, en otro tiempo, una importante función de la guerra era proporcionar una oportunidad para la descarga aparentemente justificable de esos impulsos agresivos que parecen ser parte tan ineludible de la naturaleza humana.

En otro lugar he intentado definir lo que entiendo por agresión, y lo he encontrado muy difícil. Aun con riesgo de repetirme, resumiré bremente mi argumento. Al igual que casi todos los psicoterapeutas contemporáneos, sin importar a qué escuela pertenezcan, no puedo aceptar la idea freudiana de un "instinto de la muerte". El concepto de la agresión debido a Freud suponía que era primariamente autodestructivo, un instinto que, usando sus propias palabras, intentaba "devolver la materia viva a una condición inorgánica". La agresividad que los hombres exhiben hacia el mundo exterior era, según Freud, un fenómeno secundario. El instinto de la muerte era el apremio primario, una especie de personificación de la segunda ley de la termodinámica. Si bien la decadencia y la muerte son ciertamente nuestro destino, y aunque —como dice Eddington— no puede volverse la flecha del tiempo, no puedo creer en un instinto que sea autodestructor. La entropía aumenta sin cesar, pero sean cuales fueren las fuerzas internas que nos conduzcan a la disolución final, no hay que ponerles el mismo marbete que a los instintos que nos sirven para conservarnos o nos estimulan a reproducirnos. Sin duda el concepto mismo de instinto es el de una pauta de comportamiento que tiene algún valor para el organismo en cuestión.

Tampoco es posible aceptar la idea de que la agresión en el hombre es meramente una respuesta a la frustración. Nadie duda que la frustración aumenta la agresividad: basta con intentar guiar un coche por Londres a las cinco y media de cualquier tarde entre semana para descubrir esto. Pero imaginar que con sólo que hubiéramos tenido padres amantes ideales y las infancias más serenas posibles no seríamos criaturas agresivas, es carecer de todo realismo acerca de la naturaleza humana.

A lo largo de toda la historia los hombres han tenido una visión del milenio, condición en la que reinaría la paz perfecta, todos los hombres estarían de acuerdo y seríamos todos espléndidamente cooperativos, creativos y libres. Esta visión se descubre en la mitología griega, en Ovidio, en Isaías y hasta en

Bertrand Russell. Los hombres creen que un mundo
sin guerra sería un mundo sin agresión, y piensan
en un futuro en el que alcanzaríamos alturas no so-
ñadas de prosperidad y logros bajo el cuidado bené-
fico de un único gobierno mundial.

Semejantes visiones se fundan en la idea de que
hay alguna manera de quitarnos de encima nuestra
agresión. Alegan estos profetas: con sólo que se abo-
liera la desigualdad entre las naciones, o que se de-
rribase el capitalismo, o que se hablase esperando en
todo el mundo, o que se adoptase por doquier el control de la natalidad... seríamos al fin capaces de
vivir en paz unos con otros, y nuestra auténtica naturaleza, pacífica, mansa y amante, sería universalmente manifiesta.

La idea de que podemos deshacernos de la agresión me parece algo sin sentido. No hay duda de que
todo lo que sabemos del comportamiento humano en
grupos contradice tal noción. Se han hecho innumerables intentos para descubrir comunidades en que
no hubiese causa de lucha —pero la lucha siempre
estalla, y suele ser más destructiva donde menos se
la espera. Mi ejemplo favorito es el movimiento psicoanalítico. No bien se estableció Freud, Adler se
separó, y luego Jung. Más tarde la escuela freudiana
se escindió en dos partes por la heterodoxia de Melanie Klein, y el grupo de Jung se ha desgarrado de
modo parecido. Aquellos de mis oyentes que pertenezcan a la vida académica conocerán muchos ejemplos comparables. La agresión en el hombre es más
que una respuesta a la frustración: es un intento de
afirmarse a sí mismo como individuo, de separarse
del rebaño, de hallar su propia identidad.

Como ustedes comprenderán, el concepto de agresión que estoy proponiendo hace hincapié en sus aspectos positivos. Mi observación de individuos me
lleva a suponer que la agresión sólo se vuelve peligrosa de veras cuando se la suprime o ignora. El
hombre que consigue afirmarse a sí mismo pocas veces es malo; más probable es que sea un débil el
que apuñale por la espalda.

Rara vez se insiste en el aspecto positivo de la

PSICOLOGIA Y ETOLOGIA

ALTMAN, L.—*Los sueños en psicoanálisis.*

ARDILA, R.—*Psicología del aprendizaje.*

BALINT, M. y E.—*Técnicas psicoterapéuticas en medicina.*

BEACH, F. E. (COMP.).—*Sexo y conducta.*

BETTELHEIM, B.—*Los niños del sueño.*

BRAUNSTEIN, N. A.—*Psicología: Ideología y ciencia.*

BRION, A., y EY, H.—*Psiquiatría animal.*

BROWN, R.—*Psicología social.*

BRUN, R.—*Teoría general de las neurosis.*

CARTHY, J. D., y EBLING, F. J.—*Historia natural de la agresión.*

CARUSO, I.—*La separación de los amantes.*

CASTILLA DEL PINO, C.—*Patografías. I. Neurosis de angustia, impotencia sexual.*

COHEN, M., y otros.—*La escritura y la psicología de los pueblos.*

DEL VAL, J.—*El animismo y el pensamiento infantil.*

DOLTO, F.—*El caso Dominique.*

DOLTO, F.—*Psicoanálisis y pediatría.*

EHRENWALD, J.—*Neurosis en la familia.*

EIBL-EIBESFELDT, I.—*Amor y odio.*

ERIKSON, E. H.—*Sociedad y adolescencia.*

EY, H., y otros.—*El inconsciente.*

FAURE, S., y otros.—*La antipsiquiatría.*

FISHER, CH.—*Biología de los sueños y psicoanálisis.*

FORNARI, F.—*Psicoanálisis de la guerra.*

FREUD, S., y ANDREAS-SALOMÉ, L.—*Correspondencia.*

FROMM, E.—*Anatomía de la destructividad humana.*

GARDNER, R. y B.; LIEBERMAN, P., y otros.—*Sobre
el lenguaje de los antropoides.* (Compilación y traducción de V. Sánchez de Zavala.)

GREEN, A.—*La concepción psicoanalítica del afecto.*

GREEN, A.; NASSIF, J., y REBOUL, J.—*Objeto, cas-
tración y fantasía en el psicoanálisis.*

HALL, E. T.—*La dimensión oculta.*

KOFMAN, S.—*El nacimiento del arte.*

LACAN, J.—*Escritos, I.*

LACAN, J.—*Escritos, II.*

LACAN, J., y otros.—*Significante y sutura en el psicoanálisis.*

LECLAIRE, S.—*El objeto del psicoanálisis.*

LECLAIRE, S.—*Psicoanalizar.*

LORENZ, K.—*Evolución y modificación de la conducta.*

LORENZ, K.—*Sobre la agresión: el pretendido mal.*

LORENZ, K., y LEYHAUSEN, P.—*Biología del comportamiento.*

LUCE, C. G., y SEGAL, J.—*El insomnio.*

AMÉRICA NUESTRA

En el curso del año daremos comienzo a esta
nueva colección. Obras clásicas y modernas, estudios e investigaciones, documentos y antolo-
gías, tendrán como nexo el examen del proceso
histórico americano, a partir de las antiguas
culturas, siguiendo con el estudio de los procesos de dominación colonial hasta nuestros días
y el ininterrumpido movimiento de liberación e
independencia que, con triunfos y fracasos, va
desarrollándose por más de cuatro siglos.

La colección contendrá cuatro series: a] América antigua; b] América colonizada (del siglo XVI a nuestros días); c] Los caminos de liberación, y d] Los hombres y las ideas.

LUCE, C. G., y SEGAL, J.—*El sueño.*

MORGENTHALER, F., y otros.—*Problemas de técnica psicoanalítica.*

MORRIS, D.—*La biología del arte.*

PIAGET, J.—*Biología y conocimiento.*

RAMÍREZ, S.—*Infancia es destino.*

RATTNER, J.—*Psicología y psicopatología de la vida amorosa.*

RECA, T.—*Psicología, psicopatología, psicoterapia.*

REICH, W.—*Materialismo dialéctico y psicoanálisis.*

RICOEUR, P.—*Freud: una interpretación de la cultura.*

ROZITCHNER, L.—*Freud y los límites del individualismo burgués.*

TINBERGEN, N.—*El estudio del instinto.*

WEISSMAN, P.—*La creatividad en el teatro: un estudio psicoanalítico.*

WERTHAM, F.—*La señal de Caín: sobre la violencia humana.*

WOLFF, S.—*Trastornos psíquicos del niño: causas y tratamientos.*

EN COLECCION MINIMA:

ARAMONI, A.—*¿Nuevo psicoanálisis?*

CARUSO, I.—*Psicoanálisis, marxismo y utopía.*

FREUD, A.—*Pasado y presente del psicoanálisis.*

papel ediciones crema de fábrica de papel san juan, s. a.
impreso en editorial melo, s. a.
av. año de juárez 226 local d-méxico 13, d. f.
mil ejemplares y sobrantes para reposición
10 de diciembre de 1979

www.ingramcontent.com/pod-product-compliance
Lightning Source LLC
Chambersburg PA
CBHW022103280326
41933CB00007B/246